Ullstein Materialien

Ullstein Materialien
Ullstein Buch Nr. 35232
im Verlag Ullstein GmbH,
Frankfurt/M – Berlin

Originalausgabe

Umschlagentwurf:
Kurt Weidemann

Printed in Germany 1985
Gesamtherstellung:
Ebner Ulm
ISBN 3 548 35232 4

Dezember 1985

CIP-Kurztitelaufnahme
der Deutschen Bibliothek

Claus, Jürgen:
ChippppKunst: Computer – Holographie –
Kybernetik – Laser / Jürgen Claus. –
Orig.-Ausg. – Frankfurt/M; Berlin:
Ullstein, 1985.
(Ullstein-Buch; Nr. 35232:
Ullstein-Materialien)
ISBN 3-548-35232-4
NE: GT

Jürgen Claus

ChippppKunst

Computer – Holographie – Kybernetik – Laser

mit 34 Abbildungen und 14 Zeichnungen

Ullstein Materialien

Für Nora Koch
mit Dank für gemeinsame technologische
Abenteuer

INHALT

Vorwort

Gestalttechnologie
Die Expansion der Medienkunst in den achtziger Jahren

> »Immerhin erscheint es mir unumgänglich, an der Gestaltung der eigenen Zeit mit zeitgemäßen Mitteln mitzuarbeiten.«
> Laszlo Moholy-Nagy

1

Das elektronische Zeitalter der Künste begann in den Jahren 1950 bis 1955. Architektur und elektronische Musik gaben sich die Hand im Philips-Pavillon der Weltausstellung von Brüssel 1958. Das wiederum führte zurück nach Donaueschingen 1953, wo Pierre Schaeffer seine Musik »Orphée« auf verschiedene Lautsprecher im Raum verteilte. 1952/53 arbeitete Karlheinz Stockhausen als 23jähriger in Paris mit Pierre Schaeffer. Seine erste Komposition mit synthetischen Klängen aus Sinustönen führte dann 1953 zur elektronischen Studie I.

Wolf Vostell lernte 1954 Stockhausen kennen, 1959 machte er seine ersten elektronischen dé-coll/age-Verwischungen durch Fernsehverzerrungen und elektro-akustische Objekte. 1958 begann Nam June Paik im Studio für elektronische Musik des WDR Köln mitzuarbeiten. Fünf Jahre später stellte er in Wuppertal »Music-Electronic Television« aus.

Eine der Geburtszellen der elektronischen Künste liegt hier in der Bundesrepublik. Man sollte daran erinnern, auch um gegenwärtige Anstrengungen daran zu messen. Oder um gegenwärtiges Ausfallen klar und deutlich zu machen.

2

Wenn man sich nicht Augen und Ohren verband, mußte man in der zweiten Hälfte der sechziger Jahre in die sich beschleunigende Spirale von Kunst und Technologie einbezogen werden. Ein Netzwerk bedeutender Ausstellungen, Gruppen- und Einzelaktivitäten zog sich über Paris, New York, Los Angeles bis Osaka.

Nach der Gründung verschiedener europäischer Künstlergruppen, die sich auch oder vorwiegend mit wissenschaftlich-technisch-technologischen Fragen beschäftigten, so der 1960 in Paris gegründeten »Groupe de Recherche d'Art Visuel«, kam es 1966 in New York zum Zusammenschluß der »E.A.T.«-Gruppe. (»Experiments in Art and Technology«.) Deren Veranstaltungen bezeichnen heute in der Geschichte von Kunst und Technologie einen wesentlichen Platz.

Das Feuerwerk brillanter Ausstellungen, die dem Thema der Interaktion beider Gebiete gewidmet waren, zündete von »Kunst-LichtKunst«, 1966 in Eindhoven, über »Lumière et Mouvement«, 1967 in Paris bis zu der Ausstellung »The Machine – as seen at the End of the Mechanical Age« in New York 1968. »Technologie beherrscht nun völlig jeden Schritt des Alltagslebens«, hieß es im Vorspann zum letzten Ausstellungsteil, der Kunst und Technologie gewidmet war.

»Cybernetic Serendipity« – letzteres, uns fremd klingende Wort als die Fähigkeit verstanden, »glückliche Zufalls-Entdeckungen zu machen« – organisierte im gleichen Jahr das ICA in London, womit der Computer als Instrument für Künstler endgültig durchgesetzt war.

Die beiden ehrgeizigsten Programme setzten Anfang der siebziger Jahre den Abschluß. Das fünfjährige Projekt »Art und Technology« kulminierte 1971 in Los Angeles in einer Ausstellung, während der »Pavilion« der »E.A.T.«-Gruppe zur Weltausstellung in Osaka im Jahre 1970 alle Register der Interaktion von Kunst und Technologie zog.

Überblickt man die Liste dieser bedeutenden Ausstellungen, so fällt auf, daß sich die deutschen Ausstellungshäuser aus dem internationalen Netz ausgeklinkt hatten. Der Reigen von Kunst und Technologie lief um die Bundesrepublik herum. Die Ursachen dafür sind vielfältig. Sie zu untersuchen, bedarf es einer eigenen soziologischen Studie. Jedenfalls leidet die Diskussion noch heute darunter. Es gilt, vieles aufzuholen.

3

Nach den Anfängen der elektronischen Kunst in der ersten Hälfte der fünfziger Jahre, nach der Ausbreitung der ganzen Medienskala in der zweiten Hälfte der sechziger Jahre sind wir heute, Mitte der achtziger Jahre, wieder auf einem Wellenberg der Kunst-Technologie-Interaktion angelangt.

Viele Ergebnisse sind, zugegeben, eher Versuche. Jeder, der aus der Praxis die Schwierigkeiten kennt, Zugang zur Technologie zu haben, wird die Ansprüche kleiner halten. Dennoch: Eine Schleuse hat sich geöffnet. Man darf wieder, ungestraft, mit technologischem Instrumentarium arbeiten und doch Künstler bleiben.

Wie jeder andere Beruf steht auch der künstlerische vor der Aufgabe, sich der ständig expandierenden Technologien zu stellen, zu lernen, gesellschaftliche Folgen zu überdenken. Das Berufsbild Künstler kann von den neuen Technologien nicht unberührt bleiben.

Das heißt keineswegs das Ende der Malerei als einer handwerklichen Tätigkeit, die in der Geste, in der psychischen Strukturierung des Malmaterials, im persönlichen Gebrauch von Strich, Farbe oder plastischem Material eine Vision erzeugt, wenn möglich, bildnerisches Neuland betritt. Es ist keineswegs ungewöhnlich, daß sich in einem Künstler, in einer Person, die Wege der Malerei, Bildhauerei, der Umweltkunst und einer technologisch-elektronischen Kunst koppeln. So wie eben auch ein Komponist sich alter, ja uralter Instrumente und ebenso elektronischer Klangerzeugung bedient.

4

Trotz dieser Offenheit der Tradition gegenüber sollte man sich klar sein, daß die elektronisch-technologische Kunst, Medienkunst, einen qualitativ und strukturell neuen Entwicklungssprung darstellt, vergleichbar in den Auswirkungen der Entstehung des Tafelbildes mit all den darin eingeschlossenen gesellschaftlichen, ökonomischen, bildnerischen Auswirkungen. Diese Kunst ist nicht die Fortsetzung des Tafelbildes oder der Skulptur mit anderen Mitteln.

Gewiß: Künstler wie Zuschauer bringen Erfahrungen mit, die aus der ungemein komplexen Geschichte der Kunst sich ableiten. Niemand beginnt beim berühmten Punkt Zero. Das Sehen ist eine äußerst aktive Form der Wahrnehmung. Das Objekt unserer Wahrnehmung erleben oder erkennen wir als eine *Gestalt*. Die Kunst, so hat uns Rudolf Arnheim versichert, reflektiert verschiedene Möglichkeiten, die sichtbare Gestalt der Dinge zu bestimmen.

Es wäre sicher verkehrt, den Werken und Prozessen der gegenwärtigen technologischen Kunst gegenüber ständig die Elle des tradierten

Kunstbegriffes anzulegen. Das vermindert nachweislich die Wahrnehmungsfähigkeit für das Neue, welches darin zum Ausdruck kommt.

Auf der anderen Seite benötigen wir einen Begriff, der die Verfahren und Ergebnisse der elektronischen wie allgemein technologischen Kunst bezeichnet, ohne daß er sogleich in das ideologische oder theoretische Gestrüpp um die Wertigkeiten von Kunst oder Technologie führt.

Ich schlage deshalb hier den Begriff *Gestalttechnologie* vor. In der wahrnehmbaren Gestalt erkennen wir das Ganze, das durch ein Werk der technologischen Kunst verwirklicht wird. Zur Gestalt etwa einer Laser-Zeichnung innerhalb der freien Natur gehören nicht nur die Strahlen des Argon- oder Krypton-Lasers. Vielmehr gehört auch dazu, wie sich die Laserfiguren in eine Nebelwand legen, wie sie durch Feuchtigkeit hindurch gebrochen werden, wie sie, kurz gesagt, die Umwelt einbeziehen.

Diese Gestalt ist vom Künstler vorausgesehen. Ebenso ist sie auf der Ebene des Empfängers, des Zuschauers, des Teilnehmers, also auf der Ebene des Auges zu finden. Das Auge, wie es Willi Baumeister so treffend gesagt hat, als vorgeschobener Posten des Gehirns, empfängt die Gestalt, das Ganze. Das durch technologische Mittel entstandene Werk wird ganzheitlich als Gestalt gelesen, gesehen, empfunden, gespeichert.

5

Um einige grundsätzliche Entscheidungen wird man nicht herumkommen, wenn man den Weg der Interaktion von Kunst und Technologie sinnvoll weitergeht. Ich nenne die produktive, nicht von Skepsis, sondern von Neugierde getragene mögliche Zusammenarbeit der Industrie und der Kunst. Ich denke unter anderem an »artist-in-residence«Programme, durch die man es interessierten Künstlerinnen wie Künstlern ermöglichen sollte, Erfahrungen im Umgang mit der Technologie zu erwerben.

Eine andere Entscheidung muß getroffen werden, um den Künstlern, die mit elektronisch-technologischem Material sowie mit aktuellen Prozessen arbeiten, eine Basis zu geben: Die Ankaufs- und Sammlertätigkeit muß sich deutlich erweitern. Die Museen müssen eine bestimmte Summe ihrer Ankaufsetats für solche Werke zur Verfügung stellen.

Schließlich wäre eine Neuorientierung der Ausbildung des Künstlers im Medien-Zeitalter wünschenswert, ja, dringend erforderlich. So muß der Begriff der künstlerischen Arbeit und deren Vermittlung an den Kunstschulen neu gestellt und diskutiert werden. Sie müssen sich der expandierenden Medienkunst öffnen.

Es gibt dazu positive Ansätze. Ich verweise auf die Arbeitsgruppe Medienentwicklung und Medienforschung an der Hochschule für Gestaltung in Offenbach am Main oder an das Thema des Karl-Hofer-Symposiums 1984 an der Hochschule der Künste in Berlin. Es stand unter dem Thema »Kunst, Künstler und neue Technologien«.

Noch sind die Fächer Kunst und Umwelt, Kunst und Technologie, Kunst und Medien – um nur drei wichtige zu nennen – völlig unterrepräsentiert in einem Land, das eine »Spitzenstellung« in der äußerst dynamischen Entwicklung unserer Zeit behaupten will. Auf eine Gegenposition dazu, nämlich das von Otto Piene am M.I.T. seit über 10 Jahren geleitete »Center for Advanced Visual Studies«, werde ich im Zusammenhang mit dem Abschnitt »Künstler – Technologie – Ausbildung: Wer bildet wen wofür aus?« eingehen und auf die dort geleistete Arbeit mit Beispielen auch in anderen Zusammenhängen zu sprechen kommen.

6

»*ChippppKunst*« ist, auf eine Formel gebracht, die Summe der Veränderungen, die sich zur Zeit, Mitte der achtziger Jahre, auf dem Gebiet der Gestalttechnologie vollziehen. Ich habe mich bemüht, diese Veränderungen auch dem Leser und Benutzer verständlich zu machen, der kein Fachmann und keine Fachfrau für Technologie ist. Wenn nötig, werden also Begriffe und Instrumente erklärt, mit denen es normalerweise der »Kunstliebhaber« nicht zu tun hat, zumindest nicht als Ausstellungsbesucher, Bilder-Schauer, Kunstbuch-Leser.

Überhaupt wird sich mehr und mehr die Frage stellen, in welcher Sprache wir von Kunst berichten, das anschauliche in das verbale Denken überführen. Kunstgeschichte, Kunstsoziologie, Kunstpsychologie und andere Zweige der Vermittlung haben Sprach-Codes aufgestellt, die zunehmend unzureichend werden. Ist es noch verhältnismäßig leicht, von technologischen Objekten und Prozessen in einer der Technik entlehnten Sprache zu berichten, so kommt man sogleich ins sprachliche Schleudern, wenn es darum geht, das Faktische zur Wertigkeit zu führen, die *Bedeutung* zu bestimmen.

Um ein Beispiel zu nehmen: Das im ersten Kapitel erörterte *digitale Video* ist weder mit der Sprache des Filmes noch mit der einer Malerei zu beschreiben. Eine rein faktische Sprache, die zum technischen Rapport wird, reicht ebensowenig aus wie eine Sprache, die nur auf das fertige Produkt bezogen ist. Das heißt: Adäquat wäre nur die Sprache, die den Prozeß und das Produkt erkennbar macht. Das setzt aber auf der Seite des Schreibenden eine praktische Erfahrung voraus, die viele Kritiker nicht haben und auch nicht haben können.

Auch aus dem Grund heraus beziehe ich zu einem wichtigen Teil die Selbstinterpretationen der Künstler mit in mein Buch ein. Wenn andere Instanzen der Kunstvermittlung nicht entsprechend ausgeprägt sind, nimmt der Künstler selbst das Wort. Es ergeben sich Zeugnisse einer *Kunstinterpretation von innen heraus*. Im gelungenen Fall verschmelzen in ihnen die Ebenen der Praxis und die der Bedeutung. Eine solche Kunstinterpretation hat ihre bedeutende Tradition. Um nur einige Beispiele aus unserem Jahrhundert anzuführen: Sie führte zu den Texten von Paul Klee wie zu denen von Wassily Kandinsky; ihr gehören die Publikationen von Laszlo Moholy-Nagy wie surrealistischer Künstler an; Frei Otto und Richard Buckminster Fuller sind Beispiele aus den benachbarten Disziplinen der Architektur und des komprehensiven Design.

Diese Kunstinterpretation von innen heraus liegt ebenfalls zwei Büchern des Autors zugrunde, auf die im Zusammenhang mit *»ChipppKunst«* zu verweisen ist. Das eine ist *»Kunst heute«*, 1965 erstmalig in »rowohlts deutscher enzyklopädie« erschienen, das die Grundlagen einer Interaktion von Kunst und Technologie beschreibt, wie sie sich bis Mitte der sechziger Jahre darstellten. Das Buch, seit langem vergriffen, kommt in der Reihe der *Ullstein Materialien* im April 1986 neu heraus. Das andere Buch ist *»Expansion der Kunst«* (Ersterscheinung 1970), worin ausführlich die neuen Technologien in ihren Zukunftsmöglichkeiten zur Sprache kommen. Das Buch erschien in einer aktualisierten und erweiterten Neuausgabe in der Reihe *Ullstein KunstBuch* (Nr. 36069) im Jahr 1982. Zusammen ergeben die drei Bücher ein Panorama der Gestaltkräfte von Kunst und Technologie.

München, 1985

I. Digitale Kunst

1. Die andere Tradition – Der elektronische Schirm

> »Kunst, die auf Atavismen, tiefe Gefühlsschichten, unmittelbare sinnliche Reize zurückgreift, ist als Reaktion auf die Technologie verständlich. Wird die Kunst aber dadurch, daß sie eine Insel der Erinnerung, der Rudimente vergangener Daseinsformen bleibt, nicht selbst eine einseitige, eindimensionale rückschrittliche und nach hinten blickende Gegenwelt?«
> Peter Weibel

Man muß weder besonders polemisch noch einäugig sein, um die vorherrschende Dominanz der »peinture-peinture«, der Expression um der Expression willen, der wilden Stile beziehungsweise Stilnachfolgen zu beklagen. Die Diskussionen sind so einseitig geworden wie die Ausstellungs-Angebote. Der »Zeitgeist« tobt sich aus: Aber auf welche Kosten? Und auf wessen Kosten? Die Ausstellungs-Häuser reichen sich den »Zeitgeist« weiter, der etwas Geisterhaftes hat.

Wie die sogenannten Nachrichten auf uns eindreschen mit immer gleichen Appellen von Unfall, Katastrophe, Krise, so drischt eine Geisterbahn von lauten, grellen Appellen von den gemalten Leinwänden auf uns ein. Schock-Therapie hat eine reflektierende Anschauung abgelöst.

Soziologisch gesehen spielt ein Unisono-Kunstmarkt seine Waren ohne Umweg in die Ausstellungs-Häuser. Die Schock-Therapie wirkt und bringt Zuschauer in die Häuser. Und dem Zwang der großen Zahl kann sich kaum ein Ausstellungs-Organisator entziehen. Die vielbesuchte Ausstellung ist eine gute Ausstellung. Es muß ja nicht immer das »Gold der Skythen«, »Nofret« und »Shogun« sein. Auch die »Zeitgeist«-Ausstellungen operieren mit Zuschauer-Statistiken als Belegen ihrer sogenannten Aktualität.

Kein gutes Klima, um über die Austauschverfahren von Kunst/Design/Architektur und Technologie zu sprechen, respektive sich darüber zunächst einmal nur zu informieren. Grundlage der Urteile, die vorschnell in den Raum abgeschlagen werden, müßte der vorgeführte Zustand sein: Was da ist; zusammen mit der geschichtlichen Rück-

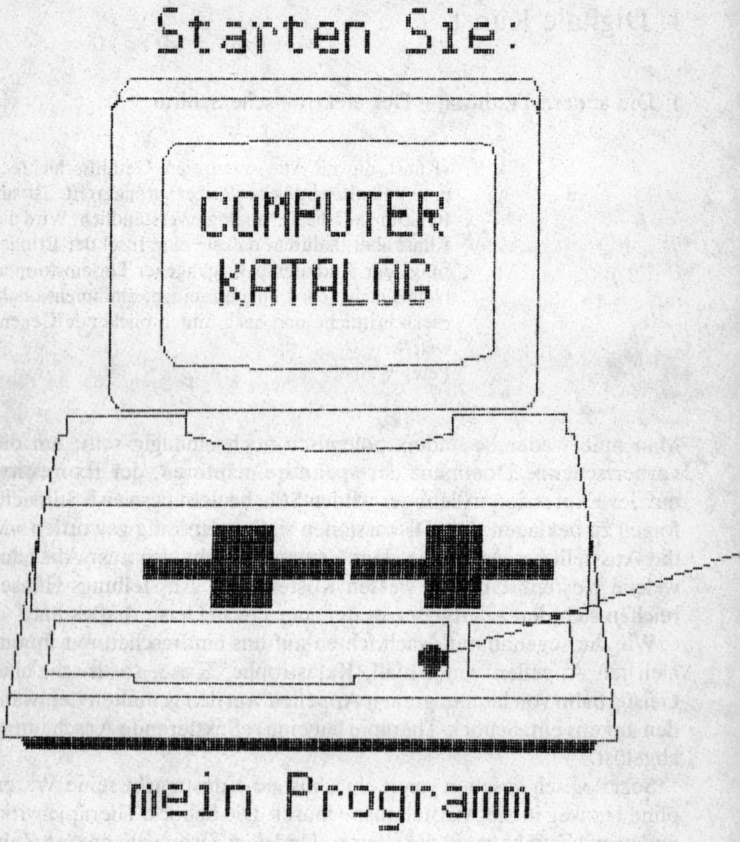

Zeichnung 1: Der erste Computer-Katalog zu einer Kunstausstellung fand 1984 seine Anwendung bei der Zusammenstellung »Kunst und Technologie« in Bonn. Das Programm war so einfach abrufbar, daß jeder Ausstellungsbesucher damit umgehen konnte. Als Einheit diente der Olivetti M 20.

blende: Was da war. Dies würde Informationen in Form von Ausstellungen, Filmen, Erziehungsprogrammen und anderem bedeuten.

Statt dessen gehen wir offensichtlich – im Unterschied zu Nationen wie Japan oder den Vereinigten Staaten – einen sehr deutschen Sonderweg, den Oswald Wiener treffend analysiert hat: »Es scheint merkwürdig, daß eine breitere Öffentlichkeit in Deutschland mit vielen Eigenschaften der modernsten wissenschaftlichen und technischen Entwicklungen zuerst durch deren Kritiker bekanntwerden sollte. Wird manches Neue schon deswegen mit Abwehr angesehen, weil es nicht dem Schwung des nationalen Genies entstammt? Bereitet sich wieder einmal ein ›deutscher Weg‹ der ›Geisteswissenschaften‹ vor?«

Wiener gibt dann dazu ein konkretes Beispiel: »Die Frage der sogenannten *Künstlichen Intelligenz* wird, von deutschen Universitäten fünfundzwanzig Jahre lang mehr oder weniger ignoriert, zum öffentlichen Problem erst als ein soziales: Arbeitsplatzvernichtung, Enteignung und Monopolisierung von Wissen, Verlust der sogenannten zwischenmenschlichen Beziehungen durch Verkabelung, Angriff auf die persönlichen Daten, ›Technologisierung des Inneren‹ (das ist Veränderung der Denkfähigkeit und der Denkprozesse), allgemein: zügellose Manipulation menschlicher Handlungen und Motive über elektronische ›Medien‹.« (1)

Vielleicht wäre die richtige, sinnvolle Reihenfolge doch die: zuerst einmal informieren, was da ist; dann die Diskussion darüber aufnehmen. Man würde dadurch den Weg freischaufeln, auf dem sich die *andere Tradition* bewegt, die durchaus vorhanden ist, zur Zeit jedoch an den Rand gespielt. Eine Tradition, die in Deutschland mit Architekten wie Walter Gropius, Künstlern wie Laszlo Moholy-Nagy, Museumsleitern wie Alexander Dorner, Autoren wie Walter Benjamin, Filmmachern wie Oskar Fischinger zu bezeichnen wäre. Man muß solche Namen nur aufzählen, um die Tragödie der anderen Tradition zu evozieren: Keiner der Genannten, die ihre Grundlagen in Deutschland geschaffen haben, starb in diesem Land. Dementsprechend schwer war es für die andere Tradition, nach dem Zweiten Weltkrieg bei uns Fuß zu fassen. Meiner Generation fehlten die Väter – im wörtlichen und im erzieherischen Sinne des Vorbildes, des Anknüpfens.

Man kann es viel extremer ausdrücken, wie es der Medienkünstler Peter Weibel 1984 aus Anlaß der Uraufführung seiner elektronischen Oper »Der künstliche Wille« tat: »Der Holocaust der Juden galt eigentlich dem Fortschritt des 20. Jahrhunderts selbst. Mit der Auslöschung der Juden und der ›jüdisch-bolschewistischen‹ Kultur hat die Reaktion versucht, die Ankunft des 21. Jahrhunderts abzuwehren. Das 20. Jahrhundert war insofern das Jahrhundert der Juden, von Einstein bis Schönberg, als die Reaktion durch ihre Vernichtung die Keime des 3. Jahrtausends vergasen wollte. Doch das Programm der Reaktion hat sich weltgeschichtlich nicht durchgesetzt, es wird mit dem 20. Jahrhundert begraben, samt seinen restaurativen Kulturformen.« (2)

Wie sehr die andere Tradition durch die unmittelbare Vorkriegs-, Kriegs- und Nachkriegszeit verschüttet wurde, merkt man deutlich an der fehlenden Dialektik innerhalb der Kunst der mittachtziger Jahre bei uns. So wird Deutschland eben auf einen expressionistischen Nenner gebracht, der völlig einseitig und in keiner Weise einem »nationalen Charakter« entspricht.

Will man die augenblickliche Entwicklung der Gestalttechnologie beurteilen, kommt man ohne historisches Wissen nicht aus. Der *elektronische Schirm*, der aufgrund einer rasanten industriellen Entwicklung bis in unser Alltagsleben aufgespannt wird, der sowohl Schutz gibt wie uns aber auch abschirmt in jeder Wortbedeutung, wird ohne aktive, gestalterische, analytische Mitwirkung des Künstlers ein Fremdkörper innerhalb der Gesellschaft und des privaten, einzelnen Lebensbereiches sein. Dieses *gesellschaftliche Wirken* ist in einer Demokratie aus einer Vielzahl von Gründen schwer verständlich zu machen. Zu einem Konsensus zu finden, wird durch den Markt in seiner vielfachen und grundsätzlichen Auswirkung eher erschwert. Überdies ist gesellschaftliches Wirken auf seiten des Künstlers ohne *schulbildende Kräfte* kaum möglich.

Eine solche schulbildende Kraft sollte im 20. Jahrhundert das Bauhaus darstellen. Walter Gropius plante es als eine »Pionierschule« mit dem Ziel, nicht Stil, System oder Dogma zu propagieren, sondern »einen lebendigen Einfluß auf die Gestaltung auszuüben«. (3) Das Bauhaus wurde in Deutschland gründlich ausgerottet. Gropius wirkte in Harvard weiter, 1938 wurde er Leiter der Architekturschule an der dortigen Universität.

1939 legte Moholy-Nagy, der zwei Jahre zuvor von London nach Chicago gereist war, mit seiner »School of Design« einen, wie er es nannte »neuen Kern für ein unabhängiges und vertrauenswürdiges Erziehungszentrum, in dem Kunst, Wissenschaft und Technologie zu einem schöpferischen Ganzen vereinigt werden«. (4) Die Saat der anderen Tradition ging in den Vereinigten Staaten auf, hart umkämpft auch dort, wie man es an den Etappen des Scheiterns nachlesen kann, die Sibyl Moholy-Nagy in der faszinierenden Biographie ihres Mannes – zusammen mit den Erfolgen – aufgezeichnet hat. Moholy-Nagy ist eine Schlüsselfigur, wenn man sich die Geschichte der Gestalttechnologie bewußt macht. Vieles in seinem bildnerischen, grafischen, filmischen wie in seinem geschriebenen Werk weist auf die unmittelbare Gegenwart. Tatsächlich spielt das von ihm erarbeitete und analysierte *Raum-Zeit-Kontinuum* in der gegenwärtigen *digitalen Kunst*, der das erste Kapitel des vorliegenden Buches gewidmet ist, eine zentrale Rolle.

Nachdrücklich verwies er auf die neuen Gestaltungsmöglichkeiten mit Licht, das an die Stelle von Pigment oder neben dessen Gebrauch tritt. Es schien ihm, daß – entwicklungstechnisch – das manuelle Bild überholt wird von den reineren »malerischen« Gestaltungsmöglichkeiten der Projektion. Es liest sich wie eine genaue Vorhersage der gegenwärtigen digitalen Bildschirm-Arbeit von Künstlern, wenn er schreibt: »an Stelle von Farbstoff mit direktem Licht, mit fließendem, oszillierendem, farbigem Licht ›malen‹«. (5) Moholys Gedanke farbiger Lichtskulpturen ohne direkte Projektionsfläche ist in den heutigen Lasergrafiken, Laserskulpturen verwirklicht (vgl. dazu das zweite Kapitel).

1947, ein Jahr nach Moholys Tod, erscheint postum in den USA sein Buch »Vision in Motion«; um mit dem einstigen Leiter des Berliner Bauhaus-Archives Hans M. Wingler zu sprechen, »ein partiell, wenn nicht sogar essentiel amerikanisches Buch. Für die junge Generation bedeutet das Gedankengut des Bauhauses nun nicht mehr einen von außen kommenden Impuls. Längst ist das bauhäuslerische Element des Denkens im amerikanischen Denken aufgegangen und in ihm fruchtbar geworden. Es ist zu einem Bestandteil einer autonomen Entwicklung geworden, die weitergeht.« (6)

Moholy-Nagy hat die Neudefinition der künstlerischen, gestalterischen Arbeit schärfer als andere formuliert. Nur die Verbindung des Unbewußten mit einer wissenschaftlich vertieften Kultur, beziehungsweise Methode, ermöglicht es in seinen Augen dem Künstler, seine Funktion im gesellschaftlichen Organismus auszuüben. An diese Tradition nach 1945 anzuknüpfen, gelang bei uns kaum. Es fehlten die Persönlichkeiten, es fehlten die Schulen, um eine ausgerottete Tradition wieder kenntlich, geschweige denn wirksam werden zu lassen. Als Oto Bihalji-Merin Mitte der fünfziger Jahre seinem Buch »Modern German Art« ein Nachkriegskapitel anfügte, zeichnete er die Situation so:

»Im ungewissen Licht des illusionslosen Morgens erschien es vielen Künstlern in Deutschland, als ob die zertrümmerte Landschaft ihres Lebens Schlußakkord, Endform einer späten Zivilisation gewesen wäre. Trotzdem sie von den Fronten und aus Massenlagern wiederkehrten, erkannten die Heimkehrer, daß es keine Heimat mehr in der Kunst gab; der Weg zurück war verloren.« (7)

Wenn der Weg zurück schon verloren war, so zeigten sich ab den frühen fünfziger Jahren bei uns Wege nach vorne. Der Austausch mit anderen Ländern setzte ein, die elektronische Musik, gefördert durch Auftragsarbeiten der Rundfunkanstalten, leistete Pionierschritte. Zu neuen Ansätzen einer wissenschaftlichen oder auch technologischen Ästhetik kam es durch Max Bense, der von der Universität Jena an die TH (die spätere Universität) Stuttgart überwechselte. Nach seiner 1954 veröffentlichten ersten »aesthetica«, mit der die klassische Seinsästhetik durch eine moderne ersetzt werden sollte, folgten in den Jahren darauf »äesthetica II und III«. Bense und sein Kreis wirkten als eine weltweit funktionierende Sendeanstalt der Informationsästhetik.

Nachdrücklich wies Bense auf, daß jede Zivilisation eine Kommunikation zwischen ihrer technischen und ihrer ästhetischen Wirklichkeit besitzt, die wie ein System kommunizierender Röhren einem Austausch zustrebt. 1957 schrieb Bense im Vorwort zu seiner, Max Bill gewidmeten »aesthetica III«: »Man ist jetzt in den Bereich der ästhetischen Elemente, in den ästhetischen Atomismus vorgedrungen, in dem es sich um Signale, Zeichen, Funktionen, Gestalten, Zellen, Modulore, Modelle, Raster, Felder, Strukturen, ›offene‹ und ›geschlossene‹ Systeme handelt. Das Vordringen des Statistischen und Mikrokosmischen verbindet heute wenigstens methodisch Ästhetik und Physik ... Das ästhetische Kommunikationsschema erweist sich im Zusammenhang der Zivilisation ebensosehr als Nachrichtenschema wie auch als Spielschema.« (8)

Wollte man eine Theorie der gegenwärtigen Gestalttechnologie schreiben – was nicht die Absicht des vorliegenden Buches ist, in dem es um das »Was da ist« geht –, so wären Benses Schriften eine wesentliche Grundlage dafür.* Erwähnt soll auch werden, daß die Londoner Ausstellung »Cybernetic Serendipity«, 1968, die bereits in

* Gestalt- und Strukturbegriff bilden für Bense zwei Prozesse der Wahrnehmung und zwei ästhetische Konzeptionen. Beide sind echte Zeichenthematiken. »Das Zeichen als differenziertes Gebilde, als Element kann einem integrierenden ästhetischen Prozeß unterliegen, dann entsteht Ganzheit, Gestalt. Es kann auch einem reduplizierenden Prozeß unterliegen, dann entsteht Struktur.« Beide spielen in der konkreten Malerei eine Rolle. (Vgl. »aesthetica III«, S. 82ff.)

der Einleitung erwähnt wurde, ihren Impuls der Persönlichkeit und dem Denken Benses verdankt. Mit ihm hat die »andere Tradition« in Deutschland wieder ein theoretisches Fundament gewonnen, keineswegs unumstritten, aber nachhaltig wirkend.

Die fünfziger Jahre sahen bei uns auch die Gründung der Ulmer Hochschule für Gestaltung (1953–1968), die an die Tradition des Bauhauses anknüpfte. Fachliches Können, Allgemeinbildung und soziales Verantwortungsgefühl sollten zu einer Einheit werden, das Studium umfaßte in den Anfangsjahren einen ans Bauhaus angelehnten Grundkurs, darauf folgend praktische Berufsausbildung. Ziel und Bereich der Lehre wurden 1957 programmatisch festgelegt, später gerieten sich verschiedene Lager in die Haare. Neben vielen anderen arbeiteten und lehrten hier Konrad Wachsmann, Tomás Maldonado, Claude Schnaidt, Almir Mavignier. Die Kämpfe, die zur Schließung führten, scheinen von heute aus gesehen weit zurückzuliegen, man hat sie offensichtlich vergessen oder/und verdrängt.

In den fünfziger Jahren etablierte sich ja nicht nur der Nierentisch und anderes Modische, sondern auch der *elektronische Schirm*. Bildlich gesprochen: Im Radarschirm der Zeit entdeckten jüngere Künstler das Material der Technologie, das aus der reinen Bezogenheit auf Farbpigment und Leinwand wegführte, einen neuen »Idealismus« versprach, wie es im Umkreis von »Zero« ausgesprochen wurde. Das System der kommunizierenden Röhre begann die Grundlagen von künstlerischer Gestaltung zu verändern.

Und was zu Beginn kaum verstanden wurde: Gleichzeitig mit der Einbeziehung technisch-technologischer Materialien und Instrumente wollen Künstler gegen Ende der fünfziger Jahre auch einen *neuen Raum der Natur* eröffnen. Natur nicht mehr als Stilleben und Vorlage begriffen, sondern als das *Elementare*. Das heißt: Die Gestalttechnologie schließt hier mikro- und makrokosmische Räume auf. Es ist eben nicht Technologie um der Technologie willen. Es entwickelt sich ein dialektisches Verhältnis von Technologie zu elementarer Natur, zu den Energiekräften der weiten Räume wie Himmel, Meer, Luft, Wüste. Die Zeit, in der die ersten Satelliten die Erde umkreisen, zeitigt ein Bewußtsein dafür, daß wir unser Natur-Verständnis völlig neu definieren müssen.

»Die Farbe der Sonne«, schreibt Heinz Mack in seinem Sahara-Projekt, das er in dieser Zeit ausarbeitet, »wird sich in ihren neuen Trabanten wiederfinden. Die Reservation der Kunst findet nicht nur auf der Erde statt.« Otto Piene veröffentlicht gleichzeitig mit Macks

Sahara-Projekt in »Zero 3«, 1961, seine »Wege zum Paradies«, in denen wiederum die Neudefinition des Natur-Raumes beschrieben wird: »Ein Blick zum Himmel, in die Sonne, auf das Meer genügt zu zeigen, daß die Welt außerhalb des Menschen größer ist als die in ihm, daß sie so gewaltig ist, daß der Mensch ein Medium braucht, das die Kraft der Sonne transformiert zu einem Leuchten, das ihm angemessen ist, zu einem Strom, dessen Wellen wie der Puls des Herzens sind. Jetzt sind die Bilder nicht mehr Verliese, die den Geist und seinen Körper fesseln, sondern Spiegel, von denen Kräfte auf den Menschen übergreifen, Ströme, die sich frei im Raum entfalten, die nicht ebben, sondern fluten.«

Es zeigt sich an dieser wichtigen Nahtstelle, wie töricht und falsch es ist, Technologie-Kritik damit auszumalen, daß man dem Künstler einseitige Abhängigkeit von der Technologie unterstellt. Im Gegenteil ist es das – über rein künstlerische Wertigkeiten hinausreichende – Verdienst solcher Künstler, zu einem neuen, erweiterten, dynamischen, elementaren Natur-Begriff beigetragen zu haben. Es wurde im Umkreis der Sky Art von Künstlern wie Otto Piene, Tom Van Sant, Joe Davis mit ihrer Arbeit bewiesen, daß technologisches und naturelementares Vorgehen sich nicht ausschließen, sondern sich bedingen.

Darüber hinaus läßt sich unser Zeitalter als das *Zeitalter des Raumes* definieren. Die Teleskop-Fotografie hat Galaxien und Sternen-Nebel enthüllt, die auf unser Auge zunächst wie abstrakte Bilder eines Künstlers wirken. Doch hinter den Lichtkugeln verbergen sich reale Räume. Wir sind Kinder des Zeitalters des Raumes. Mit Hilfe der Technologie haben wir geschärfte Augen. Unsere Sinneswahrnehmungen sind durch neue Medien und Instrumente geschärft oder neu programmiert. Was das für uns bedeutet, das weisen uns die Arbeiten der Künstler auf, vorausgesetzt, wir haben ein Sensorium dafür, die in ihnen enthaltenen »Botschaften« wahrzunehmen.

Die gegenwärtige Gestalttechnologie, so der Inhalt dieses Abschnittes, ist vielfältig mit einer Tradition verbunden, die ich die andere Tradition nenne. »Alles Neue«, schrieb Freud, »muß seine Vorbereitungen und Vorbedingungen in Früherem haben.« (9) Es ist zum Verständnis dessen, was auf der Kunst-und-Technologie-Ebene zur Zeit geschieht, notwendig, an die Tradition anzuknüpfen. Es ist die Tradition der Künstler, die aus der Zeit heraus mit den Mitteln dieser Zeit Verständnis für die Phänomene der Zeit wecken. Aus dem Grunde ist es wichtig, Kenntnis zu nehmen, was da ist, was geschieht, welche Bedeutung im gesellschaftlichen Kontext dem zukommt.

2. Der Computer im Atelier – Das Atelier im Computer

1956, die erste documenta in Kassel, das »Museum der 100 Tage«, wie ihr Begründer Arnold Bode sie nennt, ist kaum vorbei, wird in Deutschland der erste Computer eingerichtet. Er füllt einen ganzen Raum. Die Absatzmöglichkeiten von Computern in der Zukunft schätzt der Vorstandsvorsitzende eines großen Elektrokonzerns mit 20 Stück ein.

Und die Künstler? Haben sie sich auch so geirrt? Haben sie die Zukunft und die Zukunftsmöglichkeiten des Computers damals auch so falsch eingeschätzt?

Tatsache ist, daß bereits 1950 Ben Laposky in den USA eine Entwicklung einleitet, mit elektronischen Automaten und Rechenanlagen Grafiken zu erzeugen. Das ist eine der Ursprünge der späteren Computer*grafik*, die die Diskussion um Computer und Kunst leider allzulange beherrscht hat. Damals verständlich – aber heute? Sind wir eigentlich über die Diskussionen, wie sie in den sechziger Jahren über Computerbilder geführt wurden, hinausgekommen?

Ich möchte in dem vorliegenden Abschnitt mit Nachdruck darauf hinweisen – und es auch belegen –, daß wir alle unsere Vorstellung von *Computerkunst* dringend erneuern müssen. Konkret: Die mittlerweile zwei Jahrzehnte dauernde Diskussion um das grafische Produkt des Computers, früher das ausgedruckte, »geplotterte« Zeichenergebnis, heute die Bildschirmgrafik, hat uns den Blick und Überblick verstellt für andere Bereiche des Einsatzes von Computern im Atelier. Und diese ganze Palette sollten wir heute sehen, wenn wir über den Computer im Atelier und das Atelier im Computer sprechen.

Um meine Position klarzumachen, möchte ich die Äußerung eines Computergrafikers aus den sechziger Jahren zitieren, die den verengten Blick auf das grafische Potential des Computers fast karikaturhaft beleuchtet. Im Rahmen einer Umfrage des damaligen Magazins »Kunst« bei 41 mit Computer arbeitenden Grafikern sowie Musikern und Theoretikern antwortete der Engländer Alan Mark France: »Mein Verhältnis zum Computer beim Produzieren von Zeichnungen, die Vergnügen bereiten, ist das eines faulen Menschen. Ich versorge den Computer mit einigen Figuren, die ich ohne große Anstrengung auswähle. Das Programm und die Maschine tun dann die Eselsarbeit, und 10! (= Befehl für Rechenoperation) – schon ist die Zeichnung da – um aufbewahrt oder verworfen zu werden, wie ich es will.« (10)

Irgendwie tat's der elektronische Esel in den siebziger Jahren nicht

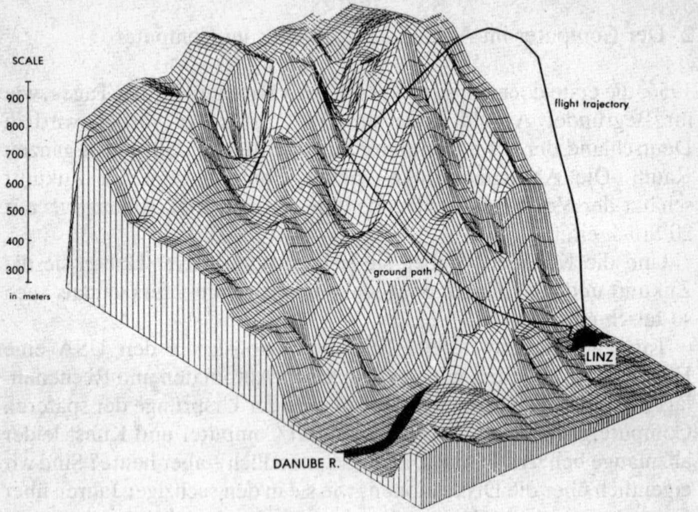

Zeichnung 2: Computerberechnungen werden heute auch in der Umweltkunst eingesetzt. Zur Linzer ars electronica 1982 verwendete der Sky Artist Howard Woody ein Zeit-Entfernungs-Schema, das den Flug seiner mit Helium gefüllten Skulpturen für eine Entfernung von 16,7 Kilometer, eine Höhe von 1280 Meter und eine Flugdauer von 1 Stunde und 55 Minuten programmierte.

mehr. Sang- und klanglos schien der Computer als Grafik-Erzeuger für Künstler das Interesse verloren zu haben. Dagegen geschah etwas anderes: Mit dem Wechsel ins siebte Jahrzehnt wurde auch in der bildenden Kunst nachhaltig die Frage nach der Bedeutung der *Umwelt* gestellt. Es zeigte sich, daß eine einfache technologische Haltung Schiffbruch erlitt, weil sie diesen erweiterten Bereich der Umwelt nicht einbezogen hatte. Die zu einfachen Lösungen in der Kunst sind nicht überlebensfähig.

Technologie ist nur dann sinnvoll im Bereich einer sich erweiternden Kunst einzusetzen, wenn die Künstler einerseits das gestalttechnologisch Wesentliche vom bloßen visuellen Nebenprodukt einer technologischen Entwicklung trennen; wenn andererseits weiterhin und erneut die Frage des Raumes, der Partizipation des betrachtenden Menschen, der Umwelt als urbaner oder elementarer Herausforderung, der Gesellschaft und ihrer Anforderungen mit einbezogen werden.

Im Bereich von Kunst und Computer ergeben sich, wenn man die

Technologie aus dieser Perspektive sieht, fünf Themengruppen, in denen der Computer Einzug ins Atelier gefunden hat, vorausgesetzt, man versteht unter Atelier das erweiterte Labor des Künstlers heute.

Da ist zum einen das *Umwelt-Kunstwerk*, in das die Computersteuerung komplexer Vorgänge eingebaut ist. Beispiel: Die amerikanische Pulsa-Gruppe, Künstler und Wissenschaftler der Yale Universität, hatte um 1968 den Weg bereitet, indem sie öffentlich stattfindende Interaktionen von Licht- und Tonquellen durch Computerprogramme plus Zufallsgeneratoren steuerte. Viele Laservorführungen beziehen Mikroprozessoren ein, also Computerzentraleinheiten, die auf einem einzigen Chip untergebracht sind, um vorher aufgestellte Programme zu dekorieren. Die Computertechnologie hat hier völlig neue gestalterische Dimensionen erschlossen, nämlich die abstrakten oder gegenständlichen Zeichnungen. Im Abschnitt »Auf einem Lichtstrahl reiten – Laserkunst« (S. 61 ff.) werde ich dazu etwas detailliertere Informationen geben.

Die Einbeziehung von Computertechnologie im Bild- und Tonambiente wurde von Künstlern und Künstlergruppen aus Anlaß der ars electronica in Linz 1979 bis 1986 weitergeführt – einer ausgesprochen »mutigen« Stadtaktion als offenes Festival für Kunst, Technologie und Gesellschaft. Die Computertechnologie wird hier überprüft, wieweit sie fähig und in der Lage ist, eine definierbare Stadtöffentlichkeit zu erreichen. Der Österreichische Rundfunk tritt durch sein Landesstudio Oberösterreich dabei als Mitinitiator auf, indem er Personal, Management, Geräte und Studios zur Verfügung stellt.

Ein zweiter Themenbereich von Kunst und Computer ist durch das gegeben, was man auch im Bereich der bildenden, erweiterten Kunst mit *Telekommunikationsereignissen* bezeichnet. Das sind elektronische Brückenschläge mit zumeist visuellem Material, wobei solche Dialoge zwischen Bildkünstlern in verschiedenen Zentren, Städten oder Kontinenten zustande kommen können. Der Computer ist hier teilweise direkt eingesetzt, um Grafik auszudrücken und um die Koordination zu übernehmen. Beispiele dafür sind im Abschnitt »Kunst im elektronischen Dorf« (S. 120 ff.) behandelt.

Unter den jüngeren deutschen Medienkünstlern hat sich vor allem Bernd Kracke mit Telekommunikation beschäftigt (Abb. 32,33). »Höre mit deinen Augen – sehe mit deinen Ohren« war der programmatische Titel einer solchen Medienbrücke, oder, in der aktuellen Fachsprache »Slow-scan-Performance«, die Kracke zwischen Boston und San Francisco (dem dortigen Exploratorium) 1982 installierte. Der Scanner, eine taktweise arbeitende Abtastvorrichtung, zerlegte das elektronische Bild, das per Videokamera aufgenommen wurde, und baute es am Empfangsort wiederum auf.

Zu dieser Art postmobiler Kommunikation, die auf Computer- und Digitaltechnologie angewiesen ist, schrieb Kracke: »Die schwerelosen Himmelsbrücken der Telekommunikation, die räumliche und zeitliche Distanzen überwinden, sind mittlerweile zu unverzichtbaren Hilfskonstruktionen des 20. Jahrhunderts geworden. Kunst reflektiert diesen expandierten Wirklichkeitsbegriff, indem sie Wahrnehmungskriterien und Gestaltungsparameter entwickelt, die zur sinnlich-intellektuellen Aneignung der durch Technologie veränderten Welt dienen können.« (11. Vgl. Krackes »Erlebniszonen«, Zeichnung 11.)

Da ist als dritter Themenberich von Kunst und Computer die *Bildplatte*, auch optische oder Videoplatte, zu nennen. Indem man das Plattenspielgerät und den Bildschirm mit einer weiteren Einheit, nämlich einem Computer verbindet, kann es zu einem tatsächlich interaktiven Gebrauch der Bildplatte mit ihren 54000 gespeicherten Bildern kommen. In dem Abschnitt »Die Bildplatte als Medium für Künstler« (S. 39 ff.) ist das näher ausgeführt.

Als vierter Themenbereich hat sich, und das bereits seit Jahren, die *kybernetische Skulptur* angeboten. Ihren vielfältigen Ausdrucksformen ist das dritte Kapitel von »ChippppKunst« gewidmet. Da werden, um nur ein Beispiel zu nennen, Bewegungen und/oder Worte späterer »Benutzer« als reaktive Systeme in die Plastik eingebaut, das heißt: Vielfältige Beziehungen zwischen dem Menschen, der die gestalttechnologischen Werke »benutzt«, und dem Raum, in dem beide agieren, werden vom Computer vorherberechnet und ins Werk eingegeben.

In diesen Zusammenhang gehört auch das Thema der »Künstlichen Intelligenz«, wobei für den künstlerischen Bereich noch viele Türen offenstehen. Hier möchte ich mit Frederic Vester darauf verweisen, daß »die eigentlich zukunftsträchtigen Einsatzmöglichkeiten der modernen elektronischen Kommunikationsformen nicht annähernd erkannt werden und weit hinter dem Design der Hardware zurückstehen«. (12)

Es kann gar keinen Zweifel geben, daß die kybernetischen Arbeiten aus der Gestalttechnologie der letzten 30 Jahre Wege aufweisen, da sie an der Schnittstelle Mensch – Maschine – Umwelt entstanden. Nochmals Vester: »Ausgehend von der Gehirnstruktur und der so notwendigen Resonanz aller Geräte, Maschinen, Gebäude mit unserem eigenen biologischen Design werden zwei grundsätzlich verschiedene Arten aufgezeigt, die Wirklichkeit zu erfassen: Konstruktivistisch als Summe von Details, und systematisch in Form und ›Mustererkennung‹.

Das Interface (erg.: im Sinne einer Brücke der Verständigung, d. A.) Mensch – Maschine steht vor allem in der zweiten Art ganz am Anfang. Das beginnt mit den durchweg miserablen Gebrauchsanweisungen und Manuals – eine Fortsetzung der Fehler unserer Schulbücher – und endet in der Softwarekrise, die nicht nur die wirklich hilfreichen Möglichkeiten der Computer kaum nutzt und dafür lediglich einer ›Kreuzworträtsel-Intelligenz‹ Vorschub leistet, sondern die auch ein schiefes Bild vom Anwender und seinen neurophysiologischen Grundlagen hat. So ergibt sich – im Sinne einer über den Spielbetrieb hinausgehenden Motivation zum Computereinsatz – ein weit größerer Aufgabenkatalog als er derzeit propagiert wird. Und zwar Aufgaben, die weit in den Bereich der aus den Fugen geratenen Selbstregulation unserer Ökosysteme hineinragen.«

Schließlich soll, als fünfter Themenbereich, nicht das vom *Computer erzeugte* Bild vergessen werden, sei es Grafik oder Film und Video. In diesem Bereich liegen die auf den ersten Blick sichtbarsten Ergebnisse, beispielsweise das, was man als Computergrafik versteht. Mit der Weiterführung »Vom Computerfilm zum digitalen Video« wird sich der folgende Abschnitt beschäftigen, so daß ich mich hier darauf konzentrieren kann, einiges zum Stand der heutigen Computergrafik zu sagen. Ich hoffe allerdings, daß es durch die Auflistung der fünf Themenbereiche, in denen es heute zum Einsatz von Computern in der erweiterten Kunst kommt, klargeworden ist, daß »Der Computer im Atelier – Das Atelier im Computer« wesentlich mehr umfaßt als das Grafische, welches eine Position unter anderen besetzt.

In den siebziger Jahren kam es zum Aufbruch der Computertechnologie zu einer von nahezu jedermann verfügbaren Technologie. Durch das verhältnismäßig einfache Erlernen von problemorientierten Sprachen wird es überflüssig, daß der Benutzer auch ein Fachmann, eine Fachfrau für Datenverarbeitung, Mathematik, Logik ist. Das Echtzeitverfahren, die Entstehung der Grafik am Bildschirm statt über den Ausdrucker, veränderte Einsatzmöglichkeiten, Bildqualität, Komplexität.

Man muß jedoch sagen, daß Künstlerinnen und Künstler zunächst davon nur zögernd Gebrauch machten. Zumindest ist dieser Gebrauch in den Ausstellungen erst wieder ab 1980 in bedeutenderem Maßstab zu sehen. Was gewiß nicht heißt, daß es nicht auch in den siebziger Jahren eine ganze Reihe wichtiger Ausstellungen zu den Themen Computerkunst und -grafik gab. Sie waren aber überwiegend in die Diaspora der Universitäten und besonderer Fachkongresse gelegt. Es dauerte jedenfalls einige Zeit, bis der Aufbruch der Computertechnologie auch in den Ateliers der Künstler und in den Ausstellungshäusern der Kunst stattfand.

Die Begriffe »*Digitale Kunst*« und »*Digitale Bilder*« setzen sich dann mit Ausstellungen wie der hier öfters erwähnten »Electra« 1983/84 in Paris und der ars electronica 1984 in Linz durch. Für Paris stellt Edmond Couchot, selbst Künstler und Professor an der dortigen Universität VIII, künstlerische Computerarbeiten hauptsächlich unter zwei Kriterien vor: zwei- oder dreidimensionale Grafiken, die auf nichtvisuellen Daten beruhen, sowie durch Computer veränderte Bildvorgaben, in der Fachsprache »Picture Processing« genannt.

Damit sind zwei wichtige Vorgehensweisen genannt, die das digitale Bild kennzeichnen. Es arbeitet im Unterschied zu der überlieferten klassischen Bildtradition analoger Art mit genau festlegbaren, programmierbaren, kleinsten, diskontinuierlichen Elementen, Zahlen eben »*digits*«, wie man in der englischen Sprache sagt.

Entgegen dem kommerziell vorherrschenden Trend, wie er vor allem von amerikanischen Computerstudios eingeschlagen und verbreitet wurde, nämlich durch hochleistungsfähige, superschnelle Computer zur Nachschaffung der Realität als Realität zu gelangen, wird der künstlerisch Arbeitende das »befreite Bild« anstreben, wie es Peter Weibel in einem Supplementband »Zur Geschichte und Ästhetik der digitalen Kunst«, der zur erwähnten Linzer Veranstaltung erschien, bemerkte, um hinzuzufügen:

»Im Wesen des digitalen Bildes liegt es, mehr als die Realität durch den Computer zu schaffen, aber dieses Mehr im Look der Realität. Der Grund (im Sinne der idealistischen deutschen Ontologie) des digitalen Bildes ist es gerade, Irrealität mit Hilfe des Computers realistisch zu machen. Wir brauchen keine bewegten Fotografien, sondern das digitale Bild führt uns darüber hinaus, transformiert die Abbildung (der Realität) zur Erzeugung des Bildes (einer neuen Realität).

Das digitale Bild vereinigt also die Möglichkeiten der Malerei (Subjektivität, Freiheit, Irrealität) und der Fotografie (Objektivität,

Mechanik, Realität). Reproduktion und Fantasie, die beiden ausgeschlossenen Schwestern, versöhnen sich im digitalen Bild.«

Allerdings stehen wir gegenwärtig vor einer Anzahl von Problemen, was die Konsequenzen, was das Umfeld, die Herstellung und Verbreitung des digitalen (Computer-)Bildes betrifft. Auf der einen Seite hat sich die Entwicklung erschwinglicher Mikrocomputer mit erstaunlichen Möglichkeiten der Bildschirmgrafik rasant beschleunigt. Wichtigste Station dabei sind die Grafik-Chips, die bei der Herstellung von Bildern die Funktionen übernehmen, die sonst der zentrale Prozessor, die Zentraleinheit, leisten muß, wie das Ausfüllen der Flächen mit Farben, Linien- und Kurvenzeichen, Versetzen oder Vergrößern der Grafikensembles. Solche Grafik-Chips ermöglichen es zur Zeit, etwa 250 Farben gleichzeitig auf die Bildschirm-Palette zu bringen.

Gestalttechnologisch arbeitende Künstlerinnen und Künstler können sich nunmehr, ebenso wie Designer, Architekten, Produktgestalter und andere Berufe, dieser verhältnismäßig preiswerten Systeme bedienen. Übersichten darüber, wer mit welchem Ziel am besten an welchem System arbeitet, gibt es heute allerorten. Für den nichtauftragsorientierten Künstler ist das Problem damit jedoch keineswegs »gelöst«. Selbst bei Ausdruck dieser Bildschirm-Grafiken – wofür verschiedene Alternativen zur Verfügung stehen – kann er nicht damit rechnen, neue Vertriebs- und Wirkungskanäle zu erreichen. (Die Schwierigkeiten im Vertrieb der künstlerischen Hologramme stehen für ähnliches.)

Der Gedanke des Ausstellungs-Honorares hat sich keineswegs durchgesetzt. Die Zeit der Grafikschwemme ist vorbei. Es gibt keinen Markt für ausgedruckte Computergrafiken von Künstlern. Man überblicke einmal die Auflistung der etwa 7000 Galerie- und Kunstausstellungen pro Jahr in der Bundesrepublik. Man wird sich anhand einer solchen Übersicht vergewissern können, daß hier kein Forum für digitale Kunst im weiteren und Computerbilder im engeren Sinn vorhanden ist. Es ist also nicht verwunderlich, daß die Erweiterungen der Computerbild-Sprache zur Zeit von außerkünstlerischen Bereichen kommen. Hier sind auftragsbezogene Forschungen möglich.

Ich führe das an, weil es zu einem zentralen Punkt führt: Wenn sich auch innerhalb des Kunstbereiches mehr und mehr neben das Produkt der *Prozeß*, die *Information*, das *Immaterielle* gesellen und zunehmend – wie in anderen Bezirken der sogenannten Informationsgesellschaft – an Bedeutung gewinnen, dann wird man an das System der Vorführung, Vermittlung, Ausstellung andere Anforderungen stellen müssen.

Sie zielen, kurz gesagt, auf die Neubegründung eines *Kunstnetzes*, daß neben die vorhandenen Kanäle (Galerien, Museen, Kunstvereine) tritt, beziehungsweise deren Verwendung umstrukturiert. Ich wende mich diesem Gedanken in einem späteren Abschnitt »Kunst im elektronischen Dorf« (S. 120 ff.) zu. Um das im Zusammenhang mit der hier besprochenen Austauschmöglichkeit Computer – Atelier zu belegen, möchte ich einen Text zitieren, den der Medienkünstler Roy Ascott aus Anlaß der Ausstellung »Electra« verfaßte. Ascott, Leiter der Kunstschule am Gwent College in Newport, Wales, setzt sich seit Beginn der sechziger Jahre mit Kunst, Kybernetik und elektrisch-elektronischen Medien in Theorie und Praxis auseinander und hat 1980 das erste »Internationale Computerinformationsnetz« für Künstler (USA – Großbritannien) organisiert. Ascott schreibt:

»Wenn sich Telekommunikation und Computersysteme annähern, schafft das einen elektronischen Raum, der völlig neue Möglichkeiten für den Künstler darstellt. Es ist ein interaktiver Raum, in dem die Standorte der Teilnehmer bedeutungslos sind. Das System der Mitteilung ist nicht einfach ›Senden – Empfangen‹. Die Bedeutung wird erzeugt durch den Austausch zwischen den Teilnehmern im System, die durch Computervermittlung asynchronen Zugang zu diesem neuen Informationsraum haben – das heißt ohne Beschränkungen von Zeit und Raum, so daß die Verfügungszeiten von Eingabe, Ausgabe nicht linear sein müssen. Mit tragbaren Dataterminals können sich Teilnehmer von jedem Ort der Welt aus erreichen, wo es Telefon und Elektrizität gibt. Das führt zu einer Metaphysik (und Ästhetik) von evolutionärer Bedeutung. Das elektronische Netz bietet dem Künstler das erste Medium, welches die Grenzen von Raum und Zeit durchbrechen kann, letztlich die Grenzen von individueller Intelligenz, von Ländern und Kulturen.« (13)

Wie das in der Praxis aussieht, zeigte ein Programm anläßlich der Ausstellung »Les Immatériaux« im Centre Pompidou, Paris 1985. Die Organisatoren Jean-François Lyotard und Thierry Chaput verteilten im Vorfeld der Ausstellung, von September bis Dezember 1984, an etwa 30 Schriftsteller, Wissenschaftler, Künstler, Philosophen und Linguisten eine Sammlung von 50 Begriffen wie Autor, Code, Raum, Licht, Natur, Zeichen, Zeit. (Zu den ausgewählten Personen zählten Daniel Buren und Michel Butor, um nur zwei bekannte zu nennen.)

Jeder Teilnehmer bekam in dem Zeitraum einen Personal-Computer mit einer Zentraleinheit, Bildschirm, Disketten-Laufwerk und Anschluß ans Fernmeldenetz. Damit war jeder mit einem Computer im Centre Pompidou verbunden, gab seine Interpretationen dorthin ein, konnte von dort allerdings auch die der anderen Teilnehmer abrufen und, was der Sinn war, ergänzen, erweitern, umdeuten, anzweifeln.

Das Ergebnis liegt unter dem Titel »Epreuves d'écriture« als Buch vor, war während der Ausstellung über Videotex abrufbar. An die Stelle des Ausstellungsvorwortes tritt ein Netzwerk an offenen Bedeutungsvorschlägen, das die Komplexität des Denkens bewahrt. Wobei man – deshalb sei das Beispiel unter anderem hier angeführt – sich verwandte Systeme für die bildnerischen Technologien leicht vorstellen kann. »Der Computer im Atelier – Das Atelier im Computer« würden sich solcherart durchdringen, zu einem bildnerisch begründeten elektronischen Netz führen. Weitere digitale Medien neben dem Computerbild könnten das digitale Video und die Bildplatte sein, die im folgenden besprochen werden.

3. Vom Computerfilm zum digitalen Video

Mit dem Namen John Whitney sen. verbinden sich frühe Computerfilme aus den sechziger Jahren. Zusammen mit seinem Bruder James Whitney hatte er ab 1941 Filme gemacht, die an den abstrakten Experimentalfilm der zwanziger Jahre (vor allem an Viking Eggeling und Oskar Fischinger) anknüpften. 1960 gründete der ältere John Whitney die Motion Graphic Inc. und produzierte zahlreiche, auch kommerzielle Filme, wobei er stets aufgeschlossen blieb für technische und technologische Neuerungen in der Filmherstellung.

In der zweiten Hälfte der sechziger Jahre wurde er zum wohl bekanntesten Produzenten von Computerfilmen. Vorausgegangen waren allerdings schon andere, so hatte E. E. Zajac 1963 bei dem amerikanischen Elektro-Giganten Bell Telephone Laboratories den überhaupt ersten Computerfilm hergestellt. Er zeigte das Problem der Stabilisierung und Orientierung eines Kommunikations-Satelliten. Technisch gesprochen entstand der erste Computerfilm an einer IBM-Datenverarbeitungsanlage, die zwei bis fünf Bilder pro Sekunde erzeugte, die in Einzelbildschaltung vom Bildschirm abgefilmt wurden.

Weitere frühe Computerfilme entstanden zu dieser Zeit mit Hilfe der Programmiersprache FORTRAN ebenfalls bei Bell Labs durch Kenneth Knowlton. In diesen Filmprojekten spielt der Computer zwei verschiedene Rollen: einmal die einer Super-Zeichenmaschine und dazu, vor allem bei wissenschaftlichen und mathematischen Themen, die der Rechenmaschine. Computer und automatische Filmaufzeichnung senkten die Kosten gegenüber den bis dahin üblichen, per Hand animierten Filmen etwa um die Hälfte, konkret: Sie kosteten damals zwischen 200 und 2000 US-Dollar pro Minute. Dazu kam, was man rasch begriff, daß die Mechanismen der Filmherstellung durch den Einsatz des Computers sehr beschleunigt werden konnten. Die von Knowlton ausgearbeitete Methode der Mosaik-Bildsprache, »Beflix« (von Bell Flicks) genannt, benützte er in seinem frühen Computerfilm über die Technik der computeranimierten Filme und ebenso in dem Streifen »Man and his world«, den er zusammen mit Stan VanDer-Beek zur Weltausstellung 1967 in Montreal produzierte.

John Whitney sen., um zu ihm zurückzukehren, machte ab 1966 intensiven Gebrauch von den elektronischen Datenverarbeitungsanlagen im IBM Scientific Center von Los Angeles. Über seinen Beitrag zur Kategorie der Computerfilme habe ich in meinem Ullstein Kunstbuch »Expansion der Kunst« (1982, Erstausgabe bei Rowohlt 1970) ausführlich berichtet und darf hier auf das Buch verweisen. Wer heute die filmischen Leistungen von Whitney sen. beurteilen will, sollte sich am besten die Filmanthologie »Experiments in Motion Graphics« (16 mm, Farbe, Ton, 19 Min.) von 1968 ansehen, die neben anderem auch Ausschnitte aus einem Computerfilm »Permutations« (1967) enthält.*)

Hatten schon die beiden älteren Whitneys zusammengearbeitet, so bleibt auch das weitere Filmen und das Filmgeschäft in Familienhand. Die drei Söhne John jun., Michael und Mark von John sen. bewegten sich auf der Computerfilm-Laufbahn weiter. Michael Whitney machte u. a. den Computerfilm »Binary Bit Patterns«; John jun. wurde aber wohl der – auf jeden Fall kommerziell – erfolgreichste Whitney-Filmer. Seit seinem 15. Lebensjahr arbeitete er mit seinem Vater zusammen, konstruierte eigene Systeme am Computer und trat 1971 mit dem Computerfilm »Terminal Self« hervor, in dem ein Foto von

* Seine theoretische Forschung hat John Whitney sen. in dem Buch »Digital Harmony, Music and Visual Art« zusammengefaßt, das 1980 in New York erschien (Byte Books/McGraw-Hill, 235 Seiten, illustriert). Es geht aus dem Text gut hervor, welche wichtige Rolle für ihn die Entdeckung einer computergenerierten visuellen Grammatik spielt.

einem Mädchenkopf so bewegt wird, daß die Phasen der Verschiebung – wie im Phänomen des »after image«, des Nach-Bildes – sichtbar bleiben.

John Whitney jun. gründete mit einem ehemaligen Mitarbeiter seines Vaters, Garry Demos, die mittlerweile renommierte Filmproduktionsfirma »Digital Productions« mit Hauptsitz in Los Angeles. In dem am La Cienega Boulevard gelegenen Lagerhaus, das Sitz der Firma ist, entstanden die digitalen Szenen-Simulationen für Spielfilme wie »Starfight« und »2010«, dem Nachfolgefilm von »2001«. Whitney jun. und Demos, die zuvor in der »Information International Inc.«, bekannt als »Triple I«, zusammengearbeitet hatten, benutzen den Cray-1-Supercomputer, dessen Monatsmiete 180000 Dollar beträgt. Dieser Computer funktioniert in einer Schnelligkeit, daß man ihm sogenannte »front end computer« vorschalten muß. (Der Cray-1 ist eine Million mal leistungsfähiger als der bekannte Apple II.) Und um noch etwas bei den Kosten zu verweilen, die für die Arbeitseinschätzung auch eine Rolle spielen: Whitney jun. schätzt sie auf 2000 Dollar pro Sekunde.

Mit alldem ist noch kein Wort über mögliche *künstlerische* Wertigkeit der digitalen Szenen-Simulation gesagt. Das Argument, daß dadurch absolut realistische Szenen durch Computeranimation entstehen, ist ungenügend. Dazu kommt, daß die Aufträge bislang für kommerzielle TV-Spots und ähnliches sowie für Spielfilme eingehen, die auf spektakuläre Erfolge setzen.

Um uns dieser Einschätzung der künstlerischen Wertigkeit zu nähern, möchte ich zunächst Peter Weibel zitieren, der aus Anlaß der ars electronica in Linz 1984 einen kunstsoziologisch interessanten Gedanken formulierte: »Am Beispiel von Digital Productions und dem Verhältnis von Vater zu Sohn (erg.: Whitney) sieht man auch, wie eine ehemals an den Rand gedrängte Kunstform wie der abstrakte-grafische Film zum Mittelpunkt einer neuen Industrie werden kann, wie die jahrelangen Erfahrungen und Bestrebungen des Avantgardefilms, insbesondere des abstrakten seit V. Eggeling und O. Fischinger in den 20er Jahren über die Whitney Brüder James und John in den 40er Jahren, in die Zukunft gewiesen und die Basis für eine technologische Revolution der Industrie gelegt haben.

Vom abstrakten Film zum simulierenden Computerfilm entfaltet sich eine neue Form des Films, der Visionen und der unbegrenzten Manipulationen visueller Daten. Da die vom Computer erzeugte Imagery sowohl auf Video als auch auf Film gespeichert werden und dabei mit Realszenen gemischt werden kann, liegt die Zukunft in der Computeranimation, heißt die Zukunft digitales Bild.« (14)

Dieses Versprechen kommt immerhin von einem Künstler, der zwei Jahrzehnte intensiver und praktischer Erfahrung im Umgang mit aktueller (Medien-)Technologie hat. Es wird aber auch von einigen anderen getragen, die alles andere als unkritisch, wohl aber offen und neugierig die Entwicklung der »Expansion der Kunst« verfolgt haben. Ich meine unter anderem den 1942 geborenen Gene Youngblood, der seit 1961 mit allen denkbaren Aspekten der Medientechnologien gearbeitet und sie vorgestellt und analysiert hat. Sein inspirierendes Buch »Expanded Chinema« von 1970 erschien mit einem Vorwort von Richard Buckminster Fuller. Es überschritt – trotz des Titels – weit die rein filmischen Fragen. Im Ausstellungskatalog zu »Second Link« (Toronto, 1983) geht Youngblood auf den heutigen und zukünftigen Stand des computeranimierten Video und Filmes ein. Wenn man der Frage nach künstlerischer Wertigkeit nachgeht, so gibt dieser Text eine Reihe von präzisen Antworten. Es lohnt sich, ihm zu folgen. (Er wurde im Ausstellungskatalog zu ars electronica in Linz, 1984, nachgedruckt.)

Für Youngblood gibt es nicht eine eigenständige Video-Kunst. Vielmehr ist die künstlerische Arbeit mit Video ein Teil der umfassenderen Filmpraxis. Kunst ist dabei für ihn ein Prozeß der Erforschung und Suche, Gegenstand der Kunst ist das Potential an ästhetischer Wahrnehmung, die autonome, persönliche Vision. Die wichtigste Entwicklung auf diesem Sektor ist die *Durchdringung von Video und Computertechnologie*. Sie vollzieht sich auf vier Gebieten: Durch computergesteuertes Editieren, durch computergesteuerte oder interaktive Bild-(oder Video-)Platten, durch Digital-Video und durch die eigentliche Computeranimation.

»Jedes davon«, so Youngblood, »kann als ein Grundstein zu einer neuen Kunstform angesehen werden; jedes umfaßt bedeutende ästhetische und philosophische Implikationen, jedes bietet unerforschte Möglichkeiten für die Ausarbeitung einer Filmsprache. Ich meine dabei nicht, daß Kreativität von Technologie abhängt oder auch nur damit in Verbindung steht. Selbstverständlich ist es der Inhalt, nicht die Technik, was zählt: Alles, was man braucht, ist eine tragbare Videoausrüstung und Inspiration. Dennoch behaupte ich, daß unter ansonsten gleichen Voraussetzungen der Video-Künstler, der den Computer verwendet, interessantere und komplexere Werke produzieren wird als jene, die ihn nicht verwenden.« (15)

Digitales Video, das durch die Vorschaltung eines Computers entstehende Video, ermöglicht es dem Gestalter, in jeden einzelnen Rasterpunkt, der in der Fachsprache Pixel heißt, einzugreifen. Konkret bedeutet das den Eingriff in jeden einzelnen von 1000 Raster- oder Bildpunkten der bis zu 1000 Bildzeilen, die wir bei der neuen Generation der feinstauflösenden Bildschirmgeräte haben beziehungsweise haben werden. »Philosophisch gesehen«, schreibt Gene Youngblood, »suggeriert dies die Betrachtung der Filmpraxis als eine Kollision der Codes innerhalb des Bildes im Gegensatz zur herkömmlichen Sprache, in der die ›Codes‹ aus der Kollision der Bilder geschaffen werden.

Die ästhetischen Implikationen sind nicht minder tiefgreifend. Auf der rein formalistischen Ebene bedeutet das, daß ein Bild-Ereignis nahezu unendlichen Veränderungen unterworfen werden kann, denn das ›Bild‹ ist nur eine Matrix von Codes in einem Datenraum. Es bedeutet, daß jedes beliebige Element eines Bildes nahtlos in ein beliebig anderes eingefügt werden kann, ohne daß es als ›Effekt‹ erscheint. In der Tat werden Spezialeffekte im digitalen Video bedeutungslos, da alle Elemente des Bildes im gleichen phänomenologischen Bereich bestehen. Der ontologische Zustand des filmischen Bild-Ereignisses wird durch digitales Video verändert – es wird zu einer hybriden Realität irgendwo zwischen Fotografie und einer Art Malerei.«

Künstler, die heute mit digitalem Video, mit der hochentwickelten Computeranimation arbeiten wollen, stehen vor ähnlichen Schwierigkeiten wie ihre Kollegen und Freunde vor über zwei Jahrzehnten. Konkret: Diejenigen, die Zugang zu den leistungsfähigsten Systemen – wie dem Cray – haben, sind zu kommerzieller Anwendung gezwungen, wenn sie die Kosten hereinholen wollen. John Whitney jun. ist mit den Produktionen seiner Firma ein Beispiel für diese Ausrichtung auf den Auftraggeber, die zu technisch perfekten Simulationsszenen führt, die sich aber der Industrialisierung des Films einordnen.

Zu erwarten ist jedoch, wie bereits bei der Entwicklung im frühen Computerisieren, daß die hochkomplexen Einheiten bis zur ersten Hälfte der neunziger Jahre auch für Künstler erschwinglich werden. So rechnen die Hersteller des Cray damit, bis zu jenem Zeitpunkt Computer für etwa 20000 Dollar auf den Markt zu bringen, die Dreiviertel der Leistungsfähigkeit des Cray beinhalten.

Will man sich einen Überblick über die Entwicklung vom frühen Computerfilm bis in die Gegenwart des digitalen Video verschaffen, so ist man vorwiegend auf Beispiele aus den Vereinigten Staaten angewiesen. Unternehmen, die heute die technische Szene beherrschen, liegen fast alle in den USA – von der erwähnten Digital Productions (Los Angeles), über das New Yorker Institute of Technology, bis zur Cranston-Csuri-Produktion an der Ohio State University.

Charles A. Csuri war ursprünglich Maler und machte 1966 seine ersten Computergrafiken, denen später Computerfilme folgten. Der zusammen mit James Shaffer produzierte Computerfilm »Hummingbird« von 1967 wurde schon im gleichen Jahr beim 4. Internationalen Experimentalfilmwettbewerb in Brüssel prämiert und weithin bekannt. In Csuris Forschungsinstitut stehen heute bildende Künstler und Fachleute der Computertechnik in aktivem Austausch miteinander. Zur Zukunft der Computeranimation nahm er 1984 folgendermaßen Stellung:

»Ich sehe die Computeranimation in einem größeren Zusammenhang. Sie eignet sich zum Beispiel sehr gut zur Darstellung abstrakter Vorgänge – mechanische Bewegungsabläufe, die sich exakt nach den Naturgesetzen richten. Man kann Programme für Bewegungen schreiben, die auf einem mathematischen Modell basieren oder auf physikalischem Verhalten – wie etwa Objekte im Raum zusammenprallen. Ich interessiere mich nun für Systeme, die es mir ermöglichen, Animation vollständig zu beherrschen oder damit Kunst zu machen. Mich interessiert heute vor allem das, was man als eine Grammatik der Ästhetik bezeichnen könnte. Ich möchte visuelle Kommunikation unter den Gesichtspunkten von Kunst und Ästhetik untersuchen.« (16)

Wie Csuri startete auch Ed Emshwiller als Maler; 1956 begann der 1925 in Lansing, Michigan, geborene Emshwiller seine abstrakten Bilder und Zeichnungen als Film zu gestalten. Die »Zeitgemälde« von 1959–60 hielten bewegte Action Painting auf dem Zelluloid fest. Es folgten Tanzfilme, dokumentarische 16-mm-Streifen, die die ganze Palette des damaligen »New American Cinema« einsetzten. Anfang der siebziger Jahre produzierte er Videobänder, die bald auch zum Einsatz von Computeranimation führten. Über seinen Computerfilm »Sunstone« (Sonnen-Stein) schreibt Peter Weibel:

»Auf einem technologisch hohen Niveau werden hier die Möglichkeiten der dreidimensionalen Darstellung auf dem Video-Bildschirm untersucht. Am Beginn des Bandes sieht man eine graue, steinähnliche Fläche, auf der ein rundes Sonnengesicht erscheint. Es öffnet durchaus realistisch wirkende Augen und lächelt. Die Fassade der

Sonne zerbröckelt dann, und vom Kopf her erstrahlen grelle Farben von außergewöhnlicher Intensität. In einer surrealistischen, sehr beeindruckenden Vorführung von High Technology erscheint dann dieses Gesicht auf einer Seite eines sich drehenden Würfels, auf dessen anderen Seiten sich bewegende oder stillstehende Videobilder zu sehen sind. Wenn Emshwiller die Kamera auf eines der Bilder richtet, zeigt sich eine elektronische Landschaft, in der aus einer sich bewegenden Gestalt eine regenbogenfarbige Serie von Umrissen entsteht.

›Sunstone‹ ist aber mehr als ein technologisch gesehen interessantes Video. Emshwillers Bilderwelt evoziert zum Beispiel auch Marshall McLuhans Theorie von ›cool media‹ (die kühle, graue Fläche des Steins) und ›hot media‹ (der grelle, pulsierende Globus). Indem er das universelle Motiv der Sonne verwendet, zuerst angeritzt im Stein, dann als würfelförmigen Satelliten, der im Raum kreist, rekapituliert er eine Vielfalt von künstlerischen Medien. Seine laufende Gestalt erinnert indirekt an Eadweard Muybridges fotografische Bewegungsstudien und im noch weiteren Sinne an Marcel Duchamps Bild ›Akt, die Treppe herabsteigend‹. Die multidimensionale Palette in ›Sunstone‹ nimmt Bezug auf frühere Momente der Kunstgeschichte und feiert zugleich die Zukunft der elektronischen Kunst.« (17)

Zumindest ein Hinweis auf andere Einsatzmöglichkeiten des computeranimierten Filmes, genauer: Video, soll diesen Abschnitt beschließen. Da ist einmal der Gebrauch innerhalb von Architektur und Stadtplanung, was die Ausbildung und was die Praxis betrifft. William J. Mitchell, Professor an der Universität von Kalifornien in Los Angeles und Autor der Bücher »The Logic of Architecture« und »Using Computer Graphics«, hat den interessanten Vorschlag gemacht, Studenten einen Computerkurs in Architekturdesign so nahezulegen, daß er dem einführenden Grundkurs am Bauhaus für die zwanziger Jahre entspricht.

Um ein Bauwerk zu verstehen, ist es nahezu unumgänglich, es zu zeichnen. Um so mehr Verständnis könnte sich die Studentin, der Student der Architektur erwerben, wenn sie für entsprechende Gebäude Computerprogramme aufstellen müßten. Die Bewegung der Bilder via Computerprogramm geht einen Schritt weiter. Jetzt können nicht nur zweidimensionale Zeichnungen am Bildschirm entworfen und beobachtet werden; das eigentliche räumliche Design, die dreidimensionale Verflochtenheit der Architektur mit der Umwelt, das Begehbare der Außen- und Innenräume, die Variation von Fußgänger-, Autofahrer- und Flugperspektive, all das kann über ein *dreidimensionales digitales Modell* vorgeführt, verändert, anlaysiert werden.

Weitere Einsatzmöglichkeiten des digitalen Video ergeben sich an der Nahtstelle zwischen Wissenschaft und Kunst, wie Manfred Kage mit seiner »*Video Science Art*« bewiesen hat. Die Schönheit liegt für ihn nicht nur im Detail der Oberflächen von Mineralien, Kristallen, Radiolarien, sondern in jenen Mikrokosmen, die uns heute das Licht- und Elektronenmikroskop anschaulich macht. (Vergleiche hierzu seine Fotografien der Innenwelten von Chips, Abb. 1 bis 3.)

Manfred Kage hat sich jedoch nie mit der wissenschaftlichen Komponente allein zufriedengegeben. Er arbeitet, wie er es selbst ironisch nennt, zwischen den Stühlen von Wissenschaft und Kunst. Mit »Polarchromatischen Variationen« wurde er in der Kunstwelt bekannt; im dritten Band von »Zero«, 1961, stellte er dazu seinen »Polychromator« vor. Im Zusammenhang mit seinen kristalloptischen Bildern prägte er in den sechziger Jahren den Begriff »Modern Science Art«, den er in den siebziger Jahren aufs Video überträgt. Er geht mit seinen digitalen Videofilmen der Frage nach, wieweit sich die von ihm erarbeiteten wissenschaftlichen Methoden im Bereich der Mikrowelten mit den Möglichkeiten des Video verknüpfen lassen.

Er entwickelte Ende der siebziger Jahre einen »Videosizer«, ein Instrument analog dem Synthesizer in der Musik, mit dem er elektronisch erzeugte Videobänder macht. Das ist insofern vom Ergebnis her neu, als Kage sich auf die Suche nach Tiefen-Strukturen begibt, dreidimensionalen Fahreffekten, die im Videosizer verfremdet werden. Seit dem Einsatz seiner »Video Science Art« in dem ZDF-Science-fiction-Film »Die Stimme der Sylphiden« (1980 gesendet) hat Kage das Medium weiter vorangetrieben und faszinierende Bilder aus der Mikrostruktur offengelegt.

Es ist nicht nur erlaubt, sondern sinnvoll, sich über die Zukunft Gedanken zu machen, auch was – im vorliegenden Fall – die Verbindung von Video und Computertechnologie betrifft. Ironisch bemerkt Gene Youngblood in seinem bereits erwähnten Text von 1983, daß eine Kommunikations-Revolution bekanntlich schon seit mindestens einer Generation jeden Augenblick loszubrechen scheint, um dann aber fortzufahren:

»Es ist jedenfalls nicht unwahrscheinlich, wenn wir für die Mitte der neunziger Jahre vorhersagen, daß wir dann an der Schwelle einer

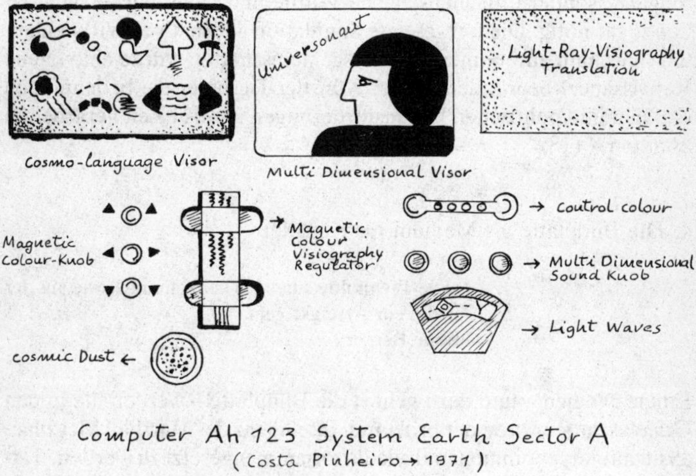

Zeichnung 3: Antonio Costa Pinheiro, Entwurf für die Computersprache des Universonauten, 1971. Der portugiesische Künstler hat sich in mehreren Projekten und in seinem Buch »Imagination & Ironie«, 1970, des Computers auf eine ironische Art angenommen: »Ich würde gern an einer interplanetarischen Reise teilnehmen, wenn sich das realisieren ließe, was mein Urgroßvater (mit 99 Jahren gestorben) mir gewünscht hat: ›Doktor‹ werden (das hat sich nicht erfüllt) und älter als 99 Jahre werden (?)«.

echten Revolution der Kommunikation stehen werden, die allerdings durch die Computer-Video-Revolution erst ermöglicht wird.

Eine Revolution der Kommunikation betrifft nicht die Technologie, sie betrifft die möglichen Beziehungen zwischen Leuten. Sie impliziert eine Umkehrung der bestehenden sozialen Beziehungen, wodurch die heutige hierarchische Massenkultur in autonome selbstkonstituierte ›Realitätsgemeinschaften‹ zerfallen würde – in soziale Gruppen von politisch bedeutsamer Stärke, definiert nicht durch die Geographie, sondern durch das Bewußtsein, durch Ideologie und Wunsch. Es scheint mir, daß die weitverbreitete Anwendung von persönlichen Werkzeugen zur Simulation (Computer) und Konversation (Zwei-Wege-Video) den Aufstieg solcher Gemeinschaften beinahe unvermeidlich machen würde; und als ihre Voraussetzung könnten wir Modelle möglicher Wirklichkeiten (Film) herstellen und auch die kulturellen Zusammenhänge, in denen solche Modelle veröffentlicht und empfangen werden, kontrollieren. Ich glaube, dies ist nicht nur möglich, sondern für menschliche Würde und menschliches Überleben sogar nötig. Die fortgesetzte Simulation alternativer Wirklichkeiten innerhalb autonomer Realitätsgemeinschaften würde eine ›Neue Renaissance‹ begründen, in der Künstler-Designer die bedeutenden sozialen und politischen Herausforderungen unserer Zeit verarbeiten könnten.« (18)

4. Die Bildplatte als Medium für Künstler

> »Die Technologie hat aus dem Himmel, wie aus der Erde, ein Artefakt gemacht.«
> René Berger

Einige Medien – und dazu gehört die Bildplatte – werden nie in den Genuß kommen, von der brillanten Intelligenz des Marshall McLuhan auseinandergenommen und wieder zusammengesetzt zu werden. Tatsächlich ist die Bildplatte ein »Spätankömmling« auf der Medienszene. Dafür hat sie das Raffinement und das »Alexandrinische« mancher Spätgeburten. Ja, sie stellt die Medienhierarchie auf den Kopf.

Ist nun die Bildplatte, die Elemente des Buches, des Films, des Fernsehens, der audiovisuellen Medien vereint, und überdies interaktiv gebraucht werden kann, ein heißes oder ein kühles Medium? So wie, in der Definition von McLuhan, das Radio oder der Film ein heißes, das Telefon oder das Fernsehen ein kühles Medium ist. Die Bildplatte kann als reines Speicherelement etwa eines Spielfilms, einer Oper benutzt werden; sie kann aber, etwa im Unterrichtssektor und – dies ist für uns besonders interessant – im Kunstsektor, als *interaktives Medium,* angebunden an Computer, persönliche Beteiligung erfordern.

Technisch gesehen sieht das so aus, daß unterschiedliches Ausgangsmaterial für die Herstellung der Bildplatte in Frage kommt. So sind ein 35-mm-Film oder Videoproduktionen auf 1 oder 2 Zoll MAZ (– Magnetaufzeichnungstechnik) ein ausgezeichnetes Grundmaterial, aber auch 16-mm-Film läßt sich verwenden. Dazu kommen Dias und Schriften. Vom entsprechend der Verwendung zusammengestellten Ausgangsmaterial wird eine »Master-MAZ« gezogen, die neben dem eigentlichen Programm alle für die Platte wichtigen Zusatzinformationen enthält.

Diese »Master-MAZ« wird auf eine Glasplatte mit fotoempfindlichem Lack durch eine Laser-Schreibmaschine »beschrieben«, dann mit einem dünnen Metallfilm bedampft. Daraufhin wird in einem galvanischen Bad ein Galvano gezogen, woraus schließlich die Preßmatrize entsteht. Sie wird in eine Spritzgußmaschine eingebaut und überträgt alle Informationen auf den sogenannten »Plattenrohling«, der zunächst noch transparent ist, dann aber, um die zum Abspielen nötigen Reflexionen zu erreichen, im Vakuum mit Aluminium bedampft wird. Die doppelseitigen Bildplatten entstehen dadurch, daß zwei Einzelplatten verklebt werden.

Jede Plattenseite – das gehört zu den faszinierenden Leistungen dieses Mediums – hat eine Kapazität von 54000 Bildern, das heißt genau: Einzelstandbildern. Jedes Bild kann, aber muß nicht, mit einer eingeblendeten Seitenzahl versehen werden und kann in wenigen Sekunden abgerufen und beliebig lange verzerrungsfrei betrachtet werden. Hier können also etwa von einem Museum sämtliche Objekte zusammengestellt, gespeichert und abgerufen werden. Mehr noch: Es können bei dreidimensionalen Objekten wie Skulpturen Rundumaufnahmen miteingegeben und betrachtet werden. Es gibt im übrigen schon Zusatzgeräte, die die Standbilder auf Papier ausdrucken.

Ein weiterer Vorteil der Bildplatte ist die doppelte Tonspur. So werden im Falle von Musikaufnahmen Stereomöglichkeiten einbezogen. Man kann die beiden unabhängigen Tonspuren aber auch benutzen, um eine zweisprachige Fassung (beispielsweise deutsch-englisch) zu erstellen. Durch eine besondere Kodierung ist es möglich, in das Masterband neben der Bild- und Kapitelnumerierung auch ein Autostop-Code einzugeben. So kann die Bildplatte auf Anhalten nach dem Ende einer Programmeinheit programmiert werden.

Am Abspielgerät wird die Laufgeschwindigkeit vom Standbild bis zum Zeitraffer vor- und rückwärts stufenlos geregelt. Die Platte selbst, dies ein großer Vorteil gegenüber dem Videoband, kann ohne jeden Qualitätsverlust beliebig oft eingesetzt werden. Ebenfalls sind die Platten gegen Staub oder Fingerabdrücke unempfindlich. In der Praxis zeigt sich die Bildplatte anderen Medien an Komplexität der Speicher- und Abrufmöglichkeiten, an Robustheit, an Lebensdauer weit überlegen.

Obgleich die erste brauchbare Bildplatte von Teldec unter dem Namen TED mit 10 Minuten Spieldauer schon 1970 herausgebracht wurde, ist der wirkliche Durchbruch noch nicht vollzogen. Wenn man bedenkt, daß in unserer Zeit der Informationsschwemme verbaler, optischer, dokumentarischer Art auf insgesamt 10 Bildplatten (Vor- und Rückseite gerechnet) über eine Million Einzelbilder gespeichert werden können, so wird man mit einem verstärkten Einsatz rechnen können.

Noch sind die Herstellungskosten hoch, auf jeden Fall für den einzelnen Künstler, Designer, Architekten zu hoch. (Um 1982 lagen die Herstellungskosten unter einem Dollar pro Bildeinheit. Die Platte selbst kostet, je nach Auflage und Inhalt, zwischen 10 und 25 Dollar, wobei hier bewußt die Dollar-Relation angegeben wird. Die beiden ersten Platten, die über das Center for Advanced Visual Studies am M.I.T. zu erhalten sind, also »Künstlerplatten«, auf die ich noch zu sprechen komme, liegen im Verkauf um 40 Dollar.)

Das bei uns bislang gebräuchlichste System ist das von der Philips-Tochter Magnavox zunächst ab 1979 in den USA herausgebrachte Laser-Vision-System. Wie der Name sagt, wird die Platte im Abspielgerät – auf dem deutschen Markt ist beispielsweise der Philips Bildplatten-Spieler VP 500 – durch einen feinen Laserstrahl abgetastet. Es handelt sich dabei um einen Helium-Neon-Laser von einem Milliwatt. Ein Mikroobjektiv bündelt den Lichtstrahl auf die verspiegelte Signalspur mit ihren mikroskopisch kleinen Vertiefungen, Pits genannt. Die reflektierten Signale werden über ein Spiegelsystem zu lichtempfindlichen Fotodioden zurückgeführt und in elektrische Impulse gewandelt. Diese erscheinen auf dem Fernsehmonitor als Signale mit Sendequalität.

Die Long Play-Version (CLV) kann bis zu zwei Stunden Programm speichern beziehungsweise wiedergeben. Interessanter ist die Active Play-Platte (CAV) mit 36 Minuten Laufzeit pro Seite, bei der jedes Bild eine digital codierte Adresse hat und so angesteuert werden kann. (Die erwähnten Daten sind Vor- und Rückwärtslauf, Einzel- und Standbild, Zeitlupe, Zeitraffer, Suchlauf mit Bildnumerierung). Durch die Kombination mit Computern kann eine vorprogrammierte Steuerfunktion, ein interaktiver Prozeß zwischen dem Benutzer und dem Bildplatten-System übernommen werden.

Ein solches Software-Programm wurde Ende 1984 von der Firma Digital Equipment für das von ihr entwickelte IVIS eingesetzt, als eine erste Wanderausstellung im Osten der Vereinigten Staaten das Potential der künstlerischen Bildplatte vorstellte. IVIS steht dabei für »Interaktives Video-Informationssystem«. Es gehören dazu nach dem Stand des Jahres 1985: ein Professional 350 Personal Computer, ein Abspielgerät für die Bildplatte, ein Farbmonitor und eine IVIS-

Option, die es ermöglicht, daß der Benutzer über »DECtouch« direkt den Computer über den Bildschirm anstatt über die Tastaturen anspricht.

Die auf der Wanderausstellung vorgestellte Bildplatte selbst war »Skydisk«, 1983 vom oben genannten Center for Advanced Visual Studies unter Leitung von Otto Piene hergestellt. Ihr war die Bildplatte »Centerdisk/Sky Art« vorausgegangen. Gerade für die flüchtigen, oft nur wenige Minuten, Stunden, höchstens Tage dauernden Ereignisse der Sky Art ist es wichtig, daß sie aufgezeichnet und in koordinativen Zusammenhang gebracht werden.

Bei der Sky Art-Bildplatte wurden vier Kategorien geschaffen, die man über das »Menü« (jene listenartige Übersicht der gespeicherten Programme oder Datenarten) anwählen kann. Da sind zum einen Kommentare von Künstlern, Forschern, Architekten wie Otto Piene, Stan VanDerBeek, Charlotte Moorman, Aldo Tambellini. Dann als zweite Kategorie die eigentlichen künstlerischen Ereignisse einer in den Luftraum (und noch höher und weiter) aufsteigenden Kunst, etwa von Jose Maria Yturralde, Tom Van Sant, Vera Simons, Joe Davis. Künstlerische Telekommunikation ist im dritten Kapitel der Bildplatte »Skydisk« gespeichert. Hier sind Veranstaltungen, Ereignisse oder Videobänder von Piotr Kowalski, Vin Grabill (der zusammen mit Rus Gant die technische Abwicklung der Bildplatten-Produktion leitete), Sarah Dickinson und anderen Künstlerinnen und Künstlern aus dem Umkreis der Sky Art zusammengestellt. Ein viertes Kapitel erhält für den Benutzer der Bildplatte Bedeutung, der Querverbindungen aufspüren will.

»Jetzt wird die ›Dokumentation‹ ein paralleles Werk gleichen Wertes, eine zweite Schicht, eine andere Generation derselben Eltern – des vergänglichen Ereignisses –, diesmal kleiner, verpackt, technologisch bestimmt, aber gleicherweise bestimmt durch Zeit und Spiel über Entfernung, geeignet für schnellen Transport, Projektion und Vergrößerung: 54000 Bilder auf einer Seite.« (Otto Piene, 19. Vgl. Abb. 10)

Es ist zu erwarten, daß die Bildplatte als Medium für Künstler zunächst im Rahmen von großen Ausstellungen oder Kunst-Veranstaltungen auftreten wird, in Ergänzung zum Katalog; wobei jedoch, wie gezeigt, ihre Möglichkeiten, ihr Repertoire weit über Print-Medien hinausgehen. Es ist die für Künstler sich anbietende Form eines Mediums, das sowohl zur Gestaltung wie zur Dokumentation hervorragend taugt. Es dürfte vorhersehbar sein, daß sich auch hier die Herstellung und Verbreitung vereinfachen und verbilligen werden. Denkbar und wünschenswert ist die Aufstellung von Abspielgeräten in Kunstinstitutionen, Ausstellungsräumen, Technischen Hochschulen, Kunstakademien, Designschulen etc. Denkbar und wünschenswert wären ebenfalls Stipendien für die Herstellung von künstlerischen Bildplatten. (So erhielt in den USA der Computer- und Medienkünstler Bill Viola 1983 ein Stipendium für die Produktion einer interaktiven Bildplatte.) Notwendig zeigt sich hier, wie auf anderen Sektoren der digitalen, elektronischen, technologischen Kunst, daß Stipendien nicht nur für herkömmliche bildnerische Sparten wie Malerei, Grafik, Skulptur – oder auf der anderen Seite für Film – ausgeschrieben werden und daß auch in der Ausbildung solche Medien einbezogen werden. Zu den Fragen der Ausbildung speziell werde ich noch Stellung nehmen (siehe das IV. Kapitel, S. 127 ff.) und auch auf positive Beispiele eingehen.

II. Licht – Laser – Holographie

1. LichtKunstLicht – Die junge Geschichte der alten Lichtkunst

»Licht hat qualitative Struktur. Licht ist Form.«
Hermann Goepfert (1926–1982)

Es geht in diesem zweiten Kapitel über Licht, Laser und Holographie. Die Entwicklung der elektronischen Kunst führt zwar dazu, daß »künstliche« Lichtquellen zunehmend Verwendung finden. Das bedeutet aber nicht, daß die natürlichen Lichtquellen ausscheiden. Beispiel Holographie: Zwar ist die Produktion auf Kunstlicht angewiesen; die Sichtbarmachung des im Hologramm gespeicherten Bildes kann aber auch durch unmittelbare Einwirkung von Sonnenlicht erfolgen.

Das einleuchtendste Beispiel, wie natürliches und künstliches Licht auseinander hervorgehen, liefert die *Photovoltaik*, die den Übergang von der mechanischen zur elektronischen Energiegewinnung vollzieht, ein kybernetisches System par excellence, und die folglich in dem Kapitel über »Kybernetische Skulpturen« ausführlich dargestellt wird. (S. 106 ff.) Jedenfalls gewinnen wir hier aus Naturlicht elektrische Energie, die zu Kunstlicht werden kann. Man sollte sich das immer wieder vor Augen halten, um nicht in den Fehler zu verfallen, in der elektronischen Kunst, in der Gestalttechnologie nur das »Künstliche« zu sehen, die naturferne Anti-Welt sozusagen.

Licht kann sowohl Gestaltungsmedium wie auch Thema der künstlerischen Arbeit sein. Ja, in vielen Werken der Lichtkunst wird Licht als solches thematisiert. Licht ist ein Generalnenner, auf den man die Gestaltung überhaupt bringen kann. Das Licht und seine Bedeutung ist wie eine Kette voller Juwelen, die Kunstgeschichte zur Lichtgeschichte werden läßt. So verwundert es nicht, daß das Licht auch immer wieder zum Ausstellungs-Thema wurde.

Von kleinen, aber folgenreichen Atelierausstellungen, über engagierte, mutige und in die Zukunft weisende Galerieausstellungen geht die Folge bis zu den thematischen Zusammenstellungen in Kunstinstitutionen und Museen. Zu letzteren zählen etwa »Vision in Motion – Motion in Vision«, 1959 im Antwerpener Hessenhuis und »Dynamo I«

in Wiesbaden*; dann die beiden Ausstellungen des Stedeligk Museum in Amsterdam »Bewogen – Beweging«, 1961, und die ein Jahr darauf folgende »Nul«; »Licht und Bewegung« zeigte 1965 die Kunsthalle Bern, der 1966 »KunstLichtKunst« im Stedelijk van Abbemuseum Einhoven folgte; auf in Paris wirkende Künstlerinnen und Künstler bezog sich 1967 die Übersicht »Lumière et mouvement« im Musée d'Art Moderne de la Ville de Paris (vgl. Abb. 15).

Die beiden zuletzt genannten Ausstellungen und deren Kataloge, Fundgruben von Originalzeugnissen der beteiligten Künstlerinnen und Künstler, verdanken wir der Initiative von Frank Popper, der als Kritiker/Theoretiker/Promoter die kinetische (Licht-)Kunst der sechziger Jahre entscheidend in das Bewußtsein der Öffentlichkeit brachte. Aus dem Jahre 1984, kurz nach der von ihm wiederum mitinitiierten Übersichtsschau »Electra«, stammt das Gespräch, das ich zu Anfang des vierten Kapitels (S. 116 ff.) wiedergebe und in dem auch ein Rückblick auf die Zeit der Kunst-Licht-Bewegung gegeben wird.

Die junge Geschichte der alten Lichtkunst kulminiert in den sechziger Jahren. Fast alles ist da bereits angelegt, ausgeführt, theoretisch durchdacht. Die Lichtkunst zeigt sich als eine so komplexe und reichhaltige Palette von Möglichkeiten, daß sie nach allen Seiten hin expandieren kann. Einige Momente dieser Lichtkunst, soweit sie auch in die Gegenwart weiterführen, sollen in diesem Abschnitt ins Gedächtnis gerufen werden. Dabei beziehe ich mich hier auf Lichtformen, die im Innenraum zur Anwendung kommen. Im zweiten Abschnitt gehe ich dann jenen Lichtformen nach, die den Innenraum verlassen und sich im Außenraum entfalten: »Das befreite Licht – Vom Binnenraum zum kosmischen Raum.«

Innerhalb der jungen Geschichte der alten Lichtkunst kann man drei verschiedene Lichtsysteme unterscheiden, die sich allerdings im Einzelfall überlagern können: Die *Lichtskulptur* an erster Stelle, die noch das traditionelle Gestaltmedium der Skulptur behält; das *Reflexionslicht*, wobei hier der skulpturale Charakter teilweise in den

* Um genau zu sein: Die Antwerpener Ausstellung vom März 1959 hatte keinen Titel, der zitierte entspricht dem Leitmotiv des Kataloges, das natürlich von Moholy-Nagys posthum erschienenem Buch abgeleitet wurde. Die Schau war von Pol Bury, Paul van Hoeydonck und Jean Tinguely organisiert. Die Wiesbadener im Juli 1959 folgende »Dynamo I«-Ausstellung wurde von Heinz Mack und Otto Piene organisiert.

Hintergrund und die eigentliche Lichterscheinung als Reflexionserscheinung zutage tritt; schließlich *Neonskulptur* oder/und *Neonlicht* als ein eigenständiges Lichtsystem.

Beispiele für Lichtskulpturen sind die Arbeiten, die der seit 1954 vorwiegend in Paris lebende griechische Künstler Takis herstellt. Zu Beginn der sechziger Jahre begann er seine sogenannten »Téléphotas« und »Télélumières« zu bauen, die Kathodenstrahlröhren einbeziehen und das Phänomen der Elektrizität – und damit auch des Lichtes – sichtbar werden lassen. Diese Lichtskulpturen zeigen das Phänomen als ein archaisches, keineswegs spielerisches. Licht wird eine eher beklemmende Grundkraft. Das bewies auch wieder seine Installation zur Ausstellung »Electra«, wo Licht das Geheimnisvolle, Ursprüngliche ausstrahlte, zeitloses Licht.
Als Takis gebeten worden war, für die Ausstellung »Lumière et Mouvement« einen Text über seine Werke zu schreiben, schlug er vor, die Ausstellung permanent in den großen Kirchen und Kathedralen wie Notre-Dame in Paris oder der Hagia Sophia in Instanbul zu errichten, nicht als ein Gag, sondern um den Menschen die Bedeutung von Raum, Räumlichkeit, Raumbewußtsein zu vermitteln.

Otto Piene hat Lichtskulpturen geschaffen, die zeitlich seinen großen »Inflatables« (mit Helium oder Luft gefüllten Plastikskulpturen) vorausgingen. Zwischen 1964 und 1965 führte er solche Lichtplastiken für Foyer und Zuschauerraum des Stadttheaters Bonn aus, 1966 die elektronisch programmierte kinetische Lichtplastik am Wormland-Haus in Köln. Die programmierten Lichtskulpturen »Sonne und Mond« für Senat und Repräsentantenhaus des Kapitols des Staates Hawaii in Honolulu folgten 1968 bis 1971. Mehrere Lichtskulpturen wurden in die Konstanzer Universität integriert. Pienes »Lichtsatellit« in einer 30 Meter hohen Stahlkonstruktion steht in der Nähe des Münchener Olympiageländes auf der zentralen Hochschulsportanlage.

Lichtskulpturen dieser Art sind gezähmtes Licht, rationalisiertes und kontrolliertes Licht. Ihre Funktion kann auch darin bestehen, Architektur zu konterkarieren, in das geschlossene Behältnis das natürlicherweise strömende Licht einzubringen.

Ein zweites System der Lichtkunst wird durch das künstlerisch eingesetzte Reflexionslicht bezeichnet. Dabei kommt es nicht so sehr auf den skulpturalen Träger der Lichtquellen an, sondern auf die Reflexionen, Spiegelungen, Veränderungen, denen eine Lichtquelle

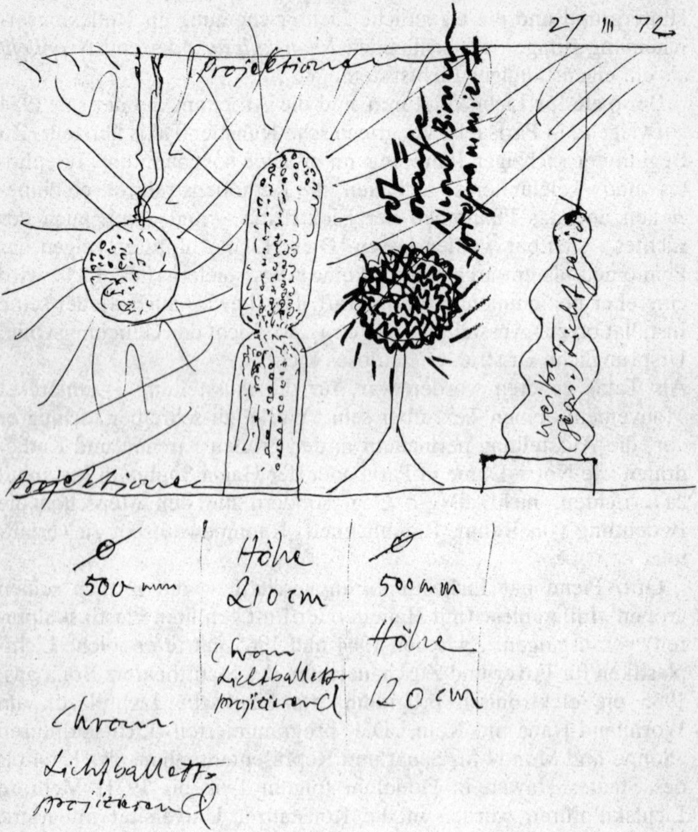

Zeichnung 4: Otto Piene, Lichtskulpturen aus den sechziger Jahren, für eine Ausstellung in der Münchener Galerie Heseler, 1972, zusammengestellt. Piene zählt zu den ersten Künstlern, die programmierte Lichtskulpturen erstellten. Die beiden linken projizieren überdies sein Lichtballett.

unterworfen wird. Dafür lassen sich in der kinetischen Kunst – vorwiegend der sechziger Jahre – viele Beispiele finden.

Vorläufer sind Realisationen und Theorie von Thomas Wilfred oder Laszlo Moholy-Nagy, für den der neue Maler Gestalter von Lichtrelationen wird. Person und Werk des Amerikaners Wilfred (1889–1968) sind in meinem Buch »Kunst heute« (Ullstein Materialien 1986) ausführlich dargestellt, ich darf darauf verweisen. Allerdings ist die Tradition der Lichtkunst, die mit Reflexionen von Licht operiert, viel reichhaltiger und umfassender. Man kann sich nur wundern, daß diese Tradition, verbunden auf »organische« Art mit der gegenwärtigen Lichtkunst, so selten in unseren Kunstinstitutionen dargestellt wird. Nach den hervorragenden Lichtausstellungen der sechziger Jahre ist das Thema ja keineswegs überholt. Im Gegenteil: Durch Laser und Holographie, durch vielfältige aktuelle Programmiermethoden ist die Skala der Lichtkunst wesentlich erweitert worden und wäre es wert, in großen Übersichtsausstellungen analysiert und vorgeführt zu werden.

Dazu kommt, was natürlich für alle drei hier kurz besprochenen Systeme der Lichtkunst gilt, daß kaum ein Thema ein solches Bezugsnetz zu anderen Disziplinen, zu anderen Medien und Bereichen öffnet wie das Thema Licht. Man denke an die psychologischen, architektonischen, elektronischen Bereiche.

Der Umgang mit Reflexionslicht, um darauf zurückzukommen, demonstrierte gut den Übergang von geschlossenen zu *offenen Formen* und Systemen, der sich in der Kunst dieses Jahrhunderts vollzog. Damit zusammenhängend wurde die Bedeutung der *Zeit*, des zeitlichen Ablaufes sichtbar. Das galt beispielsweise für die verschiedenen Ausprägungen des Lichtballetts, die Otto Piene ab 1959 durchführte, zunächst mit Handlampen und Folien, später mit Scheinwerfern und Apparaten wie Lichtkugel und Scheibenprojektor. Der »salon de lumière«, den Piene zusammen mit seinen damaligen Zero-Künstlerfreunden Heinz Mack und Günther Uecker für die Amsterdamer »Nul«-Ausstellung baute, ist wesentlich auf das Reflexionslicht gegründet.

Das Lichtballett müßte für Piene so selbstverständlich ablaufen wie das Ein- und Ausatmen des Menschen. Das Reflexionslicht sollte dabei alle Punkte des Raumes erreichen können und dem Teilnehmer das Gefühl von Schwerelosigkeit vermitteln. Zu einer Ausstellung im Jahr 1960 in der Berliner Galerie Diogenes schrieb er, er könne sich zwei ideale Situationen für ein Lichtballett, das dann nicht mehr so heißen müßte, vorstellen: einen großen, halbkugelförmigen Raum, in dem der Teilnehmer liegt und in den er beliebig ein- und austreten kann; sowie die Projektion an den Nachthimmel. Piene hat sich später im Rahmen der Sky Art mit solchen Fragen beschäftigt. Das Lichtballett trat damit aus dem kleineren, experimentellen Stadium heraus. (Vgl. den folgenden Abschnitt »Das befreite Licht«.)

Nicolas Schöffer ist ein weiterer Künstler, der das Reflexionslicht in seiner von ihm sogenannten Luminodynamik verwendet hat. Dabei durchdringt Licht, auch farbiges Licht, seine Skulpturen; die Schatten oder farbigen Projektionen werden auf Schirmen, auf Spiegelzonen, in ganzen Räumen aufgefangen. Solche Projektionen sind in kleinerem und in großem Maßstab denkbar und wurden von Schöffer auch so realisiert. Früher als andere Künstler benutzte er die Steuerungsmechanismen der Elektronik, die er im Zusammenhang mit kybernetischen Systemen erforschte, wie ich es auf S. 83 ff. ausgeführt habe.

Ein Künstler, der intensiv die ganze Bandbreite des Reflexionslichtes in seine Reliefs, Bilder, Skulpturen und architekturbezogenen Werke einbaute, war Hermann Goepfert, dessen Satz »Licht ist Form«, der auf den ersten Augenschein hin irritiert, diesem Abschnitt voraussteht. Goepferts Werke liegen im Umkreis der Zero-Bewegung, an den Ausstellungen von Zero nahm er ab 1961 teil. Mit dem Architekten Johannes Peter Hölzinger in Bad Nauheim gründete er 1965 die Planungsgemeinschaft für neue Formen der Umweltgestaltung, deren Ergebnisse wichtige projektierte und gebaute Wohnanlagen, kommunale Zentren, Museen waren. Seit dem frühen Tode Goepferts im Jahr 1982 führt Hölzinger die Arbeit mit seinem Büro weiter.

Goepferts »Reflektorbilder« ab 1960 vertrauen völlig auf das reflektierte Licht, das ein metallischer Reflektor wirft. Das führte ihn zum »Optophonium«, verschiedene Versionen dieses Licht und Ton verbindenden Objektes beziehungsweise Objektraumes wurden erstellt. Reflektoren sind dabei auf einer Wand angebracht und von Lampen betrahlt. Wie stark diese aufstrahlen, hängt von elektrischen Impulsen ab, die ihnen über Musik zugeführt werden. Ein solches »Optophonium« wurde zur Bundesgartenschau 1967 im Karlsruher Schloßpark erstellt, ein weiteres für Bonn 1970 vorgeschlagen.

Goepfert sah die Kunst eng in die technologische Dingwelt einbezogen; sie sei dabei, ihre eigenen, fachspezifischen Technologien zu entwickeln, durch die sie in die Lage versetzt würde, die Technologien der Wissenschaft auch für sich einzusetzen. Ein Beispiel dafür war ihm die Lichtkunst. Ich führe hier eine etwas längere Passage aus einem Vortrag Goepferts aus dem Jahr 1979 an, in dem er seine Ideen zum Licht zusammenfaßte.

»Die Wissenschaft«, sagte Goepfert, »weiß, daß Licht energetische Materie ist und daß sie wie jede Materie aus Naturteilchen besteht, die man messen und wiegen kann und die sich transportieren lassen. Man kann sie, nicht ohne ästhetischen Reiz, mit Hilfe einer ausgeklügelten

Technologie abbilden und darstellen. Es handelt sich also bei Licht um eine Materie wie jedes andere Material auch und nicht, wie in Zeiten des ausgeprägten Dualismus, um ein mythisches Geistwesen.

Es liegt deshalb nahe, daß sich die Kunst dieses technologisch erschlossenen Materials zur Gestaltfindung zu bedienen versucht. Die herkömmlichen Bildtechniken reichen aber nicht aus, dieses spezielle Material so zu handhaben, daß es als gestaltbestimmte Konfiguration für das menschliche Sensorium erfahrbar wird. Der Bildner muß also ein technologisches Verfahren ersinnen, mit dem er ein technisch mögliches Instrumentarium erstellen kann, das nicht nur Licht zur eigenen Konfiguration zwingt, sondern das auch seinen Gestaltintentionen folgt. Hier vollzieht sich ein Wandel in den Bildmitteln, durch die gleichzeitig auch die Bildinhalte verändert werden. Vorher nicht Erfahrbares wird mit neuen technologischen Methoden sichtbar gemacht, durch das Zusammentreffen von rationalem Wissen und intuitiver Idee.« (1)

Wollte man einen vollständigen Überblick über den Gebrauch des Reflexionslichtes in der Gestalttechnologie seit dem Ende der fünfziger Jahre geben, so müßte man hier die Geschichte der kinetischen Kunst nachschreiben. Ich möchte deshalb mit dem Hinweis auf das Werk eines Künstlers abschließen, der in seiner Person wissenschaftliches, technisches und künstlerisches Vorgehen verband: der Amerikaner Frank J. Malina (1912–1981). Er war nach seinem Ingenieurstudium in aeronautischen Forschungsprojekten tätig. In Paris fand er in den fünfziger Jahren seinen Weg zu kinetischen Bildern beziehungsweise Bildkästen und Skulpturen.

1956 entwickelte Malina das Lumidyne-System. Es besteht aus Rotoren genannten, sich drehenden Kunststoffscheiben, auf die mit transparenter Farbe abstrakte Formen aufgetragen sind. Dazu kommt eine feststehende Platte mit der farbigen Hauptkomposition. Die auf der Rückwand angebrachten Lichtquellen werfen ihre Projektionen und Reflexionen auf eine Scheibe, die dem Betrachter als eine Art Bildschirm entgegentritt.

1968 erschien die erste Nummer der von Frank J. Malina begründeten und geleiteten Zeitschrift für Kunst, Wissenschaft und Technologie »Leonardo«, die ein Forum für viele gestalttechnologisch arbeitende Künstlerinnen und Künstler in aller Welt wurde. Da es nicht viele solcher Foren gibt, sei dies ausdrücklich festgehalten. Nach Malinas Tod wird sie von seinem Sohn Roger F. Malina am Art Department der staatlichen Universität San Francisco weitergeführt. 1974 erschien eine bedeutende Auswahl von Künstlertexten aus der Zeitschrift »Leonardo« in Buchform unter dem Titel »Kinetic Art: Theory and Practice« (Dover Publications, New York), die sich im dritten Teil auch mit der durch elektronische Systeme und Computer betriebenen kinetischen Kunst befaßt.

Neonskulptur/Neonlicht ist das dritte System der Lichtkunst; auf einige Vorstellungen der Neonkunst will ich zum Abschluß dieses Abschnitts eingehen. Dabei möchte ich mit einer persönlichen Beobachtung beginnen. Die betrifft die Teilnahme von Neonwerken an der Ausstellung »Electra«, die in diesem Buch des öfteren zitiert ist, weil sie die bislang ambitionierteste Kunst-und-Technologie-Ausstellung der achtziger Jahre darstellte.

Ich meine, daß die dort gezeigten Neonwerke von Martial Raysse, Keith Sonnier, Dan Flavin oder Bruce Nauman nicht eben der stärkste und überzeugendste Beitrag waren. Sie scheinen einem Alterungsprozeß unterlegen zu sein, der ihnen das Signifikante und teilweise auch Provokante ihres frühen Auftretens in den sechziger Jahren genommen hat. Trotz ihres gleißenden Lichtes wirkten sie auf mich wie abgestempelte Fahrscheine, die nicht mehr gültig sind zum Transport.

Das galt, in meinen Augen, nicht von einer bereits geschichtlichen und einer ganz aktuellen Neonarbeit. Die geschichtlich interessante stammte von Lucio Fontana (1899–1968) und stellte die Rekonstruktion der insgesamt etwa 200 Meter langen Neonstruktur dar, die er 1951 zur IX. Mailänder Triennale ausgeführt hatte (Abb. 11). Hier war eine Lichtgestik entstanden, die weit über Licht um des Lichtes willen, weit aber auch von späteren bewußten Anleihen der Neonkünstler an der Welt der »commercials« entfernt war. Fontana hatte Neon als ein künstlerisch verwendbares Medium kurz nach dem Zweiten Weltkrieg in Buenos Aires kennengelernt, wo sein Künstlerkollege Gyula Kosice es in Skulpturen einbezog. Neon eröffnete Fontana die vierte Dimension des Raumes, einer räumlichen, in die Architektur integrierten Kunst. Noch in der Pariser Rekonstruktion hatte sein Neonenvironment diese Bedeutung.

Die aktuelle Installation war unter dem Titel »Neon für Paris« an den Säulen des Museums angebracht, teilweise linear, teilweise gewellt, mit einem zentralen Kreis aus Neon. Urheber war der Amerikaner Stephen Antonakos, der seit Beginn der sechziger Jahre mit diesem Material und Medium arbeitet. Antonakos wurde vor allem bekannt durch seine architekturbezogenen Neonwerke, die er unter anderem für Atlanta und Washington ausführte.

Um solche Neonlinien wie in Paris voll zu verstehen, muß man sie zu unterschiedlichen Tages- und Nachtzeiten erleben. Je nach vorhandenem Licht scheinen sie unterschiedlich auf den umgebenden Raum zu reagieren. Insofern wird Neon bei ihm ein lebendes Licht, das auf andere Lichter antwortet. Die Neontechnik ist verhältnismäßig einfach, es kommt darauf an, meint Antonakos, wie man mit ihr die Vision, die Idee verwirklicht. Man könnte von umweltbezogenen Neonwerken sprechen, die tatsächlich einen neuen Aspekt in die junge Geschichte der alten Lichtkunst einbringen.

2. Das befreite Licht – Vom Binnenraum zum kosmischen Raum

> »Licht ist eine Materie sui generis. Sie steht in Opposition. Die Welt muß neu gesehen werden. Nicht die Gestaltform ist wichtig, sondern die Form des Lichtes.«
> Adolf Luther

Bereits am Anfang unseres Jahrhunderts vollzog sich das, was Felix Philipp Ingold »einen revolutionären Paradigmenwechsel« nannte und auf die Formel brachte: »Das tellurische wurde vom planetarischen Bewußtsein abgelöst; der Mensch, der sich nun, mit Hilfe des lenkbaren Fluggeräts, von der Erde abheben, sich in der Luft aufhalten und frei bewegen konnte, geriet unversehens in eine real-aktive, aber auch exzentrisch-relativistische Beziehung zum Kosmos, zu Raum und Zeit.« (2)

Eine Tradition der Kunst wird damit begründet, die neben die feststehenden Ergebnisse des Bildes und der Skulptur in den Umraum, in die Natur, in den Kosmos eindringt. Am Anfang dieses Abschnittes über »Das befreite Licht« möchte ich – stellvertretend für andere – zwei künstlerische Persönlichkeiten des 20. Jahrhunderts zitieren, die für diese Tradition stehen.

Mit Nachdruck verwies Paul Klee in seinen Bauhausvorlesungen von 1921/22 darauf, daß künstlerische, bildnerische Tätigkeit sich nicht nur mit den Gesetzen der Statik, der erdgebundenen Schwerkraft zu beschäftigen habe. »Das Zwischenreich der Athmosphaere oder seines schweren Geschwisters des Wassers möge uns vermittelnd die Hand reichen, um später in den großen Weltenraum zu gelangen.« (3) Naturphänomene dienen Klee dazu, den Gesetzen des

Rhythmus und der bildnerischen Strukturierung auf den Grund zu kommen. Sein hellwaches kosmisches Bewußtsein ermöglicht ihm, den Farben, Zeichen, Grafismen seiner Bilder *Bedeutung* zu geben, die abstrahierende Bedeutung ist. Die scheinbar so leichthin entworfenen Farben- und Formenwelten seiner Bilder und Grafiken entspringen diesem präzisen Studium.

Im Dezember 1929 reflektiert der Architekt Le Corbusier an Bord der »Lutetia« schreibend seine Vortrags- und Studienreise durch Südamerika. Er war viel mit dem Flugzeug unterwegs und begreift nun anders, sieht und studiert Naturphänomene aus der Luft: »Vom Flugzeug aus habe ich Schauspiele gesehen, die man als kosmisch bezeichnen könnte. Welche Anregung zum Nachdenken, welch ein Sichzurückbesinnen auf die fundamentalen Wahrheiten unserer Erde!« Paul Klee in seiner Beobachtungsintensität verwandt, notiert der Architekt Phänomene des Sonnenlaufes, des Lichtes, der Mäandrierung der Flüsse, der Wolkenbildungen, des Aufleuchtens der Blitze und fügt hinzu: »Das sind die Geschehnisse, die die Wißbegierde eines Städtebauers erregen!« (4) Zwei, wie ich meine, wunderbare Beispiele für den »Paradigmenwechsel«, den sich in diesem Jahrhundert vollziehenden Übergang zum *planetarischen Bewußtsein.*

Dieses Bewußtsein ist keineswegs ein primitives »Zurück zur Natur«. Es schließt, bei Klee, Le Corbusier, aber ebenso bei den übrigen Protagonisten der »anderen Tradition« das Bewußtsein für die revolutionären wissenschaftlichen, forscherischen, technischen und technologischen Veränderungen der Gegenwart ein.

Als Le Corbusier 1960 der (französischen) Neuausgabe seines 1930 erstmalig erschienenen Südamerika-Berichtes ein Vorwort schreibt, hatte das Atomzeitalter seine Spuren in der Gesellschaft, in der Architektur (und deren Zerstörung), in der Wissenschaft hinterlassen. Neben der Elektrizität war die Elektronik geboren. Le Corbusier hatte in seinem Philips-Pavillon zur Weltausstellung 1958 in Brüssel deren damalige Möglichkeiten voll ausgespielt. Und zitiert sie in dem Vorwort, weil er von dem Gedanken durchdrungen ist, zu einem ständigen Kontakt zwischen dem Ingenieur und dem Architekten, man könnte ergänzen: zwischen dem technologisch und dem künstlerisch Tätigen zu kommen. Das Ziel sei es, »daß die Harmonie zwischen dem Menschen und seiner Umwelt hergestellt bzw. wiederhergestellt wird –, zwischen einem biologischen Wesen (dem Menschen) und der Natur (der Umwelt), diesem ungeheuren Gefäß, in dem alles enthalten ist: die Sonne, der Mond, die Sterne, das unbegreifliche Unbekannte, die Wellen, die runde Erde mit ihrer die Jahreszeiten bewirkenden geneigten Achse, Körpertemperatur, Blutkreislauf, Nervensystem, Atmungssystem, Verdauungssystem, Tag und Nacht, der Sonnentag von 24 Stunden mit seiner unaufhaltsamen, aber kaum wahrnehmbaren Veränderung usw.« (5)

Le Corbusier deutet in diesen Sätzen an, worum es den Künstlern des »befreiten Lichtes« auch in der unmittelbaren Gegenwart geht: den Menschen in das Makrosystem Umwelt, vom nahen bis zum kosmischen Raum, zu stellen, ihm dieses System vorzuführen, es anschaulich im wörtlichen Sinn zu machen. Die Sonne ist dabei die Urkraft – nicht mehr das gemalte, in den Gegenständen dieser Welt sich darstellende Licht, wie es den Impressionisten interessierte, sondern das Phänomen Licht unmittelbar, uneingezäunt, wobei Kunst letztlich nur ein Reflexionsspiegel dieser Urkraft Licht wird.

In seinem »Sahara-Projekt« von 1958/59 in »Zero 3« (1961) veröffentlicht, hatte Heinz Mack immer wieder neue Stationen des Lichtes vorgeführt, die von Lichtstelen über Monumente des Lichtes zu künstlichen Sonnen und Erscheinungen im Himmel gehen sollen. Zwei Jahrzehnte später unterhalte ich mich mit Mack in seinem Mönchengladbacher Studio über die Aktualität des Projektes. In der Sahara und in der Arktis hat er mittlerweile die Versprechen jener frühen Zeit einlösen können und in dem Fotografen Thomas Höpker einen kongenialen Bildgestalter gefunden. (6)

»Das Wort Sahara«, so sagt Mack, »war immer nur ein Synonym für solche unberührten Freiräume. Wir leben in einer Welt, in der jede Kultur letztlich Großstadt-Kultur ist. In diesem Sinne ist als Wirkungsbereich unserer Arbeit die Großstadt gemeint, welche ihrerseits eine Art Sahara ist. Insofern waren viele meiner Arbeiten immer nur Modelle für größere Objekte innerhalb einer urbanen Situation.«

Für die Weltausstellung 1970 in Osaka legte Mack eine solche Situation im Garten des deutschen Pavillons an, wobei eintausend doppelseitige Glasspiegel von je einem Quadratmeter Größe so aufgestellt wurden, daß sich die ganze Umwelt spiegelte und sich zudem Spiegelungen im Spiegel ergaben, da sich die Spiegel paarweise gegenüberstanden. Auch die Anfang der achtziger Jahre für eine große Bank in Düsseldorf aufgestellte Skulpturengruppen aus pyramidenförmigen Marmorblöcken, Licht und Wasser zählt zu den von Mack erwähnten urbanen »Sahara«-Situationen.

Licht wird für Mack zum Energiefakt, zum Symbol für Energie. Seine Arbeiten leben in einer dialektischen Weise von der Energie der (kosmischen) Natur. So enthalten sie Natur, aber nicht im Sinne der klassischen Natur-Darstellung. Sie werden selbst, wenn die Arbeit gelingt, zu Gegenständen einer neuen Natur, vereinen Licht, Bewegung, setzen Natur und Technologie ein und sind schließlich ein Ausdruck von Energie. Mack:

»Der Künstler reagiert wie ein Seismograph auf latente Ereignisse unserer Zeit. Diese können aber morgen schon für alle sichtbar ans Tageslicht kommen. Dazu gehören etwa die Energie-Fragen. Gerade nach einer großen abendländischen Kultur, von Giotto bis Malewitsch, in der unendlich viel passiert ist, standen meine Künstlerfreunde und ich vor der nur scheinbar naiven Frage: Wie soll es weitergehen? In diesem Zusammenhang gab es immer wieder den Wunsch, anstelle der hochdifferenzierten Erscheinungsweisen abendländischer Kunst zurückzukehren zu sehr elementaren Bedingungen der künstlerischen Äußerung, denen aber nicht die Bewußtseinsstufe der Sammler, Jäger und Hirten entsprach. Es ging um einen neuen Anfang, eine Tabularasa-Situation, aus der heraus etwas Neues entstehen sollte. So kamen die klassischen Elemente wie Feuer, Wasser, Licht und Erde wieder ins Spiel, sowohl wörtlich als auch metaphorisch gemeint. Man war hiermit wieder bei den Themen unserer Zeit. Dazu gehört zweifellos das Thema der Energie sowie das Thema des Weltraumes, im weitesten Sinne, und das Phänomen, daß unsere Imagination die Grenzen unserer Erde verlassen hat.«

Mit den Gestaltungsmöglichkeiten des Lichtes, des befreiten Lichtes, mit Laser und Holographie wurden von den Künstlerinnen und Künstlern seit Beginn der sechziger Jahre neue Wege der *Entmaterialisierung* der Kunst beschritten. Die Ablösung des tellurischen durch das planetarische Bewußtsein bekam neue Schubkraft. Innerhalb der heutigen internationalen Sky Art-Bewegung nimmt der Umgang mit dem befreiten Licht einen wichtigen Platz ein. Sowohl neue Technologien wie uralte Techniken werden einbezogen. Auf einige Künstler und künstlerische Gestaltungsweisen werde ich jetzt noch zu sprechen kommen.

Seit den frühen sechziger Jahren wurde der 1935 nach Palästina emigrierte Paul Konrad Hoenich mit »Sonnenmalereien« bekannt. Er hat dafür sowohl handgeführte Reflexionsinstrumente wie auch feststehende, programmierte »Robots« eingesetzt. (Hoenich selbst spricht in seinem Fall nicht von Robotern, vielmehr von Robots, einen Ausdruck, den ich hier übernehme.)

Hoenich suchte Ende der fünfziger Jahre eine Möglichkeit, von der

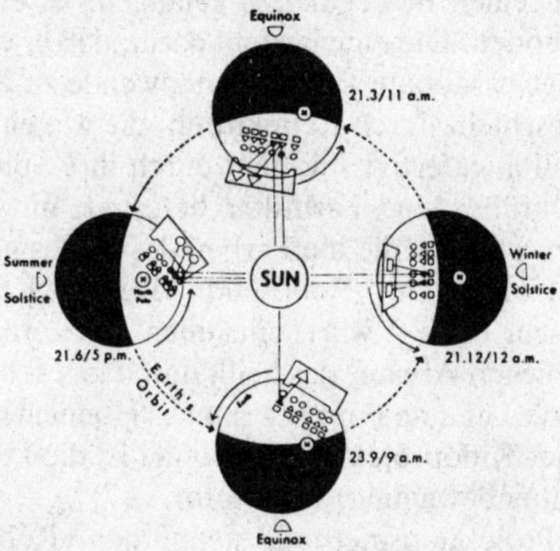

Zeichnung 5: Das Prinzip des »Robot« von P. K. Hoenich, Lichtmalerei in Abhängigkeit zum Sonnenstand in den jeweiligen Jahreszeiten.

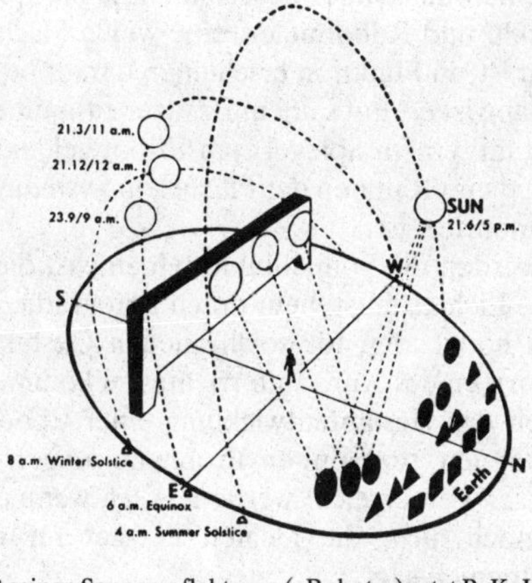

Zeichnung 6: Mit seinen Sonnenreflektoren (»Robots«) setzt P. K. Hoenich die Sonne wie eine Lampe und den Planeten Erde wie einen Motor ein, der die Reflektoren bewegt.

scheinbaren zur realen Bewegung zu gelangen. Er entwickelte zwei Projektionsmethoden. Die eine besteht darin, daß er ein Projektionsprogramm für sechs Monate – von Sonnenwende zu Sonnenwende – aufstellt. Das geschieht durch Reflektoren, die wie eine Skulptur aus Glas oder Metall angefertigt sind und durch ihre Spiegel die Zeichnung liefern. Darüber sind Farbfilter befestigt, mit durchsichtigen Farben bemalten Platten, die die Farben des Bildes bestimmen. Das Ganze nennt Hoenich ein »Robotbild«. Da das Reflexionssystem selbst hierbei nicht bewegt wird, entstehen die Veränderungen nur durch den natürlichen Ablauf, das heißt durch tages- und jahreszeitliche Bewegungen. Auf eine Formel bringt es Hoenich so: »Der Robot ist ein kosmischer Kinoprojektor, die Sonne ist die Lampe, die Erde (scheinbare Sonnenbewegung) der Motor.« (7)

Eine zweite Projektionsmethode nennt der »Robotmaler«. Die Reflektoren sind bei diesem System beweglich angebracht, die Bewegung entsteht durch Windenergie. Wie im ersten Fall werden die Bilder direkt auf eine Fläche, sei es Häuserwand, Bild, Schirm geworfen und laufen dort ab. Hoenich, der am Technion in Haifa, Fakultät für Architektur und Stadtplanung, bis zu seiner Emeritierung unterrichtete, hat sich oftmals eine Integration seiner Sonnenmalerei mit Architektur gewünscht, zu bedeutenden Aufträgen kam es bislang aber nicht.

Mit »Licht Symphonie Nr. 1« schuf Hoenich gegen Ende der siebziger Jahre einen auf Dauer berechneten Robot, ein Mittelding zwischen Robotbild und Robotmaler, eine weiße Fläche, solange er nicht in Funktion ist, in Funktion erscheinen darauf bewegte Bilder. Seine Hauptaufgabe ist es, mit seinem Besitzer zusammenzuarbeiten. Sonnenlicht wird mit einem Spiegel zum Robot gelenkt und erzeugt unzählige Bilder, da im Rahmen der Fläche ein System von Reflektoren und Filtern montiert ist.

Festgehalten werden die Sonnenbilder Hoenichs, die mit der Geschwindigkeit des Lichtes entstehen, durch Fotografie. Der Künstler betrachtet es als notwendig, für solche neuen Gestalttechnologien auch zu neuen Formen des Kunstunterrichtes zu kommen. Dort muß Kunst als ein Teil der Gesamtentwicklung einer Epoche vermittelt werden. Heute können, so meint er, Problemlösungen mit Hilfe der Computer in kurzer Zeit erreicht werden. Auch wenn die vorhandenen Computer noch nicht die idealen Partner für den Künstler darstellen, wie Hoenich sagt.

Weniger positiv gegenüber dem Einsatz von Computern innerhalb der – im weitesten Sinne verstandenen – Lichtkunst ist ein ansonsten so aufgeschlossener Künstler wie Adolf Luther, der bereits 1970 Laserprojekte entwickelt hat und mit seriellen Prinzipien durch seine eigene bildnerische Arbeit vertraut ist. Auf meine Frage nach der künstlerischen Benutzbarkeit des Computers antwortete er 1984: »Die Frage ist ja reduziert die, ob ich mit einer neuen technischen Erfindung direkt Kunst machen kann. Da glaube ich nicht dran.

Bei der Kunst geht es ja darum, zu sinnlichen Erscheinungen zu kommen. Der Computer ist aber von seinem Wesen her unsinnlich. Er ist eine dominant intellektuelle Einrichtung. Man will sozusagen Verstand mechanisieren, wenn ich das einmal so verkürzen darf. Der Verstand selbst ist aber eine unsinnliche Sache. Nun ist der Computer infolgedessen ein Instrument, das sich der Sinnlichkeit entzieht.«

1964 hatte Luther das »1. Kosmische Manifest« veröffentlicht. Auch wenn er darin von Architektur spricht, ist Kunst gemeint. Es geht um eine kybernetische Licht-Architektur und Lichtkunst. »Ich glaube«, beginnt das kurze, ausdrucksstarke Manifest, »an eine auf Licht bezogene, in das solare Geschehen integrierte Architektur. Um mich herum gibt es Vorbilder. Ich sehe die Schirmdächer der Pinien, die lichtfangenden Ellipsen der Opuntien, die Blattrosetten der Rhododendron, ich sehe die Sonne und ihre Sterne.

Alles, die ganze Natur erscheint mir wie ein einziges Gerät zum Empfange des Lichtes. So sollte die Architektur bauen, Geräte bauen, Geräte, die dem leuchtenden Medium zur Verwirklichung helfen. Es gibt eine transoptische Wirklichkeit.« (8) Diese Wirklichkeit jenseits der bekannten gründet wesentlich auf dem befreiten Licht. Luthers Kunst wurde zur Lichtkunst. Dieser Kunst öffnete er auch die kosmische Weite.

In dem erwähnten Gespräch sagte er dazu: »Es ging mir darum, herauszustellen, daß wir in einer Zweikomponentenwelt leben: einer energetischen und einer stofflichen. Es kam darauf an, daß das Licht einen eigenen Raum bildet. Es gibt einen anderen, offenen Raum, der nicht perspektivisch ist, der durch nichts charakterisiert ist als dadurch, daß in ihm etwas stattfindet: Zeit, Bewegung, also Licht. Dieses sich fortlaufend verströmende Licht der Sonne, daß ich an dem Mondprojekt (Abb. 16) verdeutlicht habe, indem ich es umwendete, um es auf die Schattenseite des Mondes zu reflektieren.

Das ganze Jahrhundert hat Zweifel an dem perspektivischen Weltbild gehabt, und zwar deshalb, weil es wahrscheinlich noch einen anderen Raum gibt, diesen freien kosmischen Raum, der durch nichts weiter definiert ist als durch Energie. Dieser Raum ist nicht artikulierbar. Er findet statt.«

Ich gebe hier dem Künstler Adolf Luther selbst das Wort, weil er es immer hervorragend verstanden hat, seinen Gedanken verbalen Ausdruck zu geben. Man vergleiche dazu die 1984 erschienene, von Werner Krüger herausgegebene Sammlung von Luther-Texten unter dem Titel »Das Licht kann kein Bild sein« oder auch die Texte und Gespräche, die Heiner Stachelhaus in seine Luther-Monographie von 1979 eingearbeitet hat. Für das Verständnis des befreiten Lichtes sind Luthers Texte und Theorien grundlegend. Sie bahnen einem Verständnis des Lichtes für die Gestalttechnologie am Ende des 20. Jahrhunderts den Weg. Wenn Licht in seiner vielfältigen Bedeutung naturwissenschaftlicher, psychologischer, künstlerischer, architektonischer, umweltbezogener Art so als Gegenpol der Bildkunst aufgefaßt wird, öffnen sich zahlreiche (Licht-)Schleusen, die den Begriff des künstlerischen Arbeitens und Erkennens weit über das Objektbezogene erweitern.

Die Lichtkunst Luthers entwickelte sich schrittweise vom Ende der fünfziger Jahre über die Entmaterialisierungen, nämlich Experimente der Materie- und Gestaltvernichtung (1961), über instrumentale Objekte aus Glas, Lichtschleusen (1962), über Linsenobjekte (1965), Hohlspiegel, sphärische Objekte (1967) zu Laserobjekten und dem Mondprojekt (ab 1976). Auch sein Projekt eines Wernher-von-Braun-Memorials (ab 1982) beruht auf der Einbeziehung und Ausstrahlung des befreiten Lichtes.

Die Forschung, Wissenschaft, Technologie hat den tellurischen Raum lange schon verlassen. Die Protagonisten dieses Aufbruchs verkündeten ihn bereits am Anfang und in den ersten Jahren unseres Jahrhunderts. Leo Frobenius, um nur einen der Protagonisten zu nennen, sah klar den Aufbruch aus dem Horizont und dem Denken, das durch ihn, den nahen und fernen Horizont, begrenzt war: »Unser Schauen ist nicht mehr begrenzt durch einen Raum auf der Erdoberfläche. Es überblickt das Ganze unseres Planeten. Diese Tatsache des Fehlens eines Horizontes ist ein Neues.« (9)

Den Protagonisten der »anderen Tradition« wie Moholy-Nagy, Klee, Lissitzky folgt heute eine Generation – nein, es sind zwei Generationen – von Künstlern, die in ihrem Werk diesen Aufbruch vom tellurischen zum planetarischen Bewußtsein vollziehen. Das ist, um es zu wiederholen, auch deshalb so wichtig, weil hier *Technologisches* zusammen mit den *elementaren Naturkräften* wie Licht, Wasser,

Luft, Feuer vereint wird. Diese Kunst kann Modelle abgeben, wie das eine nicht ohne das andere zu sehen ist. Überdies werden durch die künstlerische Arbeit Raumsituationen erlebbar, die sonst nur sozusagen »abstrakt« als technologisch-wissenschaftliches Vorgehen zur Kenntnis genommen werden. Der Künstler lädt den Betrachter/Teilnehmer ein, über *Bedeutungen* nachzudenken, indem er ihm Phänomene zur Wahrnehmung vorgibt.

Hierher zählt das »Lightning Field« des Amerikaners Walter de Maria in Neu-Mexiko, 270 Kilometer von Albuquerque entfernt. 1977–78 hatte er hier 400 Stahlstäbe von jeweils 5 Zentimeter Durchmesser und 4,57 bis 8,15 Meter Höhe in einer Netzform von 1 Meile zu 1 Kilometer aufgestellt. Das tages- und jahreszeitlich sich ändernde Licht, die natürlichen Geräusche, die Blitze – all das ist Teil der Anlage. Technologie und elementare Natur treffen aufeinander, und es bleibt dem Besucher überlassen, dieses Aufeinandertreffen zu erleben, mitzuleben und zu deuten.

Ein weiterer amerikanischer Künstler, Joe Davis, hat sein »Projekt Blitze« als eine 30 Meter hohe Skulptur für den Golf von Mexico geplant und ist mit seinem Frachtgut für die Space Shuttle noch einen Schritt weitergegangen. Ein Behälter von fünf Kubikfuß Volumen und 200 Pfund Gewicht wird an Bord der Raumfähre ins Weltall geschickt und entzündet fern der Erde künstliche Lichtphänomene.

Das Projekt nennt sich »New Wave Ruby Falls« in Anklang an eine bekannte Touristenattraktion in Tennessee, einen Wasserfall, der bei Davis allerdings im Jahre 1986 im Weltall aufleuchtet. Technisch handelt es sich bei Davis um die Zündung trägen Gasplasmas durch schnell pulsierenden Elektronenstrahl, aus einer Vorrichtung, die im Hochstrom-Forschungslabor des M.I.T. gebaut wurde. Jede Elektronen-Zündung soll einen grünlichen Farbschleier zünden, der etwa 30 Meter breit und 19 Kilometer lang sein soll und von der Erde aus in einem Umkreis von weit über 1000 Kilometer der jeweiligen Shuttle-Position zu sehen sein müßte.

Dieser ferne Farbvorhang, der im Weltraum dann entsteht, soll der technischen, industriellen und der oft beklagten militärischen »Eroberung« die andere Seite gegenüberstellen: die der menschlichen, künstlerischen *Erfahrung* von Licht- und Farbphänomenen in einem »freien« Raum.

Der Bildhauer Tom Van Sant aus Los Angeles hat damit praktische Erfahrung. 1000 Kilometer über der Erde kreist am 11. Juni 1980 der Landsat-II-Satellit. Über dem Gebiet der kalifornischen Shadow

Mountains beginnen Sensoren auf ein Bodenobjekt ungewöhnlicher Art zu reagieren. Es sind Lichtenergien, die von Spiegeln in der Wüste erzeugt werden.

Zusammen mit Helfern hatte Van Sant neunzig Spiegel von je 60 × 60 Zentimeter so auf dem Wüstenboden ausgelegt, daß sie zusammen und aus großer Entfernung gesehen die Form des menschlichen Auges ergeben. Dazu wurde die Neigung der Spiegel mit Hilfe wissenschaftlicher Berechnung, sprich Computertechnologie, so eingestellt, daß sie direkt in die Satellitenbahn reflektieren.

Obgleich die einzelnen Spiegel klein sind, füllen ihre zum Landsat II gesandten Reflexe eine Fläche von über 4000 Quadratmeter. Der Satellit funkt das Bild digital zurück zur Erde. Dort wird daraus ein fotografisches Gesamtarsenal, das dieses Werk der Sky Art festhält. Licht, von hier aus zum Weltraum und zurück: Das war der künstlerische Anlaß für Tom Van Sant, seine Spiegelzone in die Wüste zu verlegen.

Künstler, die so arbeiten, haben eine – trotz aller Krisen und Katastrophen – grundsätzliche Hoffnung auf die positive, emotionelle Kraft im Menschen. Und die setzt sich fort im Tun, in der künstlerischen Praxis. So gab die Geburt seines Sohnes Ryan dem Bildhauer eine weitere Idee ein, nämlich dem großen, in der Wüste ausgelegten Auge aus Spiegeln ein unermeßlich kleines Kunstwerk beiseitezustellen: »Ryans Auge«, 1982. Es handelt sich dabei ebenfalls um die Zeichnung eines menschlichen Auges, diesmal in einen Salzkristall (NaCl) geätzt, und zwar mittels eines ultrascharf gebündelten Elektronenstrahles. Es kann nur mit einem Elektronenmikroskop betrachtet werden. Die Größe beträgt lediglich ein Viertel Mikron.

So schuf der vom Licht und vom Weltraum inspirierte Künstler nacheinander das größte und das kleinste Lichtkunst-Werk. Beide beruhen in ihrer Größenordnung auf dem Prinzip der zehnten Potenz. »Wenn man wie ich«, sagte Tom Van Sant, »daran glaubt, daß unsere emotionelle Entwicklung größere Triebkraft hat als unsere Fähigkeit der Selbstzerstörung, dann werden wir den Mikro- und Makrokosmos weiter erforschen müssen.« (10)

3. Auf einem Lichtstrahl reiten – Laserkunst

> »Wie würde die Welt aussehen, wenn ich auf einem Lichtstrahl reiten könnte?«
> Albert Einstein

> »A splendid light has dawned on me...«
> Albert Einstein

Tatsächlich wurden die theoretischen Grundlagen, auf denen die Lasertechnik aufbaut, bereits 1917 von Albert Einstein vorausberechnet. Jedoch kam es erst 40 Jahre später zur experimentellen Verwirklichung. Um es hier nochmals an den Anfang zu stellen: Laser steht als Abkürzung für die rein technische Beschreibung »Light amplification by stimulated emission of radiation«, also eine Lichtverstärkung durch angeregte Aussendung von Strahlung. Das Lasergerät erzeugt einen starken Lichtstrahl, dessen Wellen die gleiche Wellenlänge besitzen und untereinander parallel sind. Es sind überdies ultrakurze Wellen.

Verhältnismäßig rasch nachdem in den fünfziger Jahren in den USA und der Sowjetunion die theoretischen Grundlagen gelegt waren und 1960 Theodore H. Maiman einen ersten aktiven Laser mit Hilfe eines synthetischen Rubinkristalles erstellt hatte, begannen ab Mitte der sechziger Jahre sich Künstler, ebenso wie Musiker, Designer, Architekten, für den Einsatz des Laserstrahls auf ihren Gebieten zu interessieren. Heute ist der Umgang mit einem Laserstrahl schon zur Gewohnheit geworden, mit der auch Akademiestudenten umzugehen verstehen – vorausgesetzt, sie beschaffen sich Förderer.

Die Nahtstellen zwischen Laser*kunst* und Laser*design* sind offenbar restlos verwischt. Theater sowie Tanz- und Unterhaltungssäle haben sich recht bald der Möglichkeiten des Lasers bedient. So waren zum Beispiel bei der Wiedereröffnung des Pariser Palace-Theaters, einem Bau aus den Jahren 1920–30, im März 1978 drei Laser eingebaut worden. Der stärkere 4-W-Argonlaser wurde durch einen Satz Spiegel und Optiken moduliert, die beiden anderen Laser wurden so benutzt, daß ihre Lichtbündel elektronisch mit Hilfe von Reflektoren abgelenkt werden konnten. Laser-Diskotheken erfreuen heute in vielen großen Städten die Tanzenden. Und Laser werden gern eingesetzt, um Konzerte zu begleiten.

Während auf der einen Seite die Musiker auf den Laser griffen, um dem Klangereignis das visuelle Spektakel beizugeben oder um dem großflächigen Open-air-Konzert auch eine optische Figur zu verleihen, kamen auf der anderen Seite aus der bildenden Kunst heraus Künstler zu einer erweiternden Benutzung kinetischer Formen durch den Laser. Neben den großen, vielbeachteten Ereignissen wurde jedoch auch viel Experimentelles in die Arbeit mit Laser gesteckt. Auf einige ausgewählte Beispiele für den Einsatz von Laser will ich im vorliegenden Text eingehen.

Zu den ersten Musikern, die Laser einsetzten (wenn er nicht überhaupt der erste war), kann man den Amerikaner Lowell Cross zählen, der 1964 bis 1968 in Toronto elektronische Musik studierte und seit 1976 Gastprofessor für Musik an der Universität von Iowa ist. 1969 bis 1970 erfand er zusammen mit dem Physiker und Bildhauer Carson Jeffries sowie dem Komponisten und Experimental-Pianisten David Tudor »Video/Laser« I und II, die im kalifornischen Oakland und zur 1. japanischen Weltausstellung 1970 in Osaka vorgeführt wurden.

In Osaka war es der »Pavilion«, eine halbkugelförmige Struktur des japanischen Architekten Tadashi Doi, der das Versprechen einer konstruktiven Zusammenarbeit von Künstlern und Technikern wie Wissenschaftlern einlösen sollte. Soweit es den Anfang betraf, als der Auftraggeber (Pepsi-Cola) noch freie Hand gewährleistete, kam es zu Erfolgen, Innovationen, vielfältigen Erfahrungen. Lowell Cross setzte einen Krypton-Laser ein, der in den vier Farben Blau, Rot, Grün, Gelb Zeichnungen wiedergab, die über ein in Vibration gebrachtes Spiegelsystem sich je nach der Klangintensität änderten. Dabei folgte Cross auch seiner Bemühung, dem mangelhaften visuellen Angebot der elektronischen Musik durch eine Verbindung von elektronischem Klang und elektronischem Bild abzuhelfen.

Nachdem er zahlreiche andere Werke ausgeführt hatte, schuf Cross 1980 ein 6-Farben-Laser-Reflektionssystem für das Adler-Planetarium in Chicago. Es beruht auf dem kooperativen Zusammenarbeiten von Cross und Jeffries für »Video/Laser« III. Wobei auch bei diesem Stück die zentrale Mitarbeit von David Tudor erwähnt werden muß. »Video/Laser« III setzt das Laser-Equipment der Universität von Iowa ein; es reagiert auf Tonfrequenzen bis zu 3000 Hertz. Alle sechs Farben können unabhängig voneinander programmiert werden. Das System ermöglicht es den Komponisten, zusammengehörige, sich bewegende bildhafte Skulpturen aus Licht zu schaffen, wobei Klang, Bild, Farbe aufeinander bezogen sind. Dieses Stück von 1971/72 wurde mehrmals in Europa gespielt, so während der Bonner Weltmusiktage und der ars electronica in Linz 1980.

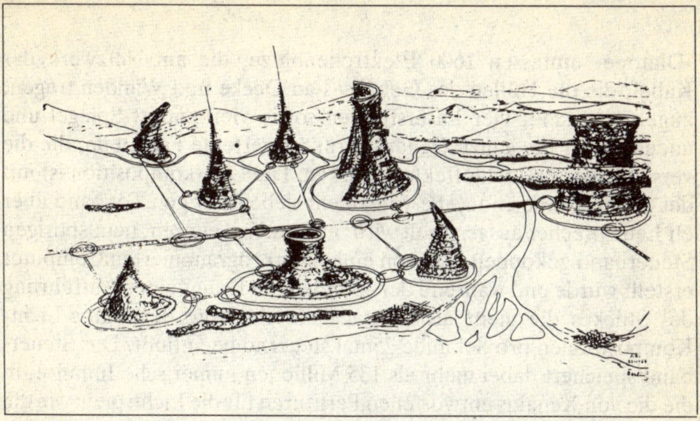

Zeichnung 7: Iannis Xenakis, Kosmische Städte, 1964. Der griechische, in Paris lebende Architekt, Musiker, Mathematiker gehört zu den Pionieren der Laserkunst, die er in einen kosmischen Bezug setzte, ähnlich seiner Architekturvision.

Laserstrahlen und elektronische Musik, verbunden zudem mit elektronisch gesteuerten Blitzen, gingen 1972 bei dem »Polytope de Cluny« von Iannis Xenakis eine überzeugende Verbindung ein. In dem alten Pariser Kloster Ecke Boulevard Saint-Michel und Saint-Germain nahm Xenakis seinen für die Weltausstellung 1967 in Montreal komponierten »Polytope« (als Klang-Licht-Projekt) wieder auf. Es gibt auf dem Sektor heutiger Musik wohl niemanden, der eine so eindringliche Verknüpfung von Musik, Bild, Raum, Architektur zu erschaffen in der Lage ist.

Xenakis, der 1947 in Athen sein polytechnisches Studium mit dem Ingenieurtitel abschloß, 1948–60 als Mitarbeiter von Le Corbusier maßgeblich am Philips-Pavillon der Brüsseler Weltausstellung 1958 beteiligt war, 1950 seine musikalischen Studien bei Olivier Messiaen und Hermann Scherchen aufnahm, entwickelte seit 1954 mathematisch fundierte Kompositionstechniken. Die Programmierungstechnik, die er anwandte, kam auch seinen visuellen Kompositionen entgegen. Das zeigte sich deutlich in »Le Diatope«, eine Komposition aus Architektur, Klängen und Licht, die ursprünglich für den Platz vor dem Pariser Centre Pompidou geschaffen wurde.

Die musikalischen Elemente von »Diatope« basieren auf Instrumentalmusik (wie afrikanischen Maultrommeln, japanischen Zuzumis), auf Geräuschen natürlicher Materialien (Steine, Karton u. a.) sowie auf computererzeugten Klängen. »Die visuellen Elemente von

›Diatope‹ umfassen 1600 Elektronenblitze, die am Netzwerk der Kabel, die die Hüllen des Gehäuses an Decke und Wänden tragen, angebracht sind, vier Laserstrahlen sowie vierhundert Spiegel und andere, über die ganze Gehäusestruktur verteilte Formteile, die die verschiedensten Lichteffekte bewirken. Die Lichtkomposition ist mit der Klangkomposition, die von einem siebenspurigen Tonband über elf Lautsprecher ausgestrahlt wird, auf einem weiteren, neunspurigen Steuerband gekoppelt, das von einem vorprogrammierten Computer erstellt wurde und während der 45minütigen Dauer einer Aufführung des Stückes die mehr als zweitausend Elemente der Klang-Licht-Kompositionen pro Sekunde 25mal steuernd beeinflußt. Das Steuerband speichert dabei mehr als 135 Millionen numerische Impulse, in die die von Xenakis entworfenen Partituren für die Lichtspiele wie die klanglichen Ereignisse per Computer-Programmierung umgewandelt wurden.« (11)

Bei Xenakis ist der Einsatz von Licht und Laser ein integraler Teil der Aufführung, für die er überdies eine eigene Zeltstruktur auf Stahlträgern schuf. Der kosmische Hinweis, der in seiner Architektur wie in seiner Musik anzutreffen ist, wird dadurch unterstrichen, daß die elektronischen Blitze alle Arten von Galaxien erzeugen. Zu den Formen gehören Spiralen, logarithmische Hyperboloide und freie Formen, die durch die erwähnten Laserstrahlen in Form einer Random-Bewegung (nicht voraussehbar) geschaffen werden. Periodische und nichtperiodische visuelle Erscheinungen kommen zusammen.

Der ernsthafte, intensive, überlegte Umgang mit Laser widerlegt die Kritik, die der französische Künstler Ben Vautier einmal so formulierte: Der mit Laser arbeitende Künstler täte nichts anderes als Marcel Duchamp, der den Flaschentrockner vom Geschäft in die Kunst einbrachte; das heißt, er brächte den Laser vom wissenschaftlichen Laboratorium in die Galerie und füge gelegentlich eine ästhetische Botschaft an. (12) Die Lasereinsätze, die Iannis Xenakis, Paul Earls, Horst H. Baumann, Dani Karavan vorgeführt haben, sind auf jeden Fall mehr, indem sie künstlerisch vorkonzipiert und programmiert, in räumliche oder skulpturale Situationen eingefügt oder nach musikalischen Partituren entworfen worden sind.

Wie jedes andere Medium kann der Laser natürlich auch banal, nichtssagend eingesetzt werden. Was hier jedoch interessiert, ist der programmbestimmte integrale Gebrauch von Laser durch Musiker und bildende Künstler in der jüngsten Vergangenheit und Gegenwart.

Beklemmender ist für mich der Gedanke, daß für viele Menschen der Laser erst durch seine militärische Bedeutung in ihr Bewußtsein trat. Man kann dagegen nur die Tatsache stellen, daß für die Künstler ihre eigene Arbeit »Friedens-Arbeit« ist. (Vgl. die Fußnote auf S. 140, die sich auf das Energiepotential Kunst und die Verwirklichung von Frieden bezieht.) »Environment for Peace« nannte der Israeli Karavan seine später erwähnten Installationen in Florenz (und Prato) im Jahr 1978. Denselben Titel, dieselbe Überzeugung hatte er seiner Gestaltung des israelischen Pavillons auf der Biennale Venedig 1976 zugrunde gelegt.

Unübersehbar ist heute die Vielzahl von Laser-Einsätzen auf der Bühne und im Theater. Das betrifft klassische Repertoire-Stücke wie eigens für den Laser geschriebene. Das Nationaltheater München war eine der ersten großen Häuser, die sich einen Bühnenlaser zulegten. Der Komponist Walter Haupt, der 1969 die dortige Experimentierbühne gegründet hat, führte 1972 sein Stück »Laser« (Choreographie: Dieter Gackstetter) auf. Auch bei anderen Licht-Klang-Kompositionen wie »Sensus« machte er von Lasern Gebrauch.

Ebenfalls in München, angeregt durch die »Experiments in Art and Technology«, führten Ulrike und Dieter Trüstedt erstmalig 1970 im Mechanischen Theater ihre Laser-Oszillogramme vor. Weitere Aufführungen und Laser-Demonstrationen folgten seither. Eberhard Schoener, der 1969 das Elektronische Studio in den Münchener Bavaria-Studios aufgebaut und künstlerisch geleitet hatte, setzte dann in seinen Life-Konzerten, in denen er klassische und aktuelle Instrumente und Instrumentalgruppen vereinte, Lasergestaltung unter anderem durch die kalifornische Gruppe »Laserium« ein. »Laser in Concert« war der Titel einer Deutschland-Tournee; auch bei »Sky Music – Mountain Music«, 1984 erstmalig im Tegernseer Tal aufgeführt, spielte Laser eine wichtige Rolle. Die Strahlen zeigten den Weg visueller Entsprechung von großen Raumzonen, durch die die Musik im Freien klang. Neben dem Licht der Fackeln, dem Schweben und Gleiten der Drachenflieger, die vom Wallberg in das klingende Tal glitten, wies Laser den Weg zu immateriellen Musik-Bildern.

Eine visuelle Entsprechung der Musik, verteilt auf die Medien Film, Laser, Licht, Feuerwerk und andere, sucht der Amerikaner Ron Hays seit vielen Jahren. Er selbst fühlt sich dem Experimentalfilmer Oskar Fischinger (1900–1967) verwandt. In seinem »Star Wars Concert« vereinigte Hays Breitwandprojektionen von abstrakten Musik-Bildern, die alle computererzeugt sind, mit einem Laserspektakel. Er führte dieses Konzert unter anderem 1978 im Olympiastadion von

Montreal vor 65000 Zuschauern/Zuhörern aus. Sein Traum ist eine Licht-Oper, in einem großen Theater oder Bayreuth aufgeführt.

So etwas gelingt nur, wenn sich Auftraggeber finden, wenn die Arbeit nach wirtschaftlichen Gesichtspunkten organisiert ist. Hays selbst betont diesen ökonomischen Zwang. Zu der Professionalisierung des Künstlerberufes, über die ich mich im letzten Kapitel des Buches noch äußern werde, kommt hier hinzu, daß die Anmietung von elektronischen Studios, Geräten und Mitwirkenden einen Standard erreicht, der nur von der Unterhaltungselektronik finanziert werden kann. Es gibt Künstler, die die hochdotierten Auftragsarbeiten aus der Unterhaltungselektronik dazu benutzen, für ihren »Freiraum« Geld (sprich: Zeit, Geräte, Mitarbeiter) zu haben. Daß dies eine schwierige Gratwanderung ist, weiß jeder, der die Branche kennt.

Andere Künstler verweigern sich ganz der Unterhaltungselektronik und bleiben bei beschränktem, engem Etat im quasi experimentellen Bereich. Auch das ist einfacher gesagt als getan. Denn viele Experimente sind eben im elektronischen Bereich nur über die sündhaft teuren Apparate machbar. Das ist ein gangbarer Weg, wenn der Künstler dazu etwa über eine Universität Zugang hat.

Jedenfalls geht der Amerikaner Paul Earls diesen Weg. Als Komponist und Medienkünstler interessiert er sich seit dem Ende der sechziger Jahre für die Beziehungen von Licht zu Musik. »Lightmusic, Analogue« (1969) und »Show and Tell« (1970) waren elektronische Kompositionen für die Lichtskulpturen von Ted Kraynik. Kurz danach beginnt Earls Laser-Systeme in seine Vorführungen einzubeziehen. Er kommt mehr und mehr zu Projektionen, zweidimensionalen Linienmustern, die dadurch entstehen, daß ein Laserstrahl auf zwei rotierende Spiegel geleitet wird. Lage und Geschwindigkeit können dabei durch elektrische Signale kontrolliert werden.

Wenn das Laserlicht zwischen zwei oder mehr Punkten schnell bewegt wird, sieht das Auge eine kontinuierliche Linie. Ein Mikroprozessor wird benutzt, um die Bewegungen der Spiegel zu kontrollieren. So können realistische wie abstrakte Bilder mit dem Laserstrahl erzeugt werden. Der Mikroprozessor dekodiert ein vorher aufgestelltes Programm. Über das sogenannte »On-Line processing« (On-Line bedeutet, ein Teilsystem in Verbindung mit einer Computer-Zentraleinheit zu beschreiben) läßt sich das Programm auch vor Ort verändern.

Um einmal ein Laserwerk konkreter zu beschreiben, wähle ich Paul

Earls »Laser Chamber« aus, das er zu der Ausstellung »5 Künstler/5 Technologien« im Grand Rapids Art Museum 1979 beitrug. Die Arbeit enthält Musik vom Tonband (elektronisch und instrumental), die sich entsprechend mehrfarbigen Projektionen von computererzeugten Laserbildern ändert. Die Bildprojektionen begleiten eine virtuelle perspektivische Veränderung des Raumes. Indem der Laserstrahl in Lichtpunkte aufgeteilt wird, scheinen die unteren Frequenzen (rot) im Raum näher an dem Zuhörer/Zuschauer zu fließen als die höheren Frequenzen (blau). Die Ecken des Raumes spiegeln diese paradoxe Situation am einleuchtendsten. Die Laserzeichnungen selbst basieren auf Zeichnungen von Otto Piene, mit dem Paul Earls häufig zusammengearbeitet hat. (Beide gehören zu den ersten Fellows am Center for Advanced Visual Studies, dessen Leitung Piene 1974 übernahm.) Die Laserzeichnungen bewegen sich über die Decke und die Wände des Vorführraumes, wobei die Musik die Form und Größe bestimmt.

Earls hat auch Laser für den Außenraum geschaffen, so für die Gemeinschaftsarbeit des genannten Centers »Centerbeam« zur documenta 6 in Kassel oder für Sky Oper »Ikarus«, zu der Otto Piene (der die »Ausstattung« zu der Musik von Paul Earls schuf) schrieb: »›Ikarus‹ zeigt die Entsprechung von Innen- und Außendimensionen. Die Sky Oper mit fliegendem Ikarus und fliegendem Dädalus kann eine Produktion begrenzter Größe, ebenfalls im Außenraum, werden, wenn Abschnitte durch Video substituiert werden – und kann eine ›Laser Oper‹ im Innenraum werden, mit Laserprojektionen, die Himmel und Raum suggerieren. Technologie übernimmt die Rolle des Maklers, wenn es heißt, Intensität gegen Raumtiefe und schnelle Wechsel gegen kauernde Realität auszuhandeln.« (13)

»Ikarus« wurde im September 1978 am Mall in Washington D.C. uraufgeführt, immer wieder erweitert, und verändert in Wien zur Biennale für Visuelle Kunst und Graphik 1979, später zur ars electronica Linz 1982 und zur Internationalen Gartenbauausstellung München 1983 aufgeführt. »Ikarus, den wir gern anbeten, ist der geniale ›Jüngling ohne Eigenschaften‹ – wir kennen nur seinen Namen; Dädalus, den wir gern verachten, hat das Problem, immer alle Probleme zu lösen – ein zwanghafter Technokrat mit patriarchalischem Sentiment. Sie treiben sich gegenseitig an in einem idealistischen Wertbereich. Ihre Menschlichkeit wird nur durch die vermittelnde, passionierte Pasiphae kommuniziert.« (14)

In Gestalt von Laserprojektionen, aufblasbaren Skulpturen, Videogroßprojektionen und anderem trifft aktuelle Technologie in dieser Oper auf Elemente des griechischen Mythos. Die Schlüsselbilder der Geschichte, Stier, Sonne, Flügel, Maschinen, werden durch diese Technologien neu eingeführt, und dies direkt, nicht über literarische Umwege.

Während also auf der einen Seite das Interesse am künstlerischen Einsatz von Laserlicht von Musikern oder im Zusammenhang von Musikern und bildenden Künstlern seit der letzten Hälfte der sechziger Jahre entwickelt wurde, traten Licht- beziehungsweise kinetische Künstler aus ihren Erfahrungen mit Licht-Räumen um die gleiche Zeit in den Kreis der Laseranhänger. Dazu kamen, als eine dritte Gruppe, Designer oder/und Umweltkünstler, die sich für den weiten, offenen, öffentlichen Raum der Stadt und Landschaft begeisterten, ihn mit immateriellen Laserzeichnungen strukturieren konnten.

Der Franzose Joel Stein hatte zwischen 1956 und 1961 an »programmierten« Bildern gearbeitet, wobei hier nicht computergesteuerte Programme gemeint sind, das »Programm« war vielmehr mathematisch-struktureller Art ohne Maschinengebrauch. Farbe und Licht standen danach im Mittelpunkt seiner Gestaltung. 1968 beginnt er mit einem Helium-Neon-Laser seine Licht- und Reflexionsskulpturen zu bereichern. Dabei handelt es sich um das, was man Handlaser nennt, die auf verschiedene Reflexionseinrichtungen fallen, aufgebrochen und teilweise nochmals an reflektierenden Spiegel- oder Metalloberflächen zerlegt werden. Für ein Ballett von Michel Descombey in der Opera Comique in Paris, 1970, gestaltete Stein den Laser-Dekor und wandte sich später auch dem Gebrauch von Laser in der urbanen Umwelt zu.

Generell kann man sagen, daß das Interesse an der künstlerischen Arbeit mit Laser in den sechziger Jahren in den USA und in Frankreich am weitesten entwickelt war. Carl Fredrik Reutersward plante bereits ab 1962 Werke, die den Laser einbeziehen. In einer Faust-Aufführung in Stockholm setzte er 1968 Laser ein, und im gleichen Jahr gestaltete er die »Swedenborg-Träume« mit Laser-Video-Bildern. Im Dezember 1969 fand im Cincinnati Art Museum die erste ausschließliche Laser-Ausstellung unter dem Titel »Laser-Licht: Eine neue visuelle Kunst« statt. Die Amerikaner Mike Campbell, Barron Krody und Rockne Krebs konstruierten Räume, in denen Laserstrahlen auf Spiegelwände trafen.

Für die Ausstellungszone »Neue Kunst« im amerikanischen Pavillon auf der schon erwähnten Expo in Osaka erarbeitete Krebs einen Laser-Raum mit zwei Helium-Neon-Lasern und einem Argon-Laser. Dieser Beitrag war Teil des von Maurice Tuchman geleiteten Programmes »Kunst und Technologie«, das sich über die Jahre 1967 bis 1971 erstreckte. In dem umfangreichen Katalog-Buch ist auch das Projekt von Rockne Krebs in allen Ablaufphasen geschildert. (15)

Krebs erweiterte in den siebziger Jahren den Aktionsraum beträchtlich, indem er in mehreren Städten wie Buffalo (1971), New Orleans (1972) und Philadelphia (1973, Abb. 13) Laserzeichnungen in den nächtlichen Himmel warf. Der Laser ist für ihn ein Werkzeug und Instrument, das in neue Dimensionen hineinführte. Der Laser öffnet ihm einen Spielraum zu großen Arbeiten, die die Räume der Galerie und des Museums weit hinter sich lassen.

Ende der sechziger Jahre legte Friedrich St. Florian die Grundlagen für seine imaginäre Architektur. Der in Graz 1932 geborene Architekt, der heute die Abteilung für Architektur der Rhode Island School of Design in Providence leitet, verstand darunter eine nichtkörperliche »Bauweise«, zu der gerade Medien wie Laser und Holographie Wesentliches beitragen würden (Abb. 12). Raum ist für ihn nicht mehr zu bestimmen als rein körperhafter Fakt. Das Reale und das Imaginäre sind heute unter dem Begriff Raum vereint. 1970 stellte Friedrich St. Florian den Vorschlag für ein imaginäres Architekturmuseum vor.

Der Gedanke, daß sich Kunst wie Architektur zum Immateriellen entwickeln, war im übrigen ja eine Grundüberzeugung bei Yves Klein gewesen.* Werner Ruhnau und er hatten 1958/59 ein Manifest zur allgemeinen Entwicklung der heutigen Kunst zur Immaterialisierung« geschrieben, in dem es hieß: »Im wesentlichen geht es um das geistige Prinzip vom Gebrauch neuer Materialien zur Erreichung von dynamischen und immateriellen Architekturen. Luft, Gase, Feuer, Wasser und wieder Luft sind solche Materialien.« (16) Durch die Möglichkeiten des Lasers wie der Holographie sind die immateriellen Kunst- und Architekturformen bereichert worden.

Das zeigt auch die Arbeit von Horst H. Baumann, der sich, von der

* Über ein Vierteljahrhundert später wurde der Gedanke des Immateriellen einer Ausstellung im Pariser Centre Georges Pompidou zugrunde gelegt. »Les Immatériaux« (1985) bezieht sich nunmehr darauf, daß die neuen Technologien für geistige Operationen einspringen und nicht mehr für physische, wie bislang. Die Vermittlung durch die Filter der Digitalisierung, der Gedächtnis von Computer und Datenbank wird so wesentlich, daß man nicht mehr zwischen real und nichtreal unterscheiden kann. (Vgl. S. 28 f.)

visuellen Kommunikation, vom Design und von der Fotografie kommend, seit Anfang der siebziger Jahre mit Laser-Projekten intensiv beschäftigte. Nachdem er ab 1971 mit dem Schweizer A. Furer und dessen Varilaser Kontakt aufnahm, konnte er verschiedene Projekte wie für die IGA Hamburg 1972 vorschlagen. 1976 präsentierte er in Düsseldorf eine mit Argon-Laser gezogene Figur »N« (für Nachbarschaft) über dem Rhein. Zur documenta 6 verspannte er 1977 das Fridericianum, die Orangerie und die Wilhelmshöhe mittels Argon- und Krypton-Laser. Die Stadt Kassel hat dieses Laserenvironment später angekauft und im Januar 1979 eingeweiht. An Kosten, um davon einmal zu reden, fielen DM 120000 für die Laser, DM 100000 für Steuerung, Kühlung, Versorgung und DM 30000 für Sonderentwicklungen an. Über eine Steuerung kann die Laseranlage als Zeitzeichen für die Stadt benutzt werden. Baumann gestaltete, als riesige Digitaluhr, auch die Licht-Zeit-Anlage des Düsseldorfer Fernmeldeturmes.

Er hat seither in in- und ausländischen Städten größere und kleinere Laser-Veranstaltungen durchgeführt, wofür er das von ihm entworfene Lascan-System benutzt. Dies enthält alle Versorgungseinrichtungen in einem Container, so die auf eine optische Bank montierten Argon- und Krypton-Laser von 25 beziehungsweise 7 Watt. Scanner, die über Kleincomputer gesteuert werden, erlauben die Projektion bewegter Bilder, Texte und Symbole über weite Entfernungen und in großer Auffächerung. Baumann hat mit Nam June Paik auch Laser-Video-Vorführungen unter anderem in Düsseldorf, Linz und New York gemacht.

Zur Ausstellung »Electra« im Pariser Musée d'Art Moderne de la Ville de Paris schuf der israelische, seit langem in Paris lebende Künstler Dani Karavan seine bislang umfangreichste Laser-Installation. Zwischen dem erhöht über der Seine in der Avenue du Président Wilson gelegenen Museum, dem Eiffelturm auf der anderen Seine-Seite und dem neuen Viertel La Défense wurde eine Zeichnung aus einem grünen Argonlaser gezogen. Sie sollte die Verbindung symbolisieren, die aktuelle mit historischer Technologie eingehen kann.

Bereits seine frühen Skulpturengruppen wie das Negev Monument bei Beer Sheba, das er zwischen 1963 und 1968 ausführte, arbeiteten mit der Gestaltung von Licht. Das geschah häufig durch das Offenlassen langgezogener Lichtschächte zwischen zwei aneinanderstoßenden Wänden oder die Durchschneidung von Pyramiden-, Kugel- und Blockformen. Karavans Kunst ist überdies immer ortsbezogen angelegt, korrespondiert mit vorhandenen Gebäuden, Topographien, Bedeutungen.

So war es auch, als er erstmalig 1978 einen Laserstrahl in seinem Florentiner »Environment for Peace« einsetzte. Der führte vom höher gelegenen Fort Belvedere – dem berühmten Werk des Bernardo Buontalenti, das dieser von 1590 bis 1595 für die Medici als Befestigungsanlage baute – zur Domkuppel von Filippo Brunelleschi. Karavan ist eine Ausnahme unter den mit Laser arbeitenden Künstlern insofern, als die nachhaltige Betonung der (Licht-)Linie in seiner bildhauerischen Gestaltung angelegt ist beziehungsweise dort ihre eigentliche Ausprägung erhalten hat.

Aus Anlaß seines Beitrages zur documenta 6 in Kassel, der eine begehbare Betonskulptur zum zentralen Inhalt hatte, beschrieb der israelische Kunstkritiker Amnon Barzel die Konzeption der Karavanschen Lichtlinie folgendermaßen: »Am Rand des Environments – der Eintrittsstelle des Wassers gegenüber – steht eine Wand mit einer schmalen Öffnung. Durch sie dringt Sonnenlicht, das eine deutliche, sich mit der Sonne bewegende Linie auf den ganzen Platz wirft: auf die grüne Ebene, als wäre es der Stabschatten einer Sonnenuhr; auf die Oberfläche der weißen Betonstufen, als wäre es eine vielfach gebrochene geometrische Zeichnung; auf die ganze Umgebung schließlich, bei Sonnenuntergang, als wäre es ein Horizont aus Licht. Die Bewegung dieser andauernd wandernden Lichtlinie wird an Ort und Stelle täglich festgehalten werden. Und damit wird die Sonne selbst eine Zeichnung zu Dani Karavans Kasseler Environment beitragen.« (17)

1980 wurde Karavan mit einer künstlerisch-urbanistischen Gestaltung betraut, die in dieser Größenordnung selten ist. Es handelt sich um die zentrale Achse von Cergy-Pontoise, einer am Rande von Paris gelegenen Stadt. Die Gesamtlänge beträgt drei Kilometer. Der urbanistische Auftrag besteht unter anderem darin, diese neue Achse in Bezug zu setzen zu der klassischen und jetzt erweiterten: Tuilerien – L'Etoile – La Défense. Dann soll die Achse die Wohnviertel von Cergy-Pontoise mit den Freizeitanlagen, einem terrassierten Garten, einem Amphitheater und einem Park zusammenfassen. Die Gestaltung durch Karavan ist hier ins tägliche Leben einbezogen und nicht einem bevorzugten Ort (wie zuvor in Florenz, Jerusalem, Köln etc.) angepaßt. Als Bezugspunkte benutzt der Bildhauer Elemente der Astronomie: Meßinstrumente, Beobachtungsturm, Sonnenuhren. Und bei Nacht ist die Achse von einem Laserstrahl betont.

Übrigens gab es Anfang der siebziger Jahre bereits einmal ein von

Carl Fredrik Reuterswärd konzipiertes Projekt für eine permanente Achse zwischen dem Louvre und La Défense in Form eines roten, äußerst intensiven Laserstrahles (von einem Meter Durchmesser). Reutewärd, auf dessen holographische Werke ich noch zu sprechen komme, hatte dazu auch monumentale Hologramme vorgeschlagen. Allerdings blieben beide Projekte für La Défense unausgeführt.

4. Holographie – Die dreidimensionale Illusion

Über Holographie heute zu sprechen, heißt auch, über das *Phänomen* selbst zu sprechen. Und dieses junge Medium hat sich tatsächlich, nach einigen Anlaufschwierigkeiten in den Jahren unmittelbar nach der Begründung durch den Physiker Dennis Gabor (1900–1979), als ein Phänomen in mancher Hinsicht entwickelt. Wie die Konzerte aus Klassik und Rock ziehen Holographie-Ausstellungen ein ganz heterogenes Publikum an. Das allerdings zu Zehntausenden in die *dreidimensionale Illusion* eintaucht.

Das gilt für die großen Holographie-Wanderausstellungen, auf die ich mit ein paar Worten eingehen will, wie für die speziellen Museen, in denen das Medium sich mit seinen vielfältigen Aspekten präsentiert. Nachdem bereits 1968 in Ann Arbor, Michigan, eine erste Holographie-Galerie eröffnet wurde, wiesen Ausstellungen in der Cranbrook Academy of Art in Michigan sowie dem Finch College Museum in New York das amerikanische Publikum am Ende der sechziger und zu Beginn der siebziger Jahre auf die künstlerischen Gestaltungsmöglichkeiten hin.

1976 wagte Rosemary Jackson, die im Jahr zuvor mit Joseph R. Burns eine eigene Ausstellung organisiert hatte, in New York den Schritt zum Museum. Für die künstlerische Entwicklung der neuen Gestaltungsform war es wichtig, daß dort auch »artist-in-residence«-Programme durchgeführt wurden, denn so konnten interessierte Künstlerinnen und Künstler sich Erfahrungen mit der Labortechnik sowie Austauschmöglichkeiten untereinander verschaffen. Verglichen mit den angewandten und kommerziellen Bereichen fehlte es von Beginn an der künstlerischen Holographie an Produktionsstätten. Das New Yorker Museum für Holographie öffnete hier zumindest einen Freiraum. Neben den zahlenden Besuchern (1983: rund 62000) sorgen vor allem Stiftungsgelder wie beispielsweise durch die Rockefeller Foundation für das finanzielle Rückgrat des Museums.

Eine erste große europäische Holographie-Ausstellung richtete die Holographie-Produktionsfirma »Holoco« unter ihrem technischen Leiter Nick Phillips 1977 in der Londoner Royal Academy of Art ein. Sie erhielt den Titel »Light Fantastic« und war ein solcher Publikumserfolg, daß sie im folgenden Jahr vergrößert wiederholt wurde. Das *Phänomen* Holographie zeigte sich bei diesen beiden Ausstellungen zum erstenmal deutlich als Erfolgs-Phänomen: Lockte die erste Ausstellung in rund drei Wochen 98000 Besucher, so kamen zur zweiten, etwa zwei Monate dauernden Übersicht fast 260000 Besucher.

Was dieses Phänomen ausmacht, soll uns später beschäftigen, hier mögen Hinweise auf die Daten der jungen Geschichte des Mediums Holographie für sich sprechen. So seien der Vollständigkeit halber noch zwei weitere englische Ausstellungen erwähnt, deren eine, 1980, den schönen, assoziativen Titel trug »Light Years Ahead« und nunmehr den internationalen Standard mit Hologrammen aus den USA, Australien, Frankreich, der UdSSR oder Schweden aufwies. Die Schau in der Londoner Photographers' Gallery lockte wiederum in kurzer Zeit 60000 Menschen an. Noch wirksamer erwies sich die 1983 folgende, in Bath und London fast ein Jahr lang laufende Ausstellung »Light Dimensions«, die mehr als eine Viertelmillion Besucher anzog.

Solche Zuschauerzahlen sind sonst nur von historisierenden, wagnislosen Ausstellungen zu melden, mit denen die Häuser gefüllt werden, das Programm des lebendigen Museums als eines Labors neuer Techniken und Ideen jedoch nicht ausgewiesen wird. Anders bei der Holographie, deren Erfolg bei einem heterogenen Publikum, das aus den unterschiedlichsten Schichten zusammengesetzt ist, doch wohl zeigt, daß es möglich sein kann, Kunst und Technologie so vorzuführen, daß die Problematik auch »herüberkommt«. Auf mangelndes Publikums-Interesse können also lethargische Museumsleiter nicht ausweichen, wenn sie solchen Fragen in ihren Häusern nicht nachgehen.

Das bewahrheitete sich, als Anne Marie Christakis 1980 im Pariser Forum des Halles, unweit vom Centre Pompidou, ein weiteres Holographie-Museum aufmachte und Mathias Lauk in Pulheim bei Köln sein eigenes Museum etablierte, das heute auf etwa 300 m^2 über 500 Hologramme beherbergt. Ab 1983 ging Lauk mit Teilen seiner Sammlung auch auf Wanderschaft, konkret: Er stellte umfassende Übersichten der verschiedenen Anwendungsbereiche von Holographie für das Sprengelmuseum Hannover, das Deutsche Museum in

München und das Stadtmuseum in Linz zusammen. Die bislang wichtigste und ambitionierteste Schau organisierten Walter Claßen und Katharina Voss zur Eröffnung des Deutschen Filmmuseums in Frankfurt am Main 1984. Der nahezu 400 Seiten starke Katalog ist mit seinen Abbildungen und Textsammlungen eine Fundgrube zu den technischen, technologischen, künstlerischen, philosophischen Aspekten des neuen Mediums.

Ich will nunmehr auf die verschiedenen Techniken eingehen, mit denen die Künstler-Holographen ihre Arbeiten ausführen. Für den Ausstellungsbesucher ist es eine Fülle von Informationen, die auf ihn einströmt, die zu überblicken aber hilfreich und sinnvoll ist. Zuvor ein paar Worte zum gegenwärtigen Stand der Holographie innerhalb der rasanten Technologie-Entwicklung.

Der amerikanische Holograph Sam Moree, der mit Dan Schweitzer die New Yorker Holographic Laboratories leitet, nannte die Holographie »ein Datenspeichersystem, in das man alles hineinpacken kann. In diesem Sinne ist sie eine Reflektion des gesamten Universums.« (18) Dieses Datenspeichersystem verspricht die heute dominierenden anderen, weitgehend digitalen Speicher zu übertreffen. Voraussetzung dafür wäre intensivere Forschung und natürlich, wie könnte es anders sein, eine andere Budgetierung.

Durch holographische Verfahren kann man optische Speicher gestalten, die dem Mikrofilm, der Diskette und anderen weit überlegen sind. »Andere spektakuläre Resultate dürfen von den sogenannten ›Holographic Optical Elements‹ (HOE) erwartet werden. Da Hologramme nicht nur eine Speicherfähigkeit, sondern auch eine Abbildungseigenschaft besitzen, lassen sich in Zukunft aufwendige Optiken jeder Art durch Hologramme mit entsprechenden Abbildungseigenschaften ersetzen. Mit Hilfe der computergenerierten Hologramme lassen sich sogar optische Bauelemente mit neuartigen Strahlengängen herstellen, die von keinem glasoptischen Bauelement realisiert werden können.« (19)

Das heißt, daß die Einsatzmöglichkeiten der Holographie noch überhaupt nicht ausgeschöpft sind. Wer sich auch hier dagegen sperrt beziehungsweise nur die negativen Auswirkungen an die ominöse Wand gezeichnet sieht, sollte sich vor Augen halten, was eine dreidimensionale Aufzeichnungs- und Wiedergabetechnologie allein in der Medizin bewirken kann. Man kann davon ausgehen, daß unsere flächigen Röntgenaufnahmen armselige Atlanten zur Analyse von

Körperschäden abgeben, verglichen mit den Möglichkeiten einer dreidimensionalen Betrachtung, wobei überdies die Impulsholographie mittels Rubinlaser auch Bewegungsobjekte aufgreifen kann.

Überblickt man nun, wie angekündigt, die verschiedenen Typen der heute verwendeten Hologramme, so lassen sich je nach Speicherungs-, Farb-, Auflösungsvermögen, je nach Belichtungsart, vier Grundtypen unterscheiden. Ich folge dabei der Unterscheidungscharakteristik, die Stephen A. Benton aufstellte. Benton unterrichtete nach seinem Studium von 1968–73 angewandte Physik an der Harvard Universität. Heute ist er Leiter des Forschungslabors Holographie bei der Polaroid Corporation in Cambridge, Massachusetts.

Erkennbar an seiner brillanten Tiefe, hohen Auflösung und Einfarbigkeit ist das *Laser-Transmissions-Hologramm*, das es seit 1964 gibt. Es kann als Film oder Glasplatte im Format bis zu 150 × 180 cm hergestellt werden, benötigt bei der Vorführung eine Laser- oder Quecksilberdampfdrucklampe und einen abgedunkelten Raum. Diese etwas komplizierte Vorführtechnik hat dazu geführt, daß dieser Hologramm-Typ in den letzten Jahren zurückgedrängt wurde.

1968 erfand Benton das *Weißlicht-Transmissions-Hologramm*, auch *Regenbogen-Hologramm* genannt. Es wird, frei im Raum aufgestellt oder aufgehängt, von hinten mit einem Spot, einer Weißlicht-Punktquelle oder auch von der Sonne beleuchtet. Viele Künstler haben mit dem Spektralfarben-Bild gearbeitet, die üblichen Formate sind dabei 50 × 60 cm oder 40 × 30 cm. Diese Art Hologramm kann auch im Prägedruck vervielfältigt werden.

Das *holographische Stereogramm*, 1973 durch Lloyd Cross entwickelt, ist üblicherweise 30 cm hoch und in einer 40 cm breiten Glastrommel angebracht. Sie dreht sich über einer 100-Watt-Glühbirne. Zur Herstellung wird die normale Filmtechnik zugrunde gelegt. Jede der feinen senkrechten Linien ist eine holographische Aufzeichnung eines einzelnen Filmbildes, insgesamt können es bis zu und über tausend Einzelbilder sein. Die Technik der auch Multiplex- oder Integralhologramme genannten Arbeiten ist recht beliebt, da Bewegungen auf einfache Art wiedergegeben werden können und die Kontaktkopien relativ billig sind.

Das *Reflexions-Hologramm* wurde 1961 durch Yuri N. Denisyuk in der Sowjetunion entwickelt. Es reflektiert bei Bestrahlung von vorn mit einer Weißlicht-Punktquelle, hat nur eine begrenzte Tiefenwirkung und erscheint nicht so hell wie der Transmissions-Typ. Ab 1977 wurde die Technik durch den erwähnten Nick Phillips und sein Team von der britischen Loughborough Universität weiterentwickelt.

Dies alles sind zunächst einmal Fakten, mit denen man sich jedoch vertraut machen sollte, um in das Wesen der Holographie einzudringen. Mit der »Philosophie«, besser: den Bedeutungs- und Deutungsansätzen des neuen Mediums und seiner künstlerischen Handhabung werde ich mich noch beschäftigen. Zunächst ist noch ein Blick erforderlich auf das »Was da ist«. Das betrifft eine Systematik der holographischen Realisation nach ihrer Erscheinungsart, nach ihrem Darstellungsinhalt und ihrer räumlichen Disponierung.

Bodo Dorra, der sich seit Jahren intensiv mit Geschichte, Theorie, Systematik der internationalen Holographie auseinandersetzt, hat vorgeschlagen, vier Kategorien zu unterscheiden, nämlich erstens die realistische, zweitens die abstrakte und drittens die realistisch-abstrakte Visualisierung, wozu viertens das Gebiet der Hologramm-Montagen und -Collagen tritt. (20) Dieser Unterscheidungskatalog folgt Kriterien aus der jüngeren Kunstgeschichte und ist hilfreich, ein erstes Rasterfeld zu formen, um sich der künstlerischen Holographie zu nähern. Ich gehe davon aus, daß man in absehbarer Zeit zu viel differenzierteren Unterscheidungen kommen wird, wie es H. M. Mielke, der in München eine Holographie-Galerie führt, aus Anlaß der Bonner Ausstellung »Kunst und Technologie« (1984) formulierte:

»Die netten kleinen Spielzeugautos auf den Hologrammen trugen nichts dazu bei, Holographie auch als Kunst erscheinen zu lassen. Eine nachhaltige, schlechte Hypothek. Für die Bildwelt kam nicht viel heraus in dieser Anfangszeit der Holographie. Nicht nur, daß man mit der Dreidimensionalität nichts anzufangen wußte, die technischen Schwierigkeiten taten ihr übriges.

Wenn man sich vergleichend vor Augen hält, wie lange es gedauert hat, bis die moderne Physik – vornehmlich Einsteins Gedankengut – breitbandig in den Naturwissenschaften verstanden und benutzt worden ist, warum sollte es den bildenden Künsten mit der Holographie schneller gelingen? Der große Umfang neuer, künstlerischer Möglichkeiten durch die Holographie wirft mehr Fragen auf, dabei geht es nicht nur um die Dreidimensionalität, sondern auch um die Frage, daß sich Arbeiten plötzlich disziplinär nicht mehr begrenzen lassen. Ein Hologramm ist zu vielem geeignet, als Bild, Umwelt-Objekt, Kinetik und als Skulptur. Die Grenzen und die optischen Aussagen sind fließend geworden. Neue Stilrichtungen in der Kunst werden mit diesem Medium sicherlich ganz andersartige Erscheinungsformen finden als bisher. Dies zur Zeit schon erkennen zu wollen, ist noch zu früh, man hat ja erst angefangen.« (21)

Realitäten haben Sitzfleisch, prägen sich ein und aus, korrespondieren mit dem, was wir sehen, gesehen haben, sehen werden. Realitäten sind die Trägerkonstanten unserer Erfahrung. Was Wunder, daß sie auch in der Holographie erfolgreich und beliebt wurden, nachdem ab 1960 die Entwicklung des Laserstrahles zu neuen Resultaten führte, die damals vor allem von Emmett Leith und Juris Upatnieks von der Universität Michigan in die Wege geleitet wurden. In der Technik sowieso, aber auch in der Werbung und allen anderen angewandten Bereichen triumphierte der Realismus beziehungsweise der holographierte Hyperrealismus. Und er wird weiter triumphieren, auch wenn die Erstaunlichkeiten (und das dreidimensionale Gruselkabinett) gewöhnlich geworden sein werden.

Wie erfolgreich auch immer das holographische Kino und Fernsehen in der Zukunft sein werden: Sollten sie tatsächlich einen Durchbruch erleben – worüber die Meinungen auseinandergehen –, dann werden auch sie die Realität anpeilen, werden die Körperhaftigkeit der uns umgebenden Dingwelt voll ausspielen. Künstlerisch interessant ist offensichtlich der Weg, holographischen Illusionsraum und realen Raum in einer Art skulpturaler Synthese zu vereinen. Diesen Weg geht etwa die deutsche Holographin Brigitte Burgmer, wenn sie in eine sockelähnliche Skulptur das Reflexionshologramm eines menschlichen Gesichtes einbaut und daraus wieder einen in den Raum hinausragenden Neonlichtstab hervorkommen läßt (Abb. 21).

Die Holographie bietet sich an, den Sprung von der Realität zur Surrealität zu tun. Es war nicht verwunderlich, daß sich Salvador Dalí frühzeitig für dieses Medium interessierte. Margaret Benyon, eine britische Holographin in der ersten Stunde, hat solche Weiterentwicklungen von Realitäten zum Thema ihrer Arbeit gemacht. In der »Conjugal Series« etwa arbeitet sie mit der symbolträchtigen Faltung, Reihung, kurz: Sprache der Hände. Neben dem eigentlichen holographischen Bewegungsablauf soll die Welt des Gefühls sichtbar werden, oder in ihren Worten: »Geben und nehmen, arbeiten und spielen, männlich und weiblich, gemeinsam und getrennt, hell und dunkel können durch das Medium Holographie zu einem Einklang kommen, weil das Medium selbst ein Modell für unteilbare Ganzheit ist.« (22)

Die *abstrakten* Visualisierungen, die dem Besucher von Holographie-Ausstellungen heute auffallen, greifen auf den Kanon konkreter und abstrakter Malerei zurück, erweitern ihn aber auf die dem Hologramm eigene Art. Zu den Künstlern, die das Licht als solches und die vielfache Auffächerung in die Spektralfarben interessiert, zählt Rudie Berkhout, der 1975 in New York Holographie zu studieren begann und ab 1979 ein eigenes Labor unterhält, wo er neue Methoden der Transmissionstechniken entwickelt. Manche seiner Hologramme beziehen eine Art kosmischen Raum ein. Kugelförmige Planeten tauchen auf, Spiralen, die sich in Spiralnebel und wieder zurück verwandeln, Farberscheinungen, die an Bariumwolken erinnern, tauchen an einem imaginären Horizont auf.

Holographie, das ist die Aussage seiner Kunst, kann uns lehren, das echte Superhologramm, in dem wir leben, besser zu begreifen. Die Holographie ist für ihn ein intimes, delikates Medium, das in der Abstraktion den uns umgebenden Raum chiffriert. Andere Künstlerinnen und Künstler setzen ihre abstrakten Hologramme darüber hinaus in unmittelbarem Raumbezug ein. Ein Beispiel hierfür ist die Installation von Setsuko Ishii »By the Riverside«. Sie setzt 20 Hologramme in jeweils gleicher Größe von 25 × 25 cm in einen japanischen Miniaturgarten, der aus weißen Kieselsteinen geformt ist. Diese Entwicklung enthält noch kaum absehbare Möglichkeiten, Holographie und Skulptur sowie Umwelt im weiteren Sinne einzubeziehen.

Hologramme wie Skulpturen einzusetzen, das war auch der Weg, den Dieter Jung ging. So plazierte er bei verschiedenen Ausstellungen ab 1983 seine Hologramm-Serie »Into the Rainbow« (Abb. 22) auf weiße, verschieden hohe Sockel, die in einem abgedunkelten Raum schemenhaft erkennbar bleiben, während die Hologramme sich, je nach der Betrachtungsposition in ihrem vertikalen und horizontalen balken- und linienförmigen Gefüge ständig verändern. Jung kommt von der Malerei, bereits in ihr arbeitete er mit Strukturprinzipien wie Oszillation und Interferenzen, die er dann, nach einem Holographiestudium in New York 1977, in die Holographie übertrug. Genauer: Die Holographie ermöglichte es ihm, die malerischen Gestaltungselemente als Farb- und Lichtereignis im Raum abzuspulen.

Eine dritte Kategorie stellen jene Hologramme dar, in denen sich Gegenständliches und Abstraktes verbinden oder Gegenstände abstrahiert werden zu Strahlen, Raumkörpern, Bewegungen des reinen Lichtes im Raum. Dazu zählen auch jene Holographen, denen es gelingt, den Gegenständen völlig neue Farbpaletten zu erfinden. Ein solcher Holograph ist der Kalifornier John Kaufman, der um 1981 einen neuen Hologrammtyp entwickelte, mit dem er pastellartige Farbtöne erreichen kann. Seine Hologramme zeigen neutrale, realistische Objekte, denen er durch intensive Farbgebung eine emotionale Komponente zufügen kann. Die Wahl realistischer Objekte ermöglicht ihm dabei, die grundlegende Illusion der Holographie darzustellen. Das Gefühl von Masse, wo keine ist.

Dan Schweitzer betreibt in Partnerschaft mit Sam Moree in New York die Holographic Laboratories. Er begann in den sechziger Jahren im Theater, arbeitete als Schauspieler, Regisseur und Bühnenbildner, wechselte dann zur Fernsehtechnik und machte 1973 seine ersten Hologramme. Zu Schweitzers eher kommerziellen Arbeiten zählt das Movie Theatre, das technisch gesprochen Integral- und Regenbogen-Hologramme verbindet. Seine Erfahrungen mit Bühnenraum spiegeln sich auch in dem Triptychon »The Gallery«, wobei jedes Panel aus sechs Hologrammen besteht. Holographie stellt für ihn eine neue bewußtseinserweiternde Erfahrung dar.

»Ich glaube«, sagt Dan Schweitzer, »wir machen ähnliche Annäherungen (erg.: wie die alten Alchemisten, d. A.) in unseren Forschungen, in dem Versuch, eine lebendige Form der Realität mit den holographischen Erfahrungen zu kreieren. Die Holographie bestätigt wieder, was viele Physiker und Forscher über die Tatsache meinen, daß wir unsere eigene Realität schaffen.« (23)

Collage- und Montage-Hologramme, die vierte Kategorie in dem hier vorgestellten Unterscheidungssystem, erscheint mir als sehr brauchbar und noch keineswegs ausgeschöpft für jene Künstlerinnen und Künstler, die im Hologramm räumliche Einsatzmöglichkeiten suchen. Carl Fredrik Reuterswärd hat solchen Gebrauch in seinem Environment »Kilroy« gemacht, das er zwischen 1962 und 1972 ausführte und das sich heute in der Sammlung des Centre Pompidou befindet. Neben neun Objekten aus Tuch, Holz, Stein und anderem Material setzt Reuterswärd einen Laserstrahl und zehn Hologramme ein.

Er studierte die Holographie zwischen 1967 und 1968, wobei ihn nicht so sehr die wissenschaftlichen Aspekte faszinierten, sondern die paradoxen menschlichen Analogien. Wie das Gehirn verschiedene Muster von Zeit speichert, so ist dies auch mit der Holographie möglich. Holographische Identität bedeutet für ihn etwa in der Porträt-Holographie: die Sensation, die im Medium steckt, zu vermeiden. Dagegen präzise Themen und Gründe erfinden, seien sie poetischer oder philosophischer Art. Holographischer Raum hat für ihn eigene Zeit und eigene Tiefe, überdies eine tiefe Ruhe, ähnlich wie in einem Aquarium.

Zu den Künstlern, die die Holographie in neuartiger Weise collageartig verwenden, zählt der Amerikaner Douglas E. Tyler. In eine Grundzeichnung aus geometrischen Figuren, die vielfältig ineinander verschachtelt sind, setzt er abstrakte Hologramme ein, die diesem skizzierten Raum entgegenlaufen oder ihm bruchstückweise folgen. Tyler fertigte in den siebziger Jahren zunächst große Außenbilder an Gebäuden. Diese Dimension miniaturisierte er zwar mit den Hologramm-Collagen, es blieb aber ein verwandtes Interesse an der Verschränkung von Kunst und Leben. Bewußt soll ein Dialog zwischen dem Kunstwerk und dem Betrachter aufgebaut werden.

Auch Sam Moree erzielt in seinen Weißlicht-Transmissionshologrammen vielfältige Collage-Wirkungen. Dazu kommt, daß er sie oft wie eine Skulptur einsetzt. Moree kam von der Arbeit mit Video, absolvierte 1974 sein Holographie-Studium in New York, wo er jetzt, wie bereis erwähnt, mit Dan Schweitzer die einflußreichen Holographic Laboratories leitet.

Ich will mich zum Abschluß noch einmal der anfangs gestellten Frage zuwenden: Was macht das *Phänomen* Holographie aus, jenes Phänomen, das sich unter anderem durch ein zunehmendes, intensives Publikums-Interesse darstellt? Da ist sicher zunächst die unbekannte technische Komponente. So einleuchtend, im Wortsinn, das fertige Hologramm ist, so schwer ist für viele, die noch nicht in ein Holographie-Labor geschaut haben, der Entstehungsprozeß verständlich. Der Gedanke, daß sowohl Schall- wie Lichtwellen aufgenommen werden können, trägt zur Klärung auch nicht bei.*

Als zweites trägt zum Phänomen Holographie auch die Unmöglichkeit bei, das Medium klar in bestehende Kategorien wie Fotografie, Druck etc. einzuordnen. Man kann immer leichter sagen, was das Medium nicht ist. Robert Arn hat das auf folgende Kurzformel gebracht: »Eigentlich hat die Holographie weniger mit Fotografie als mit Tonbandaufzeichnungen, dem Entschlüsseln von Geheimschrif-

* Auf die technischen Details der Produktion von Hologrammen bin ich in dem UllsteinKunstBuch »Expansion der Kunst« (1982) eingegangen und darf hier darauf verweisen. Es liegen mittlerweile auch allgemeinverständliche Publikation dazu vor, u. a. hat das Museum für Holographie in Pulheim eine kleine, reichillustrierte Broschüre von Rudie Berkhout als Einführung in die Holographie veröffentlicht. Kurse werden zur Zeit an verschiedenen Stellen angeboten, u. a. durch die Holographie-Galerie von H. M. Mielke in München (Abb. 20).

I. Digitale Kunst

Abb. 1 Manfred Kage, »Chip«. Kleinste Siliziumplättchen mit 10 bis 40 mm² Größe enthalten die für die Mikroelektronik entscheidenden Schaltungen. Bereits 1980 wurde die Schwelle von 100000 Schaltungselementen je integrierter Schaltung überschritten. Im Bild ein Chip von SEL (Standard Electronic Lorenz) in Stuttgart. (Foto: Manfred Kage)

Abb. 2 Diese Aufnahme zeigt im Maßstab 1200:1 den Ausschnitt eines MOS-Schaltkreises im Raster-Elektronenmikroskop. (MOS steht für die Technik der Herstellung und Anwendung von »*m*etal *o*xide *s*emiconductor«-Schaltungen.) (Foto: Manfred Kage)

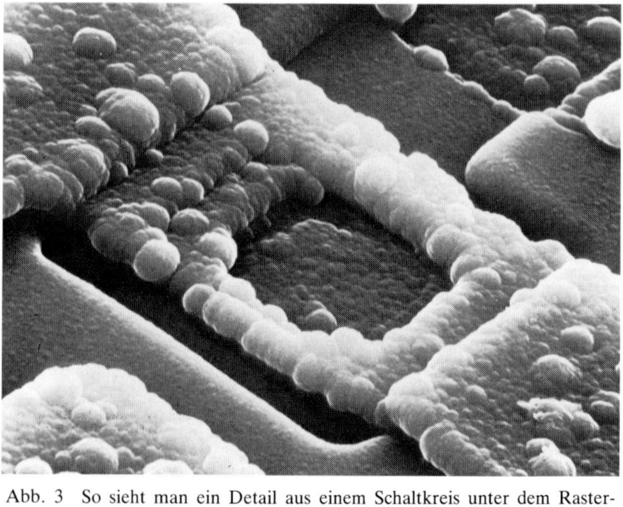

Abb. 3 So sieht man ein Detail aus einem Schaltkreis unter dem Raster-Elektronenmikroskop bei der Vergrößerung von 10000:1. (Foto: Manfred Kage)

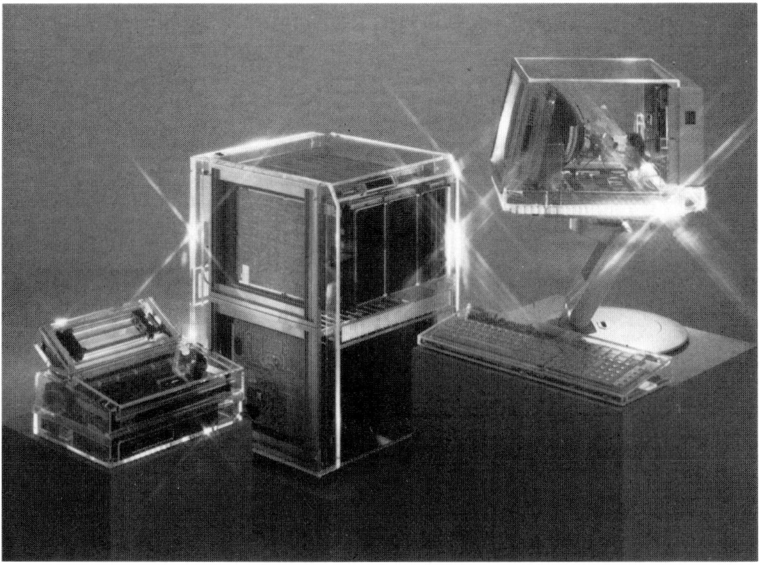

Abb. 4 »Der gläserne Computer« der Nixdorf Computer AG. Er enthält in der Mitte die für eine Büro-Umgebung gestaltete Zentraleinheit, links davon einen Arbeitsplatzdrucker zum Anschluß an den Bildschirm, der rechts oben zu sehen ist; darunter die Eingabe- und Abfragetastatur. (Foto: Nixdorf Computer AG)

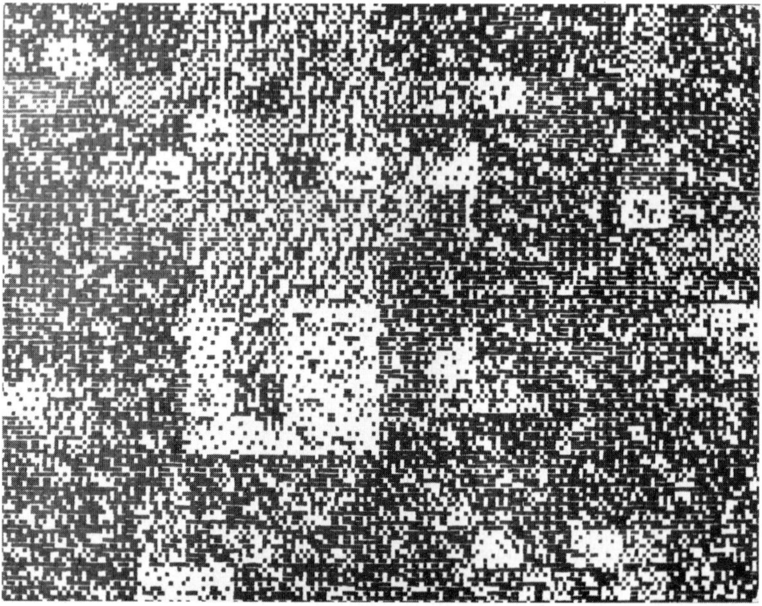

Abb. 5 K. O. Götz, »Density 13:2:1«, 1959/60. Götz, der sich ab 1936 mit Experimenten abstrakter Filme beschäftigt hat, wies in den fünfziger Jahren bereits den Weg zur »Elektronenmalerei«. Seine Rasterbilder aus der Zeit sind noch mit der Hand »gemalt«. Die Übernahme seines informationstheoretischen Ansatzes durch Computer stellte er damals in Aussicht. (Foto: Manfred Leve)

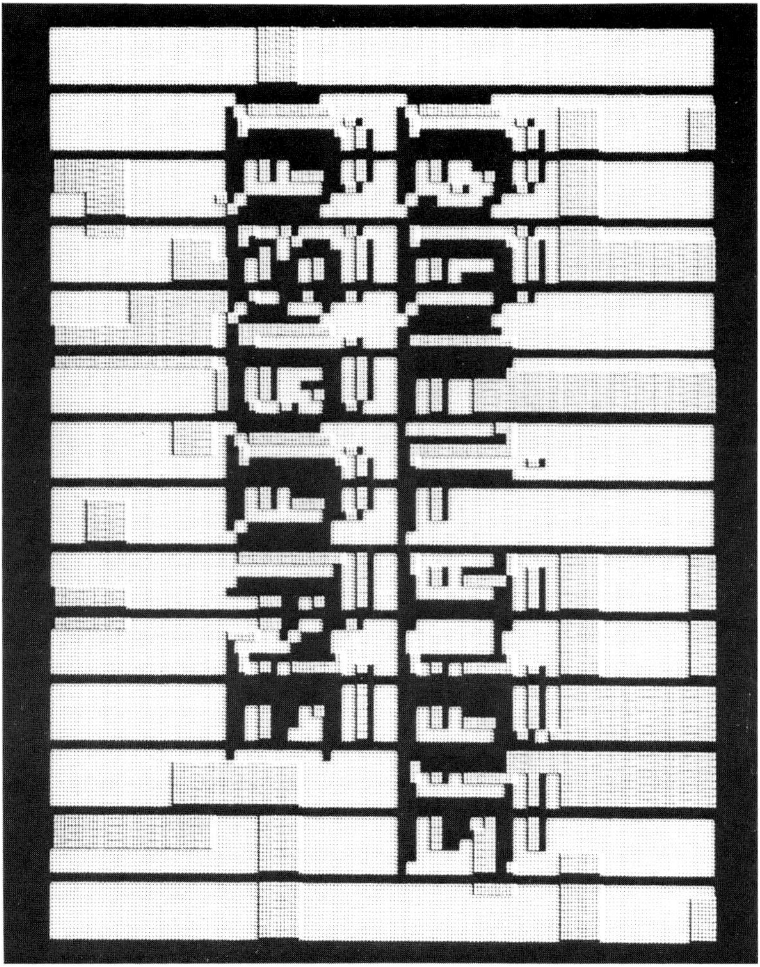

Abb. 6 Stan VanDerBeek (1927–1984) war ein Pionier der künstlerischen Computergrafik. Diese Forschungsarbeit begann er 1964, wozu auch computererzeugte Filme gehörten, die Humor, Phantasie, Innovation verbanden. Die abgebildete Grafik entstand 1970. (Foto: Archiv J. C.)

Abb. 7 Zu den Exponaten des 1984 eröffneten Panoramas »Zeitmotor« im BMW-Museum, München, zählt dieser Kuka-Roboter 160/60 mit elektro-mechanischem Antrieb und einem Fahrtempo von 3,2 m/sec. Die Fragen der künstlichen Intelligenz der Roboter in dem Grenzbereich von Design/Architektur/Mechanisierung wurden erst zögernd in Ausstellungen behandelt. (BMW Werkfoto)

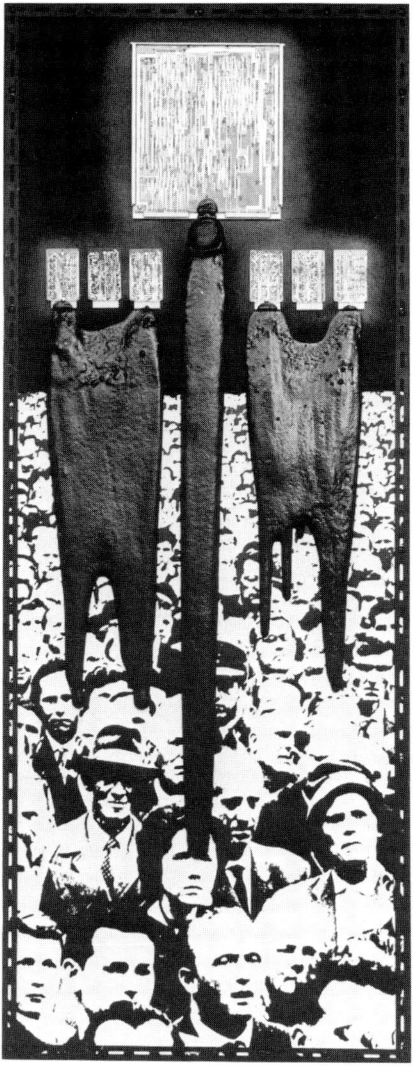

Abb. 8 Otto Dressler, Die Zeit danach, Aktionsbild zur Ausstellung »Kunst und Technologie« in Bonn, 1984. Der »Verfremder« Dressler macht mit solchen Aktionen vor Zuschauern auf die andere Seite des technologischen Fortschritts aufmerksam: Die Bedrohung der Menschen bei der Verselbständigung der Materie. (Foto: Franz Fischer)

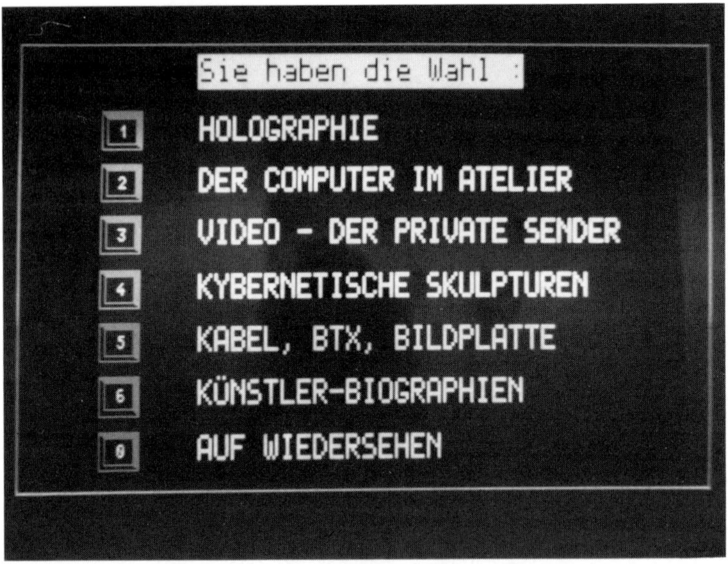

Abb. 9 Blick auf das »Menü« des elektronischen Kataloges, den Jürgen Claus zu der von ihm organisierten Ausstellung »Kunst und Technologie« im Bundesministerium für Forschung und Technologie, Bonn, 1984 zusammenstellte. (Realisation: Deutsche Olivetti GmbH) Durch einfachen Tastendruck konnte der Benutzer die ihn interessierenden »Seiten« am Bildschirm aufschlagen. (Foto: J. C.)

Abb. 10 Otto Piene (links) stellt die Bildplatte vor, die das von ihm geleitete Center for Advanced Visual Studies am M. I. T. in Cambridge, MA, 1983 produziert hat. Rechts im Bild der an der Herstellung beteiligte Medienkünstler Rus Gant. Im Hintergrund das Abspielgerät der Fa. Digital Equipment. (Foto: Digital Equipment, München)

II. Licht-Laser-Holographie

Abb. 11 Lucio Fontana (1899–1968) entwarf 1951 für die IX. Triennale in Mailand diese insgesamt 200 m lange Neonskulptur, ein frühes Beispiel der aktiven Verbindung von Kunst und Technologie. Auffallend ist die räumliche Verwendung seiner Lichtkunst. (Foto: Pressefoto Musée d'Art Moderne de la Ville de Paris)

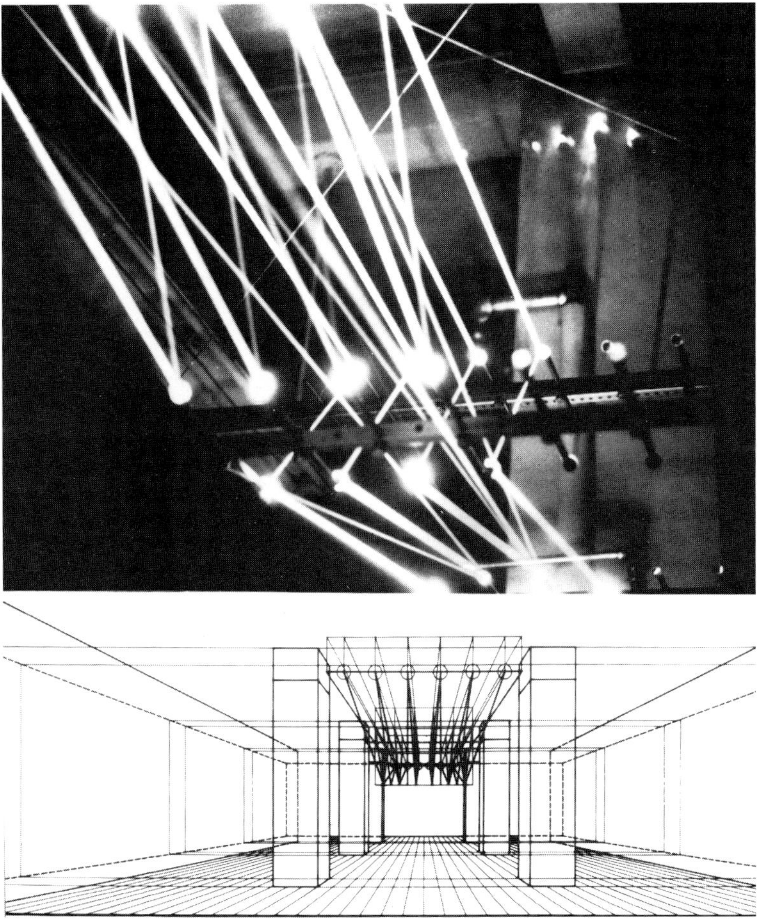

Abb. 12 Friedrich St. Florian, Laserprojekt, 1970. Der österreichische Architekt, der seit langem in den USA lebt und an der Rhode Island School of Design in Providence unterrichtet, hat sich 1970 mit einem imaginären Museum der Architektur beschäftigt. Aus diesem Umkreis stammt das abgebildete Projekt. (Foto: Archiv J. C.)

Abb. 13 Der 1938 in Kansas City, Missouri, geborene Rockne Krebs zählt zu den Pionieren der großräumigen Laser-Kunst. Das Bild wurde 1973 während seiner Laser-Installation »Sky Bridge Green« in Philadelphia, Pennsylvania, aufgenommen. (Foto: Patrick Radebaugh)

Abb. 14 Horst H. Baumann, Laser-Environment zur documenta 6 in Kassel, 1977. Die Installation mit blauem, grünem und rotem Argon- und Krypton-Laser wurde 1979 von der Stadt angekauft. Baumann hat großflächige Laserskulpturen auch in Berlin, Baden-Baden, Düsseldorf realisiert. (Foto: Horst H. Baumann)

Abb. 15 Beispiel einer kinetischen Plastik der sechziger Jahre, die in der Ausstellung »Lumière et Mouvement« in Paris 1967 gezeigt wurde, ist die »Maschine ›M‹«. Sie wurde von Hans-Walter Müller gebaut, der seit 1961 in Frankreich lebt und auf dem Áerodrome La Fertéalais in einem selbstentworfenen pneumatischen Leichtbau arbeitet. (Foto: Archiv J. C.)

Abb. 16 Adolf Luther, »Mondprojekt«, Fotomontage, 1983. Zu dem Mondprojekt schreibt Luther 1976: »Es gibt Möglichkeiten, Licht zu wenden, es in eine andere Richtung zu lenken und es in Erscheinung zu bringen. Würde man einen Reflektor benutzen, so ließe sich das Licht der Nacht brechen und auf die Schattenseite des Mondes richten. Dort würde es auf Materie treffen und aufleuchten.« (Foto: Archiv A. Luther)

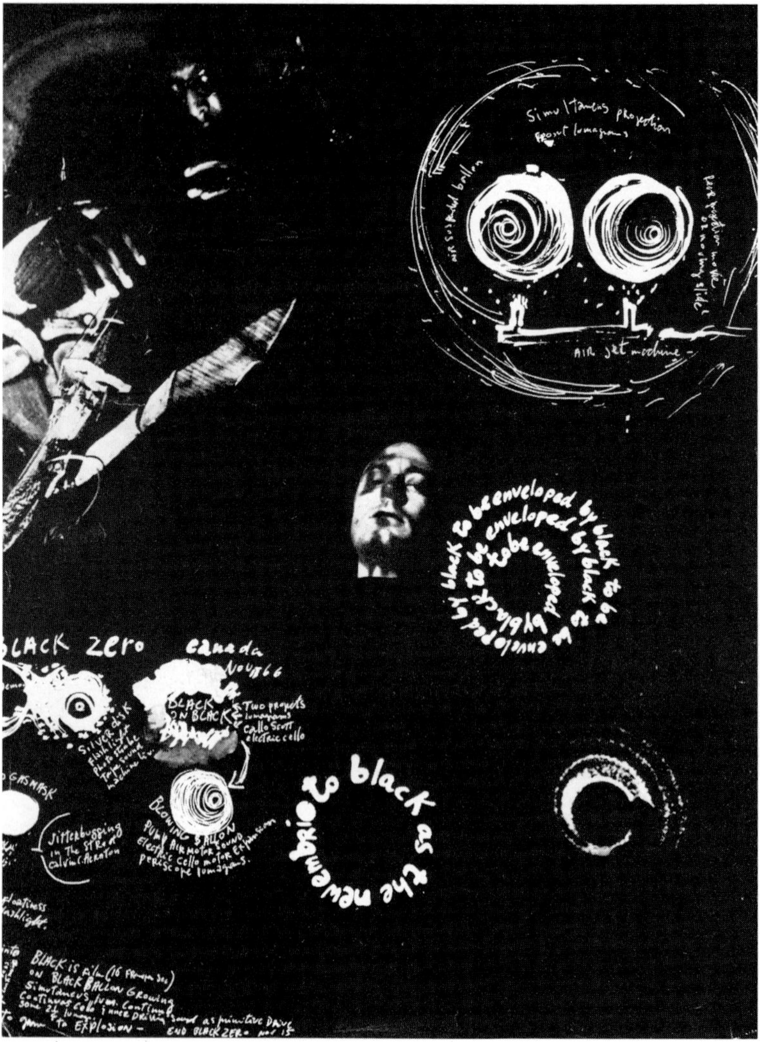

Abb. 17 Aldo Tambellini, »Black Zero«, Entwurf für eine Multimedia-Aufführung in Kanada, 1966. Der amerikanische Medienkünstler Tambellini setzt Licht als Film, Video, Projektion ein. (Foto: Archiv J. C.)

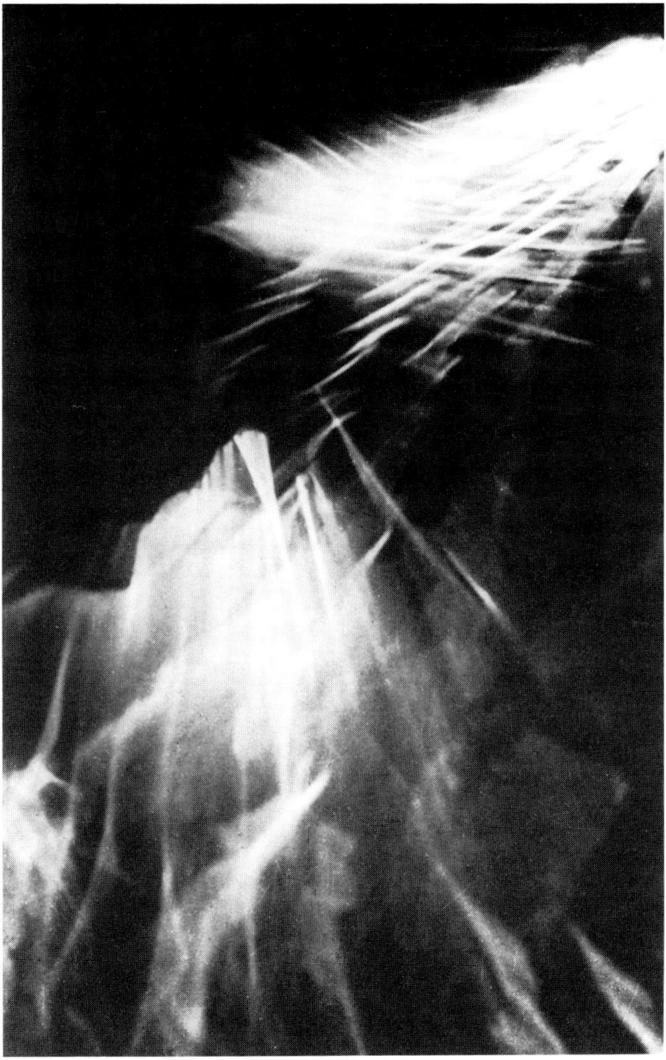

Abb. 18 P. K. Hoenich, »Sonnenprojektion«. Seit den sechziger Jahren arbeitet Hoenich mit einem System aus Farbfiltern und Reflektoren, das es ihm ermöglicht, Sonnenlicht unmittelbar als Bild zu übersetzen. Zu der Abbildung schreibt er: »Ich gebe meinen Bildern meist keine Namen und Erklärungen, denke aber an etwas Konkretes während der Gestaltung. Hier dachte ich an die Verkündigung am Berge Sinai.« (Foto: P. K. Hoenich)

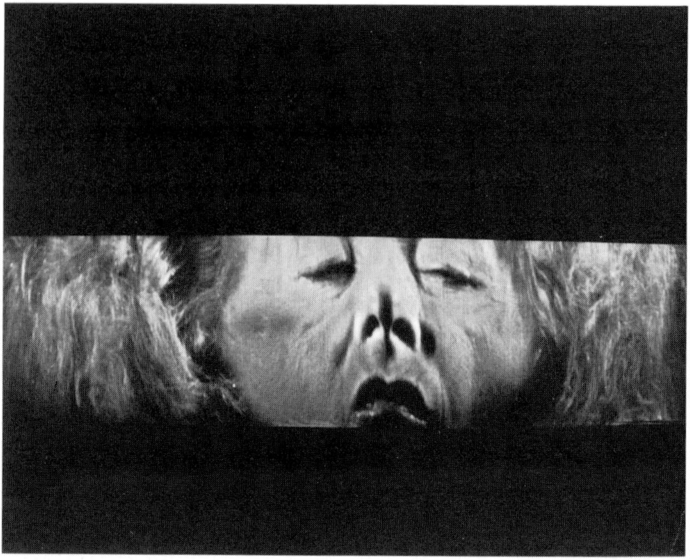

Abb. 19 Harriet Casdin-Silver, »Eine Frau I«, Hologramm, 1979. Die 1935 geborene Amerikanerin beschäftigt sich seit 1968 mit der Holographie. Technologie ist für sie ein Mittel zur Interpretation menschlicher Situationen. (Foto: Nishan Bichajian.)

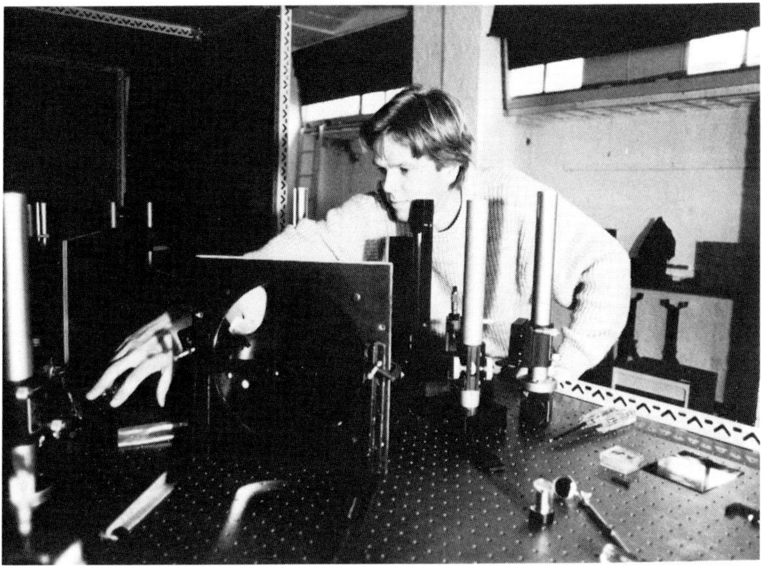

Abb. 20 Zu den bekannten deutschen Holographen gehört H. M. Mielke, der seit 1982 in München auch eine Holographie-Galerie unterhält. Mielke baute sich 1977 eine eigene Holographie-Werkstatt, die er 1984 durch eine neue ersetzte. Unser Bild zeigt Mielke in diesem Labor. (Foto: H. M. Mielke)

Abb. 21 Die Verräumlichung heutiger Holographien zeigt diese Aufnahme aus der Ausstellung »Kunst und Technologie« im Bonner Bundesministerium für Forschung und Technologie, 1984. Links die Hologramm-Installation von Dieter Jung (siehe gegenüberliegende Seite). Vorne rechts eine Hologramm-Skulptur von Brigitte Burgmer mit angesetztem Neonstab. (Foto: J. C.)

Abb. 22 Dieter Jung, »Into the Rainbow« – Gegenwartsräume, Installation mit acht Weißlicht-Transmissionshologrammen im Hara-Museum für Zeitgenössische Kunst, Tokio 1983. Jung setzt die einzelnen Hologramme auf Sockel wie Licht-Skulpturen. (Foto: Dieter Jung)

III. Kybernetische Skulpturen

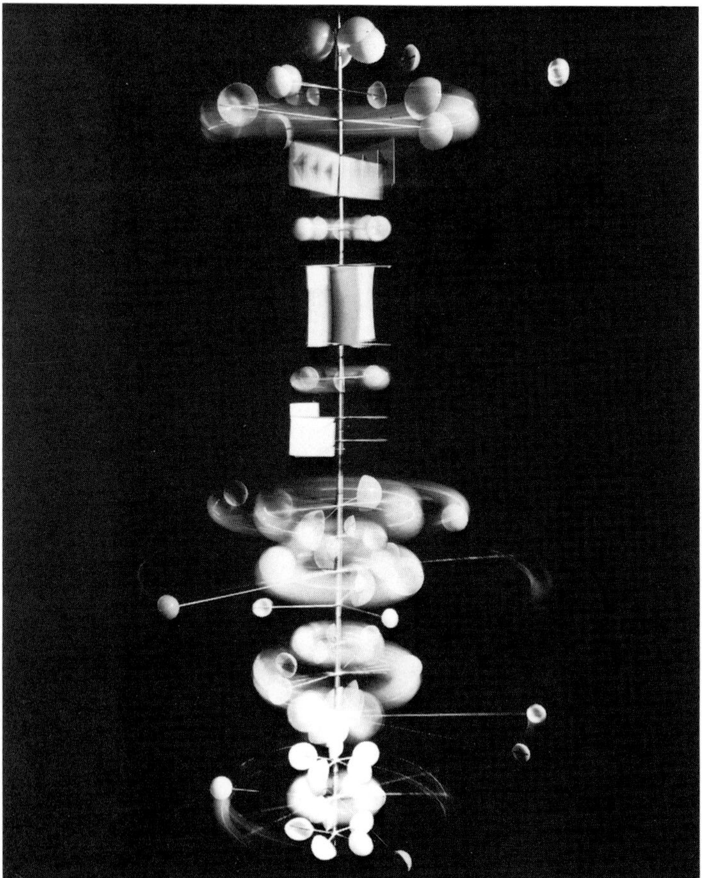

Abb. 23 Diese kybernetische Skulptur wurde 1967 von Studenten am M.I.T. in Cambridge, MA, unter Leitung von Gyorgy Kepes entwickelt. Sie vereint die Elemente Wind, Ton und Licht. (Foto: Nishan Bichajian)

Abb. 24 Der 1928 in China geborene, vorwiegend in New York lebende Künstler Wen-Ying Tsai entwickelt seit den sechziger Jahren elektronische Skulpturen, die auf dem Prinzip der »Stehenden Welle« basieren. Stroboskop-Lichter verändern die visuellen Effekte. (Foto: Nishan Bichajian)

Abb. 25 Bernhard Leitner, »Ton-Raum«, 1984 in der Berliner Technischen Universität. Architektur, Musik, kinetisch-plastische Raumchoreographie, Computerwissenschaft und Elektrotechnik sind in diesem Ensemble vereint, bei dem die Lautsprecher für den Besucher unsichtbar angebracht sind. Musik wird hier als Raum erfahrbar, wie die von Leitner eingezeichnete Notation »Wölbungen« demonstriert. (Foto: Fotostudio TU Berlin)

Abb. 26 Peter Vogel, zwei Mitglieder der jugoslawischen Tanzgruppe »Kasp« improvisieren vor seinem »Musikalisch-kybernetischen Environment« auf der Biennale von Zagreb, 1977. Das Bewegungskonzept, von dem die Klangerzeugung durch die Skulpturen abhängt, ist nicht festgelegt, sondern entwickelt sich immer wieder neu durch Reagieren auf die variablen Klangstrukturen. (Foto: Peter Vogel)

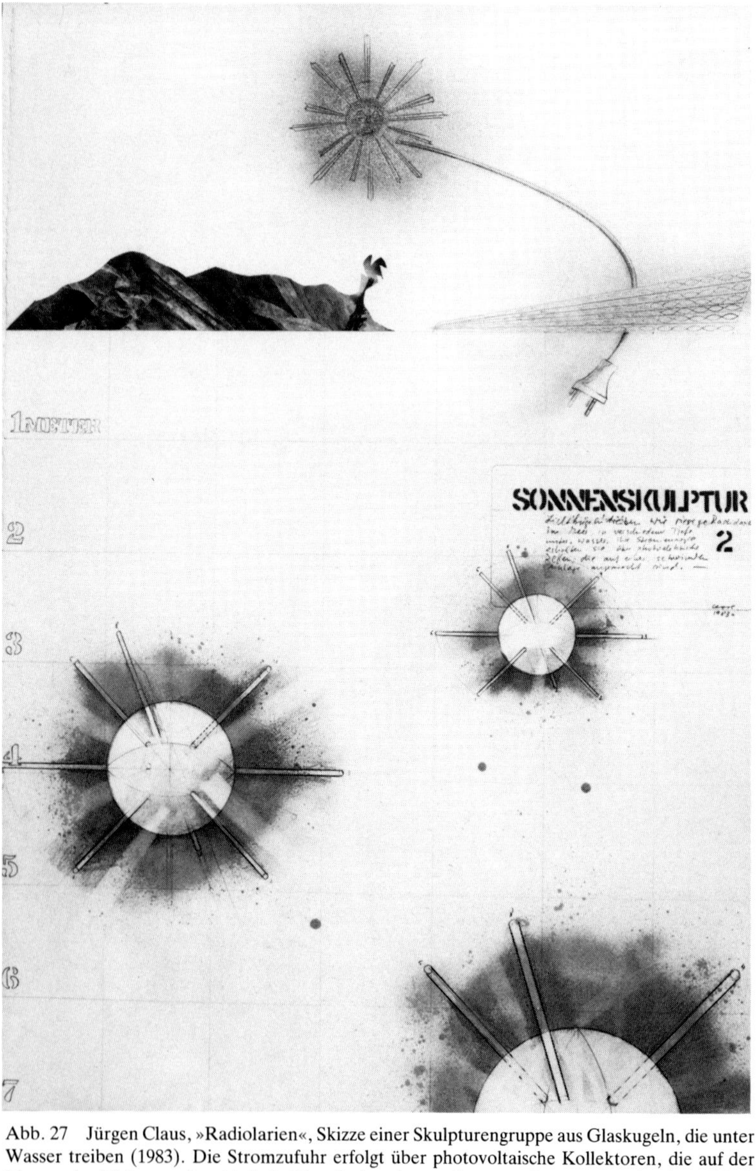

Abb. 27 Jürgen Claus, »Radiolarien«, Skizze einer Skulpturengruppe aus Glaskugeln, die unter Wasser treiben (1983). Die Stromzufuhr erfolgt über photovoltaische Kollektoren, die auf der Meeresoberfläche angebracht sind: Eine direkte Anwendung von Sonnenstrom in einem Werk der Umweltkunst. (Foto: J. C.)

Abb. 28 Eine von Solarenergie betriebene »Sonnenpyramide« aus acht Leuchtstoffröhren (320 Watt) stellte Jürgen Claus als seinen Beitrag in Cuxhaven 1984 während des Symposions Nordseeküste zum Thema »Wetter« auf. (Mitarbeit: Nora Koch.) Im Vordergrund der »Solaranhänger« mit sechs Solarmoduln der Fa. Siemens, deren jeder aus 144 monokristallinen Siliziumsolarzellen besteht. (Foto: J. C.)

IV. Die elektronische Veränderung

Abb. 29 Wolf Vostell, »Endogene Depression«, eine Installation mit Fernsehmonitoren, die in Beton eingelassen sind, und Truthähnen. Unter anderem zeigte Vostell dieses Ensemble 1980 in Los Angeles und 1983/84 in Paris. In den »Elektronischen Ereignisräumen« schuf er sehr früh Grundlagen zu einer Interaktion von Kunst und technologischen Medien. (Foto: Katalog Electra, Museum für Moderne Kunst Paris)

Abb. 30 Zu den Pionierinnen der elektronischen Kunst zählt die Amerikanerin Charlotte Moorman. Unser Bild zeigt sie in einem Konzert für TV-Cello und Video von Nam June Paik in der New Yorker Galerie Bonino, 1971. (Foto: Peter Moore)

Abb. 31 Der Koreaner Nam June Paik am Klavier während einer Performance zur ars electronica, Linz 1982. Durch Veranstaltungen wie »Exposition of Music-Electronic Television«, 1963 in Wuppertal, hat Paik früh schon auf die Möglichkeiten technologischer Kunst beziehungsweise Kunst-Verfremdung aufmerksam gemacht. (Foto: Schaffler)

Abb. 32, 33 Bernd Kracke, »Data Network«, Übertragungsanlage für künstlerische elektronische »Brückenschläge« zwischen Linz und Cambridge, MA, ausgeführt zur ars electronica in Linz 1982. Der in Deutschland und den USA arbeitende Kracke sieht darin eine experimentelle Verknüpfung von Videotechnologie, Computergrafiken, Telekommunikation. (Fotos: Bernd Kracke)

Abb. 34 Todd Siler, »Cerebrarium«, 1983. Ein Modell, um die Funktionsweise des menschlichen Gehirns anschaulich darzustellen. Siler gehört zu den Künstlern, die in ihrer Arbeit wissenschaftliche und künstlerische Forschung verbinden. (Foto: Todd Siler)

ten oder dem Tiefgefrieren von Kaffee zu tun. Hat man einmal verstanden, wie ähnlich sich diese scheinbar völlig verschiedenen Prozesse sind – Zerlegen und Aufbauen –, so hat man damit die Eintrittskarte zur modernen Welt im Kopf.« (24)

Im selben Text meint Arn, man solle im Hologramm kein Bild sehen, sondern eher eine Landkarte beziehungsweise eine Aufzeichnung von *Raum*. Insofern sei Holographie ein bildhauerisches Medium.

»Die Tatsache, daß der andere wichtige Teil der Skulptur – ihre Masse – der Holographie völlig fremd ist, verbindet sie noch mehr mit der traditionellen Bildhauerei. Reale Objekte und Hologramme können interagieren und in diesem Prozeß unentdeckte Wege durch den Raum eröffnen, Wege, die wir als Betrachter zwar durchlaufen, aber vielleicht nicht ganz verstehen. Nein, Holographie ist keine 3-D-Fotografie.

Was ist Holographie also?«, fragte der Autor schließlich. »Ich weiß es nicht. Letztlich kann keiner diese Frage beantworten, weil wir nicht wissen, was Raum tatsächlich ist. Hologramme sind ein aufgezeichneter Atlas des Raumes an sich; ein Atlas, dessen Seiten sowohl nur Quadratzentimeter von Wundern als auch weite unentdeckte Galaxien zeigen. Und – das erste Hologramm, das Sie sahen, war ein künstlerisches. So sind vielleicht die holographischen Bildhauer des Nichts die wirklichen Raum-Menschen.«

Möglicherweise ist es dies, was hinter dem Phänomen Holographie steht: Der Mensch erlebt zum erstenmal in seiner Geschichte, daß der Spiegel auch den flüchtigen Moment bannt, daß die uns im Spiegel entgegenschauende dreidimensionale Spiegelwelt nunmehr zur dreidimensionalen Illusionswelt werden kann, die dauerhaft besteht, immer wieder abrufbar, nachvollziehbar, nachprüfbar. Über diesem grundsätzlichen Erlebnis verblassen für den Besucher der Holographie-Ausstellungen die Fragen nach künstlerischem oder nichtkünstlerischem Wert des Hologramms. Nachdem die Bücher der Welt die kleinen, großen, alltäglichen und heroischen Momente im Wort festhielten, der Film und die Fotografie die Bildwelt speicherten, wurde mit der Holographie ein Medium in die Welt gesetzt, das nunmehr den Raum selbst bannt. Ein Schritt weiter in dem uralten Kampf des Menschen gegen seine und der Dinge Sterblichkeit.

Man stelle sich, wenn auch nur ironischerweise, vor, was die machtbewußten Förderer der Künste und ihrer selbst – etwa in der Renaissance oder im Barock – für Auftraggeber eines solchen Mediums wären. Statt dessen müssen wir uns weithin mit den kleinen Aufträgen begnügen, die die kleinen Funktionen und Gerätschaften im Getriebe industrieller Massenproduktion dreidimensional vorführen. Immerhin ist das Medium Holographie von Beginn an auch künstlerisch besetzt worden. Und wird, wenn die Verfügbarkeit leichter wird, auch in Zukunft künstlerische Dimensionen für unsere Lebenserfahrung erschließen.

III. Kybernetische Skulpturen

1. Kybernetische Systeme – Antwortende Systeme

> »Ich bin dafür, daß wir uns alle reaktionären Verhaltensweisen verbieten, und daß wir den Mut haben, mit den Mitteln unserer Zeit die Zukunft zu meistern. Damit meine ich, daß wir akzeptieren, was eine Technologie hochintellektueller Art und eine sehr expansive Naturwissenschaft möglich macht. Das Paradies liegt heute in der Fähigkeit des Menschen, alle seine technischen Möglichkeiten dem Wunsch unterzuordnen, auf dieser Welt ein freier Mensch zu sein.«
> Heinz Mack (in einem Gespräch mit dem Autor)

Kybernetische Skulpturen sind Skulpturen, die antworten, die auf Teilnahme aus sind, die den Beschauer zum Teilnehmer werden lassen. Das kann geschehen durch Reaktionen auf Ton, Licht, Schatten, auf Abschreiten eines Raumes, durch das Einbeziehen von elementaren Kräften wie Wind, Sonne, Feuer, Licht. Kybernetische Skulpturen sind so angelegt, daß die Veränderungen schon in das Konzept eingebaut sind. Im engeren Sinn arbeiten kybernetische Skulpturen mit Steuerungsvorgängen, -prozessen, mit Wirkungs- oder/und Regelkreisen.

Kybernetischen Skulpturen kommt in der Gestalttechnologie der Gegenwart eine besondere Aufgabe zu. Sie haben einen Wert in sich, führen am realisierten Produkt und im realisierten Prozeß gestalterische, künstlerische Imagination vor. Sie sind verkörperter Ausdruck eines künstlerischen Wollens. Darüber hinaus aber kommt ihnen eine Art »Schulungsfunktion« zu: Sie trainieren unsere Erlebnisweisen auf eine *System-Erfahrung* hin.

Diese Funktion geht über die »klassische« der Skulptur hinaus. Veränderungen, wie sie der Zuschauer/Teilnehmer erlebt und erfährt, sind nicht mit dem Erlebnis der traditionellen (Bronze-, Holz-, Eisen-, Glas-) Plastik identisch. Gewiß unterliegt auch eine solche der Veränderung, etwa durch das Umfeld, etwa durch den tageszeitlichen Wechsel des Lichtes, etwa durch veränderte Aufnahmebereitschaft des Beschauers. Die kybernetische Skulptur zeichnet es hingegen aus, daß sie solche auf Veränderung, auf Reaktion zielende Steuerungsvorgänge bereits eingebaut hat und sich erst durch das ganze, kybernetische System zu einer Gestalt entwickelt.

Frühe Beispiele für kybernetische Skulpturen sind aus den fünfziger Jahren zu entnehmen, als *Nicolas Schöffer* Großplastiken auf kybernetischer Grundlage herstellte. So 1954 seinen 50 Meter hohen Turm für den Pariser Parc de Saint-Cloud. In den Sockel der Konstruktion war eine elektronisch gesteuerte Musikanlage eingebaut, die die Klangwelten des damals jungen Pierre Henry steuerte. Schöffer übernahm dann kurz darauf die elektronische Steuerung für seine Skulpturen. So für die kybernetische Plastik »Cysp«, die in zwei Geschwindigkeiten bewegt wurde und überdies durch ein System aus eingebauten fotoelektrischen Zellen und Mikrophonen auf äußere Einflüsse wie Farbe, Lichtintensität, Klang reagierte. »Cysp« ist ein früher Vorläufer vieler späterer kybernetischer Skulpturen und wurde auch – ähnlich den späteren – für Tanz- und Ballett-Aufführungen eingesetzt. (Vgl. mein Buch »Kunst heute«, in dem das Werk von Schöffer ausführlich dargestellt wird.)

Aus der kybernetischen Skulptur entwickelte Schöffer gegen Mitte der sechziger Jahre die kybernetische Stadt. Zu der Planung gehörte ein fast 350 Meter hoher Turm, der zunächst für das Pariser Neubauviertel La Défense vorgesehen war. Dieses »ästhetische Kontrollgerät« ist, nach meiner Meinung, völlig überdimensioniert, um nicht zu sagen unverantwortlich. Ich möchte die von mir an anderer Stelle vorgetragene Kritik (1) nicht wiederholen, sondern vielmehr auf die grundsätzliche Problematik aufmerksam machen, die in solcher Art Super-Kybernetik liegt. Die Zentralisierung sämtlicher denkbarer Funktionen in einem solchen Turm entspricht keinesfalls dem als notwendig erkannten Denken, technische Strukturen an natürliche Systeme anzulehnen. Noch weniger entspricht es der Komplexität gesellschaftlicher Vorgänge in der Stadt. Ich meine, man sollte die Programmierung der Umwelt vielleicht durch Einzelzellen, nicht aber durch Globalsteuerung zu erreichen versuchen. Wobei Systeme dafür geeignet sind, die Einzelzellen zu verbinden, zu vernetzen.

Schöffers bleibendes Verdienst ist die sehr frühe Einbeziehung kybernetischen Denkens in die Praxis der Gestalttechnologie. Er scheitert da, wo er die eigenen »Vorgaben« verabsolutiert, wie es im folgenden Zitat aus einem Gespräch mit Douglas Davis zum Ausdruck kommt: »Ästhetische Hygiene ist unerläßlich für kollektive Gesellschaften, für jede gesellschaftliche Gruppe, die in großem Maßstab zusammenlebt. Wie? Durch die Programmierung von Environments, die strengen ästhetischen Kriterien gehorchen. Jedesmal, wenn der Bewohner durch die Stadt geht, muß er von einem Klima umgeben sein, das in ihm das besondere Empfinden des Wohlbefindens erzeugt, hervorgerufen durch das handgreifliche Vorhandensein ästhetischer Produkte in der Umwelt. Jede Gebäudegruppe muß ästhetische Empfindungen erzeugen, die den Bürger fast unaufhörlich umfassen.« (2)

Die kybernetische Großanlage Stadt, wie sie von Schöffer geplant wurde, sollte lieber nicht gebaut werden. Seine Vorstellungen von Zentralisierung der Informationen, von ästhetischer Regulierung und anderem, das in die Persönlichkeitssphäre der Menschen bestimmend eindringen würde, wurzeln unter anderem auch in den Raumstadt-Konzeptionen der fünfziger Jahre, die nicht zu halten sind. Auf der anderen Seite kann man nicht übersehen, daß die fünfziger Jahre – wie an anderen Stellen des Buches gesagt – der Idee der Modernität zum Durchbruch verhalfen, gegen die gegenwärtig alles Postmoderne Sturm läuft.

In diesem Zusammenhang einer Überprüfung des Raum-Zeit-Kontinuums ist die vielfältige Arbeit von *Jacques Polieri* zu sehen. Er war Initiator eines Festivals der Avantgarde, das 1956 in den Unités d'Habitation von Le Corbusier in Marseille stattfand. Zu dem Programm zählte auch eine Tanzvorführung von Maurice Béjart, in die Schöffers kybernetische Skulpturen eingeschlossen waren. Polieris Ziel war hier, wie bei den folgenden Festivals in Nantes, 1957 und Paris, 1960 die verschiedenen Kunstformen Architektur, Skulptur, Malerei, Film, Theater, Tanz, Musik, Poesie zu einem kybernetischen, antwortenden System zu bringen. Zum Prinzip dieser Kommunikations-Spiele gehörte die gleichzeitige Mobilität der Zuschauer und des Schauspiels, sowie die Einbeziehung sämtlicher zur Verfügung stehender elektronischer Möglichkeiten.

Für das Pariser Festival ließ er ein mobiles Ringtheater bauen, das leider nicht erhalten blieb. Es war der erste Theaterraum in Frankreich, der mit der Guckkastenbühne brach. Etwa 300 Zuschauer fanden sich auf einer Plattform in der Mitte ein, während sie von einer Ringbühne umgeben waren, die sich in beiden Richtungen drehen ließ. Das aufgeführte Schauspiel »Rhythmen und Bilder« (Rhythmes et Images) wurde durch Skulpturen von Brancusi, Adam, Jacobsen, Pevsner, Colvin bestimmt, die Musik stammte von Edgar Varèse.

Für sein Ballett-Schauspiel »Gamme de 7«, im Oktober 1964 im Pariser Theater Gérard-Philippe aufgeführt, setzte Polieri zum erstenmal elektronische Kameras direkt ein, deren Bilder auf Eidophor (8 × 10 m große elektronische Bilder) gezeigt wurden. Polieri ging in den nächsten Jahren konsequent den Weg weiter, die Elektronik interaktiv in das erweiterte Schauspiel-Geschehen einzubinden. Beispiele waren die Kommunikations-Videospiele für die von Werner Ruhnau konzipierte »Spielstraße« der Olympischen Sommerspiele in München 1972 und diejenigen für die »Cisco«, Paris 1977, wo er mit computergespeicherten Bildern und weiteren elektronischen Anlagen wie Teletex, Bilderbank einen Raum per Teleprojektoren gestaltete.

Am bekanntesten wurde Polieri wohl mit seiner Konzeption eines Theaters der totalen Bewegung, das auf den Vorstellungen des mobilen und Ringtheaters basiert, die er seit der zweiten Hälfte der fünfziger Jahre entwarf. Für dieses kugelförmige Theater hat Polieri von einigen Architekten Entwürfe anfertigen lassen, so 1958 von Enzo Venturelli und 1962 von Pierre und Etienne Vago. Die Grundidee ist es, das Blickfeld des Zuschauers/Teilnehmers auf 360° zu erweitern. Der Eintritt erfolgt vom oberen Teil der Kugel, die Zuschauer sitzen auf Trägerstrukturen, die Gondeln ähnlich im Raum kreisen. Das szenische Geschehen läuft simulant über die ganze innere Kugelfläche. Eingesetzt würden dabei virtuelle Raumbilder, die ohne Bildschirm entstehen; programmierte oder sich selbst steuernde Beleuchtungen; bioelektrische Klangereignisse und anderes.

Man kann die ganze praktische und theoretische Arbeit Polieris auch in sich als ein antwortendes System auffassen. Dieses System bewegt sich zwischen der reichen Geschichte der Szenographie und den gegenwärtigen Angeboten aus der Elektronik. Das von ihm 1963 herausgegebene Heft »Scénographie Nouvelle« (3) ist bis heute eine unvergleichbare Fundgrube neuer und alter Bühnenformen und Bühnenmöglichkeiten geblieben. Obgleich er selbst für sein Werk nicht den Begriff eines kybernetischen Systems beansprucht, kann man doch mit Recht davon sprechen, beziehungsweise dieses Werk in dem Zusammenhang gar nicht übersehen. Überdies kommt niemand, der sich mit der erweiterten Kommunikation durch Bühnenraum und Elektronik beschäftigt, an seinen Büchern »Scénographie-Sémiographie«, 1971 und »Jeu(x) de Communication«, 1981 vorbei. Sie stellen vor, analysieren, systematisieren, was heute im »*Spielfeld*« zwischen den Disziplinen möglich ist.

Mit dem Begriff *Spiel* ist eine weitere Wirkweise kybernetischer Systeme genannt. Viele der in den folgenden Abschnitten beschriebenen Arbeiten beruhen auf dem Spielcharakter oder beziehen ihn ein.

Der Begriff Spiel ist also nicht zu beschränken auf das Theaterspiel, sondern umfaßt das urbane Spiel, wie es der holländische Künstler Constant für sein Projekt »New Babylon« formulierte; das elektronische Spiel, wie es mit der rasanten Entwicklung der Mikroprozessoren populär wurde; das Mitspiel, das in den Klangskulpturen der Brüder François und Bernard Baschet, von Jean Tinguely bis Josef Anton Riedl zum Ausdruck kommt.

Werner Ruhnau ist ein Architekt, den die Frage nach dem persönlichen und gesellschaftlichen Sinn des Spieles und nach dessen vielfachen Ausdrucksformen nicht mehr losläßt. Im engeren Sinn entstanden aus diesen Fragestellungen neue Theaterbauten oder Konzepte dafür, wie er sie ab 1958 entwickelte. Ein solches Spielinstrument wäre nicht in Bühnenraum hier und Zuschauerraum da untergliedert. Ruhnau schlug erstmals für die Theater in Bonn und Düsseldorf (1958/59) ein »Podienklavier« vor, mit vertikal verstellbaren Bodenelementen, durch die alle denkbaren Zuordnungen zwischen den Spielern und den Zuschauern innerhalb weniger Minuten auszuführen beziehungsweise zu verändern sind.

Das Theater in Gelsenkirchen, das Ruhnau 1958 fertiggestellt hat, war ein Beispiel auf diesem Weg, ein Beispiel auch für die gelungene Zusammenarbeit zwischen Architektur und Kunst. Bei den Olympischen Sommerspielen in München ergab sich eine Möglichkeit, das Konzept des homo ludens in der Stadtlandschaft zu verwirklichen. Ruhnau entwarf die bereits erwähnte Spielstraße, in der jede Aktion zur Interaktion wurde. Im Kontrast zu den Wettbewerbsspielen kam es hier auf Mitbeteiligung an. Die Schauspieler, Künstler, Musiker waren die Auslösenden von Geschehnissen, die sie dann nicht mehr kontrollieren könnten und wollten.

In seinem Atelier in Essen, einer weitverzweigten Schule, in der er Spielräume, Galerie, Modellwerkstatt vereint hat, unterhalte ich mich im Sommer 1984 über die von ihm immer wieder vorgetragene Idee des Spiels als einer grundsätzlichen Aufgabe für Architekten. Kurz zuvor hatte er in Wuppertal unter dem Titel »Spiel, Spiele, Spielräume« ein mehrtägiges Symposium durchgeführt, zu dem Architekten, Szenographen, Kulturpolitiker aus mehreren Ländern gekommen waren. Was ist Spiel?

»Wir wissen nur eins: daß wir Spielfiguren in einem Spiel sind, wie es Plato gesagt hat, welches die Götter veranstalten. Huizinga nannte das den homo ludens. Zufall und Gesetz steuern alle kosmischen Geschehnisse. Die Gesetze kennen wir, den Zufall nicht. Wenn ich in diesem Bewußtsein Würfel in die Hand nehme, so würfele ich nicht, um zu gewinnen, sondern mit wohlbekannten Gesetzen des freien Falls, der Luftwiderstände, des Würfelkörpers mit seinen Kanten, der Schwerkraft, der Ebene, der Elastizität der Oberflächen. Es gibt eine Fülle von Gesetzen, und trotzdem bin ich nicht in der Lage, vorherzusagen, was herauskommt.«

Ich unterbreche den Architekten. »Das alles ist Architektur?«

»Natürlich! Die Form, mit der ich mich in der von mir und anderen gestalteten Umwelt bewege, diesen Tag in Form bekomme oder bestimmte Abschnitte des Tages, das gehört alles dazu. Ich muß gestalten, die vitalen Lebensäußerungen wie Sexualität, Essen und Wohnen. Und wie gestalte ich das? Mit den Gesetzen des Spiels. Wenn ich meine Lebensumwelt gestalten will, aus der reinen Behausung überführen will in eine architektonische Umwelt – wie mache ich das? Indem ich mir wiederum nach den Gesetzen des Spiels überlege, was ich tun, mit welchen Spielmitteln (Backsteine, Stahlbeton usw.) ich arbeiten will, mir dann Regeln ausdenke, wie bei einer Fuge oder einer Jazz-Session, wo jeder Spieler, jedes Instrument eine bestimmte Aufgabe innerhalb abgesprochener Regeln ›spielerisch‹ übernimmt.«

Kybernetische Systeme sind, wie ich ins Gedächtnis rufen will, auch antwortende Systeme. Sie sind insofern von grundsätzlicher Bedeutung für die *offene Planung* unseres Zusammenlebens. Der interaktive Gebrauch von Technologien schafft solche antwortenden Systeme, wovon im vierten Kapitel noch zu sprechen sein wird. Darüber hinaus verweisen uns die kybernetischen Systeme immer wieder auf die Steuerungsmechanismen, wie wir sie in der *Natur* studieren und erleben können. Kunst und Architektur haben daraus noch keineswegs die Folgerungen gezogen, die notwendig sind, um dem Mechanischen, Technischen, grundsätzlich Künstlichen das Natürliche beizugeben. Gerade die Arbeit des Künstlers kann hier Modell-Charakter haben.

Das im nächsten Abschnitt abgedruckte Gespräch mit dem Architekten Frei Otto betont und unterstreicht die Aneignungsmöglichkeiten von natürlichen Prozessen durch den Architekten; ähnliches ist in einem späteren Abschnitt von meinen eigenen »Sonnenskulpturen« zu sagen, der unmittelbaren Einbeziehung des natürlichen Licht-Kreislaufes in die gestalterische Praxis. Schließlich will auch die Ausstellung »Phänomena«, die in Zürich 1984 und in Rotterdam 1985 zu sehen war, natürliche Phänomene und auch Systeme demonstrieren, wie ich im letzten Abschnitt aufweise.

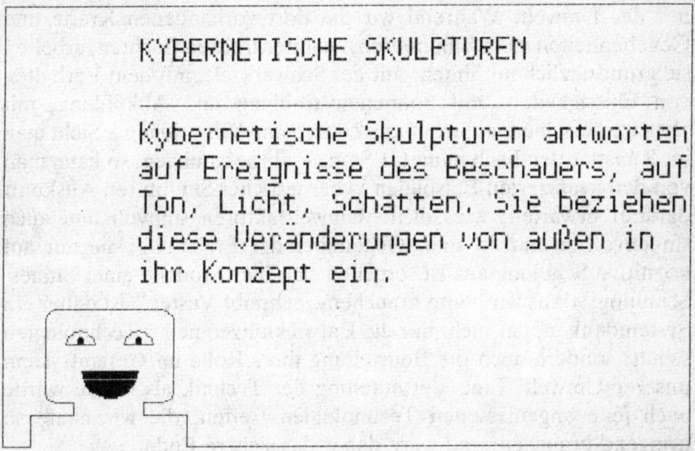

KYBERNETISCHE SKULPTUREN

Kybernetische Skulpturen antworten auf Ereignisse des Beschauers, auf Ton, Licht, Schatten. Sie beziehen diese Veränderungen von außen in ihr Konzept ein.

Zeichnung 8: Textausdruck aus dem elektronischen Katalog zur Ausstellung »Kunst und Technologie« im BMFT, Bonn 1984.

Innerhalb der aktuellen kybernetischen Forschung hat sich vor allem Frederic Vester mit der Vernetzung natürlicher und technischer Systeme beschäftigt. Zu seinen erfolgreichen Büchern zählen »Das kybernetische Zeitalter«, 1974, sowie »Unsere Welt – ein vernetztes System«, 1978. Vester hat mit Nachdruck darauf aufmerksam gemacht, daß neben das Studium der natürlichen Strukturen ein solches tritt, daß das Systemdenken anhand natürlicher Systeme neu überprüft. Es gibt auch innerhalb der Kunst Beispiele für solches Vorgehen, der Hinweis auf Paul Klees Bauhaus-Vorlesungen mag stellvertretend dafür stehen.

Die kybernetischen, antwortenden Systeme, die uns der Künstler unterbreitet und vorführt, sind, recht verstanden, eben auch »Schulungs-Systeme«, wie ich zu Beginn dieses Abschnitts sagte. Sie schulen unsere Erfahrungsweisen innerhalb der Umwelt, aber auch im »Verbund« von Umwelt, Technologie und Raum. Es kann nur gut sein, dem Gebiet der kybernetischen Skulpturen auch von daher zu begegnen.

Vester schrieb im Hinblick auf das Studium der Biosysteme mit ihrer seit Jahrmillionen erprobten Funktions- und Organisationsweise: »Schon in der Planungs- und Konstruktionsphase entstehen die Technologien der Natur im Wechsel, das heißt im ständigen Feedback mit der Umwelt. Während wir die dort vorhandenen Kräfte und Gegebenheiten meist eliminieren, zu unterdrücken trachten, arbeiten sie grundsätzlich mit ihnen: mit der Schwerkraft, mit dem Verhalten von Flüssigkeiten, mit Sonneneinstrahlung und Abkühlung, mit Druckunterschieden, Strömungskräften und Vibrationen.« Sieht man im Künstler den Fachmann für Sinneswahrnehmungen, so kann man von den avancierten Beispielen kybernetischer Skulpturen Auskunft darüber erwarten, wie solche Umweltfaktoren sinnvoll und auch sinnenvoll zu nutzen sind. Gegenüber der Erziehung, die nur auf kognitive Schulung aus ist, ergeben sich hier Modelle einer Sinnes-Schulung. »Was wir heute brauchen«, schreibt Vester, »ist daher ein Systemdenken, das nicht nur die Entwicklungen neuer Technologien schult, sondern auch die Beurteilung ihrer Rolle im Gesamtsystem unserer Umwelt. Eine Verteufelung der Technik als solche würde auch jene angemessenen Technologien treffen, die wir heute so dringend brauchen, und wäre daher das sichere Ende.

Meiner Ansicht nach müssen nicht zuletzt die Schulen mit dafür sorgen, daß die Rolle der Technik, aber auch ihre Beurteilungskriterien, neu gesehen werden. Nur so wird sich eine Technik herausschälen, die dauerhaften Bestand hat: eine Technik, die sich in Struktur und Organisation an lebenden Systemen orientiert und daher alleine helfen kann, diese Systeme zu erhalten.« (4)

2. Architektur ist Kunst: Gespräch mit Frei Otto

»Wie sollen Häuser und Städte sein, damit Menschen in Zukunft im Einklang mit der Natur wohnen, arbeiten und leben können?« Dieser Frage geht der Architekt Frei Otto mit kühnen Projekten des sogenannten Leichtbaus nach. Dazu zählen der Deutsche Pavillon für die Weltausstellung 1967 in Montreal, die Berechnungen für das weltberühmte Olympiadach in München, sowie für die Vogelvoliere im Münchner Tierpark Hellabrunn (1980).

In den letzten Jahren hat Frei Otto mit seinem Team verschiedene Bauten in Saudi-Arabien ausgeführt, so die Sporthalle der Universität von Jeddah. Für die Internationale Bauausstellung in Berlin ist ein grüner Wohnblock in Planung.

Vor 20 Jahren holte ihn der damalige Rektor der Universität Stuttgart, Fritz Leonhardt, nach Stutgart-Vaihingen, wo er seither im Versuchsbau des Pavillons von Montreal, einer Zeltkonstruktion, das »Institut für leichte Flächentragwerke« (IL) leitet. Dieses Institut, finanziert von einem Sonderforschungsbereich der Deutschen Forschungsgemeinschaft, hat sich seit seinem Bestehen als eine Geburtsstätte neuartiger, interdisziplinärer Arbeiten, Kolloquien, Publikationen erwiesen. (5)

Aus Anlaß des Jubiläums seines Instituts 1984 sprach ich mit dem Architekten und Naturwissenschaftler über das Verhältnis von Architektur und Kunst.

Jürgen Claus: Sie sagten öfters, daß Sie aus einer Künstlerfamilie kommen. Sie sagten auch, Sie würden sich gern noch mehr in der Kunst ausdrücken. Ihr Institut schafft ständig die Querverbindungen zu anderen Disziplinen. Wo liegen denn nun die gemeinsamen Punkte Ihrer Forschungen und der Kunst?

Frei Otto: Es ist richtig, mein Großvater war Bildhauer und gleichzeitig Stukkateur, mein Vater Steinbildhauer, ich bin in diesem Milieu aufgewachsen. Aber das andere Metier, das ich habe, ist die Naturwissenschaft. Zwischen Kunst und Naturwissenschaft ist für mich die Architektur angeordnet. Der Anspruch, den wir an die Architektur stellen, die auf strenger naturwissenschaftlicher Basis vorangehen muß, ist allerdings auch der künstlerische, das heißt Qualität.

Es gibt einen Punkt, an dem wir einsteigen, und den wir die klassische Form nennen. Es gibt in allen Bereichen der unbelebten wie der lebendigen Natur, in der Architektur und Technik Formen, die nicht zu verbessern sind. Sie haben ein Grundmaß an Optimierung, die sich nicht mehr verändert, die statisch wird und wie die Kunst einen Daueranspruch stellt.

Naturwissenschaftler sprechen von der »zeitgenössischen« Kunst. Ich spreche umgekehrt von der »zeitgenössischen« Naturwissenschaft. Sie verändert sich, muß morgen besser sein als heute; während Kunst heute nicht besser sein kann oder darf als gestern. In aller Entwicklung erlangt sie als Produkt eine Statik, selbst wenn Kunstwerke entstehen, die nur für eine Minute da sind. Ich habe Gebäude gemacht, die nur für wenige Stunden existierten. Sie stellen denselben Anspruch wie dauerhafte Gebäude.

J. C.: Tatsächlich spielt der Zeitfaktor in der augenblicklichen Kunst eine bestimmte Rolle. Ihre Architektur kam überdies doch wohl stark aus einer Beobachtung der »formenden Kräfte« der Natur, wie Paul Klee es nannte.

Frei Otto: Es waren die Biologen, die uns dringend baten, ihnen Dinge zu erklären, die wir im Mikrokosmos gesehen hatten. Wir sind also spät in die Biologie eingestiegen, und zwar nicht, damit wir neue Formen sehen, sondern aufgrund des naturwissenschaftlichen Anspruchs der Biologen. Die fragten genau wie wir: Wo sind die klassischen Formen, jene, die ich unverbesserbar nannte, wie entstehen sie und aus welchen Prozessen?

Wenn ein Prozeß vorhanden ist, der eine Form entstehen läßt, so steht eine ganz bestimmte Formenwelt dahinter, die nur mit diesem Prozeß entstehen kann. Dann haben wir weitergefragt: Welche Eigenschaften hat diese Form, welche Beziehungen hat sie zum Prozeß und was sagt sie uns? Wir sind also nicht vordergründige Architekten, die nach dem Nutzen fragen; auch die visuelle Erscheinung, der Einfluß auf sämtliche menschliche Sinne spielen eine große Rolle.

J. C.: Die Naturwissenschaft am Ende des letzten Jahrhunderts, vertreten etwa durch einen Mann wie Ernst Haeckel, hat ja enorme Versprechungen gegeben. Er sagte: Ich offenbare die Welt der Mikroorganismen, der Radiolarien oder – womit Sie sich am Institut sehr beschäftigen – der Diatomeen, das wird nun ein zukünftiges Arbeitsfeld für Gestalter, Künstler, Architekten sein. Am Anfang kamen auch aus der abstrakten Kunst heraus Querverbindungen dazu, noch bis zu Klee und Kandinsky. Heute, das heißt in der unmittelbaren Gegenwart, haben sich die Gebiete offenbar gänzlich getrennt. Auf der einen Seite eine stark expressive Äußerung in der bildenden Kunst, auf der anderen eine technologische Kunst, der aber oft die Sinnlichkeit fehlt. Wo sehen Sie den dritten Weg?

Frei Otto: Wir versuchen ihn schon. Er bestünde in einer, allerdings nicht oberflächlichen Annäherung der beiden großen Gebiete, nämlich Naturwissenschaft und Kunst. Wir sagen jedem einzelnen, der hier mitarbeitet: Bleibe Meister auf deinem Gebiet, fühle und trainiere dich als solcher, aber lerne die anderen Disziplinen kennen. Und wenn du etwas für sie zu sagen hast, sprich es aus, selbst dann, wenn du meinst, du würdest nicht verstanden. Das ist unsere Methode, die eben nicht auf den faulen Kompromiß steuert. Eine solche Methode wurde etwa in den Diskussionen zum zwanzigjährigen Bestehen unseres Institutes praktiziert, indem man jeden einzelnen Menschen anregte, das Beste zu offenbaren, auszusprechen, mit anderen zu diskutieren, ihn also nicht von vornherein in eine Kompromiß-Landschaft hineinzuziehen.

J. C.: Wenn Sie manchmal sagen, Sie würden ganz gern mehr in der bildenden Kunst arbeiten – wie sähe eine solche Kunst aus?

Frei Otto: Ich habe ja einiges gemacht, Plastiken, Brunnen. Ich würde mich aber ansiedeln bei den ganz sensiblen Formen, die den dreidimensionalen Raum erschließen, Punkte und Körper in den Raum hängen oder sie sich bewegen lassen. Ich habe viele Skizzen dieser Art gemacht. So sind auch eine ganze Reihe jüngster Bauentwürfe eigentlich Skulpturen. Praktisch ist aus dem Objekt die Nutzanwendung herausgezogen, um Menschen darauf aufmerksam zu machen, daß man Architektur nicht immer nach den vordergründigen Kosten-Nutzen-Energiewerten beurteilen kann.

Auch unser jüngster Bau, ein bemaltes Glaszelt für den diplomatischen Club in Saudi-Arabien, sehe ich als reine Plastik an. Es hat keine Funktion außer der, die Menschen fröhlich zu machen und einen Versammlungsort zu kennzeichnen. Es ist nicht einmal ein Regen-, höchstens ein Sonnenschutz. Es ist ein skulpturales Objekt.

Allerdings unter ganz strengen Auflagen. Wir haben sehr intensiv daran gearbeitet, die Form des Spitzzeltes zu gestalten, mit absoluter Akribie. Wer darin eine Konstruktion sieht, gut; die meisten werden es nicht so sehen, sie werden die Malerei in der Luft sehen und ganz vergessen, daß es Konstruktion ist. Denn jedes materielle Objekt, und sei es die dünnste Folie, ist Konstruktion. Wenn Materie da ist, greifen sofort Kräfte zu. Die Trennung, die heute viele Bildhauer machen, indem sie sagen, mich interessiert die Konstruktion nicht, ist Augenwischerei. Mein Vater, wie gesagt ein Steinbildhauer, hat sich unglaublich Mühe gegeben, daß ihm nicht ein Arm von einer Plastik herunterfällt.

3. Von der Elektrizität zur Elektronik: Piotr Kowalski

Der in Polen geborene, in den USA geschulte, vorwiegend in Frankreich lebende Piotr Kowalski ist eine der vielseitigsten Figuren auf der Kunst-und-Technologie-Szene. Sein Studium am M.I.T. in Cambridge, Massachusetts, das er 1952 mit einem Architekturdiplom beendet, führt ihn unter anderem auch mit dem »Erfinder« der Kybernetik, Norbert Wiener, zusammen. In Paris, wo er nach dem Studium auf Einladung von Marcel Breuer am UNESCO-Projekt mitarbeitet, eröffnet er 1955 ein eigenes Büro. Nachdem er bei Jean Prouvé vorfabrizierte Strukturen für Wüstensiedlungen studiert hat, gründet er 1958 ein Atelier für experimentelle Architektur. Dort wird unter anderem für die »Electricité de France« (jene Compagnie, die 1983/84 das Ausstellungskonzept von »Electra« ermöglichte) eine erste skulpturale Architektur aus transparentem Polyester entwickelt.

1961 zeigt er in Paris zum ersten Male in einer Einzelausstellung seine Skulpturen. Diese steht unter dem langen Titel »Erschaffung neuer Formen, wie sie direkt hervorgehen aus jeglichen Deformationen, welchen sich eine elastische Fläche unterziehen läßt«. In den weiteren sechziger Jahren macht er verschiedene Skulpturen und Installationen mit Neon. Er setzt allerdings schon in seinem »Großen Manipulator« Elektronik ein, wobei der Betrachter zum Teilnehmer beziehungsweise Auslöser bestimmter Situationen wird. Im Falle des »Großen Manipulators« sind es Volumen von farbigen Gasen innerhalb eines elektronischen Feldes, auf die der Teilnehmer reagiert. Entsprechend den Bewegungen der Personen leuchten die Gase auf, eine Konstellation, die Kowalski später in seinem »Champ d'interaction« erweitert und fortentwickelt.

In einem Text für die Ausstellung »Lumière et Mouvement« in Paris, 1967, skizziert er die Entscheidungsmodalitäten, die der Teilnehmer hat. Da ist einmal die mechanische, automatische Entscheidung, die durch einen Knopfdruck oder ähnliches herbeigeführt wird. Die Entscheidungen sind hierbei begrenzt, kodifizierbar und in andere Sprachen – wie die der Logik, der Mathematik, der Kybernetik – übersetzbar. Im zweiten Fall wird eine Idee in Materie umgestaltet. Die Entscheidungen können jetzt nicht mehr eingekreist oder begrenzt werden in dem »psychologischen« Ozean zwischen Gehirn und Geste, die den Prozeß in Gang bringt.

Wenn die Entscheidungen innerhalb der Beziehung Teilnehmer – Kunstwerk klargelegt und offenbar werden, hört der Gegenstand auf, als solcher zu fungieren und wird zum Träger einer künstlerischen Vorstellung eines künstlerischen Gedankens.

Kowalski wandte in den sechziger Jahren ein Verfahren zur Herstellung einer Skulptur an, das aus der Industrie bekannt ist, im Umkreis künstlerischer Plastik aber wohl nie zuvor verwendet wurde: Die Explosivformgebung. Dieses Verfahren dient dazu, Materialien, Metalle unter Wasser zu einer kontrollierten Explosion zu bringen, um sie so zu formen oder zusammenzuschweißen.

Kowalski hat dieses Verfahren für eine dreiteilige Skulpturengruppe auf dem Campus des Long Beach State College verwendet. Die riesigen Stahlplatten von 4,5 Meter Breite am unteren Ende, und 7,5 Meter Höhe, wurden unter Wasser durch gezielte Explosionen verformt. An Land ergaben sie nach der Aufstellung eine offene, dem

Iglu verwandte Struktur, Technologie, Architektur, Skulptur verbindend.

Speziell am Center for Advanced Visual Studies des M.I.T. hat Kowalski ab 1978 an seiner»Zeit-Maschine« gearbeitet. Er geht davon aus, daß die unmittelbare Materialität von Zeit sichtbar gemacht werden kann. Und zwar nicht als Spur im Gedächtnis, sondern ganz materiehaft, den Sinnen zugänglich.

Es ist nicht unvernünftig, meint er, sich vorzustellen, daß in weichen Materialien wie der Ölmalerei, oder der Töpferei, beim Entstehen der Arbeit Umgebungstöne miteingefangen werden. So mag es Welten von Worten oder Tönen geben von Leuten aus lange zurückliegenden Zeiten, die in den Werken eingefangen sind, und die zu entziffern sich lohnte.

Die »Zeit-Maschine I«, die er 1982 im Centre Pompidou in Paris installierte, ist ein auf Öffentlichkeit ausgerichtetes, interaktives Stück, das bestehende Töne und Bilder, sowie Aktionen der Besucher einfängt und sie rückwärts in Realzeit wiederherstellt, auf Monitoren oder/und durch Tonsysteme. Mit der »Zeit-Maschine II« stellte er 1983 aus Anlaß der 3. Sky Art Konferenz eine Zweiwegeverbindung zwischen München und dem genannten Center am M.I.T. in Cambridge her. Über eine Telefonleitung aus München wurden Worte von Besuchern in die »Zeit-Maschine II« eingespeist. Die Worte und Sätze wurden neu zusammengesetzt, neue oder unbekannte oder gar keine Sinn-Zusammenhänge entstanden, und wurden auf der anderen Telefonleitung wieder nach München zurückgesandt, mit einer minimalen Zeitverschiebung, die praktisch zu vernachlässigen war.

Ein anderes, schon kurz erwähntes Beispiel einer interaktiven Raum-Zeit-Skulptur verwirklichte Piotr Kowalski innerhalb der Ausstellung »Electra«: »Champ d'interaction«. Dabei konnte er auf eine kleinere Version zurückgreifen, die er 1972 in Le Havre ausgeführt hatte. Es handelt sich um einen Raum, in dem am Boden, unsichtbar für den Besucher, ein Netzwerk elektronischer Kontakte ausgelegt ist. Beim Überschreiten werden die horizontal ausgelegten Impulse weitergeleitet in die Lichtquellen, die sich an den Wänden befinden. Lichtstrukturen, Lichtfelder werden entsprechend der Geschwindigkeit und der Richtung des die Kontakte überschreitenden Besuchers ausgelöst. Der Raum soll später beim Musée du Parc de la Villette in Paris (S. 141 f.) übernommen werden.

4. Die elektronische Skulptur: James Seawright

Der Amerikaner James Seawright ist ein Pionier der kybernetischen Skulptur, obgleich er mit seinen äußerst reizvollen, strikt elektronischen Arbeiten auf vielen wichtigen Ausstellungen von Kunst und Technologie nicht vertreten war. So wurde sein Werk auch bei uns nicht bekannt.

Entscheidende Impulse erhält er Anfang der sechziger Jahre durch den amerikanischen Choreographen Alwin Nikolais, mit dem er auch elektronische Musik komponiert. Diese Musik demonstriert ihm nachhaltig, wie Technologie und Kunst zu neuer Einheit verschmelzen können. Ab 1963 ist Seawright als Techniker und Lehrer am Columbia-Princeton Electronic Music Center tätig und vertieft dort sein Wissen über die Zusammenhänge zwischen Elektronik, Klang und Skulptur.*

Seawright ist an der Elektronik mit ihrer Hard- und ihrer Software nur insofern interessiert, als sie es ihm ermöglicht, eine Idee zu verwirklichen, die in anderen Materialien und mit anderen Systemen nicht auszuführen ist. Die *Idee*, man könnte auch sagen: die *elektronische Idee* wird so umgesetzt, daß sie nicht anders, sondern nur in dieser Version, mit diesen besonderen Schaltungen, Lichtern, Sensoren dreidimensionale Gestalt annehmen kann. Elektronik wird nicht ihrer selbst wegen »zur Schau gestellt«. Elektronik beginnt ein vorherbestimmtes Eigenleben zu führen. Damit zeigt uns der Künstler Seawright Möglichkeiten unseres elektronischen Zeitalters auf, die in der angewandten Technologie nur verschlüsselt, sozusagen brach liegen, aber durch die Funktionalität beziehungsweise Rationalität der Instrumentarien verdeckt sind.

Seine elektronischen Skulpturen verbinden ausgefeiltes technisches Wissen um die Möglichkeiten der Elektronik mit einer klar definierten künstlerischen Idee. Diese bezieht zunehmend seit Mitte der sechziger

* Aus dieser Zeit stammt auch Seawrights erster Videofilm »Capriccio for TV«, 1969. Zur elektronischen Musik von Bulent Arel nahm er zwei Tänzerinnen auf, seine Frau Mimi Garrad und Virginia Laidlaw. In den beiden ersten Sequenzen wurden sie in Farbnegativ, überlagert von rückwärtslaufenden Bildern ihres Tanzes, gezeigt. Danach nahm Seawright die Tänzerinnen mit drei Kameras auf, dies wurde aber jeweils nur in einer der drei Grundfarben gemacht. Hinzu kam eine Kamera, die zeitverzögert aufnahm, das Videotape erhielt dadurch eine abstrakte Note. Manches in dem Band erinnert an Bilder farbiger Röntgenstrahlen. »Raum, Zeit, Form und Farbe wurden zu einem Konzert in einer unvergeßlichen Videoerfahrung«. (Gene Youngblood, Expanded Cinema, Dutton Paperback, New York 1970, S. 301.)

Jahre auch den Betrachter mit ein. Seawright kommt zu *»reaktiven Environments«*, wie er sie nennt.

Das gilt ganz besonders für seine Installation »Electronic Peristyle«, die er 1968 für die Ausstellung »Das Magische Theater« in der Nelson Gallery in Kansas City ausführt. Zehn schwarze Säulen mit eingebauten Lampen, akustischen Verstärkern, Lautsprechern und elektronischen Steuersystemen umstehen dabei eine zentrale elektronische Einheit, die unter anderem in einer Glaskugel untergebracht ist. Indem Besucher den Raum betreten, erzeugen die Säulen wechselnde Klang-, Licht- und Luftstrukturen. Damit ist eindeutig der Weg zu kybernetischen Skulpturen und Räumen beschritten, wobei Seawright in einem Gespräch mit dem Medienkünstler und Schriftsteller Douglas Davis auf den Konflikt hinweist, der zwischen den Gruppen- und der Einzelerwartung an solche Kunstwerke besteht:

»Wenn ich für mich selber spreche, meine ich, daß es wirklich keinen praktischen Kompromiß gibt zwischen Environments, die eine oberflächliche Darbietung für Betrachtergruppen betreiben, oder zur Verfügung stellen, und solchen, die das größtmögliche Wahrnehmungsengagement für eine Einzelperson anbieten. Die Notwendigkeit, eine stabile (und rationale) Lösung für jede mögliche Kombination von Gruppenaktivitäten oder Anreizen bereitzustellen, engt den erreichbaren Grad von Interaktion stark ein, zumindest für realzeitliche Systeme, bei denen eine Zeitverzögerungsreaktion im Spiel ist.

Da meine eigenen Ideen sich immer weniger mit theatralischer Verführung befassen, wie sie beispielhaft in programmierten Environment-Erscheinungen gegeben sind, und da sie sich immer stärker für Situationen interessieren, die (bewußt oder unbewußt) vom Betrachter gesteuert werden, denke ich nun über Wege nach, wie sich die Individualisierung der Reaktion von Systemen ausweiten läßt. Ein Weg, der in diesem Augenblick logisch erscheint, wäre der Versuch, reaktive Environments zu errichten, die der Betrachter ›unterrichten‹ kann. Die Reaktionen solcher Systeme ließen sich vom einbezogenen Betrachter verfeinern oder zurückweisen und so oft neu strukturieren, wie das gewünscht wird.« (6)

So viele Worte werden gemacht über eine interaktive Technologie. Man sollte sich an die Künstler wenden, um zu erfahren, wie sie zu realisieren ist. Und: Nur durch die *antwortenden Systeme*, die Künstler wie James Seawright, Wen-Ying Tsai, Piotr Kowalski und andere errichtet, wenn nicht erfunden haben, zeigt die Technologie, was über strikte Nutzbarkeit hinaus mit ihr anzufangen ist.

Gerade dieser Zwischenweg ist so schwierig zu vermitteln. Die Fronten haben sich, besonders in der Bundesrepublik, häufig allzu starr dargestellt: Hier das Technokratische, das funktionelle Gesicht der Technologie, das elektronische Management mit der zielstrebigen Vermarktung; da die Technologie-Kritik, ja – Technologie-Aggressivität. Lassen wir den Künstler sprechen! Geben wir der überlegten Anwendung einer »reaktiven« Technologie eine Chance!

Im eben erwähnten Gespräch sagt Seawright dazu: »Der Grad der bislang erreichten Komplexität ist sehr primitiv, wenn man ihn im Licht der gegenwärtigen Computertechnologie und ihrer Möglichkeiten sieht. Komplexität um ihrer selbst willen ist natürlich absurd, doch die menschlichen Wahrnehmungen sind in sich wundervoll komplex und subtil, und sie scheinen zu einem Engagement auf einer gleicherweise verfeinerten Ebene aufzufordern.«

5. Skulptur und Vibration: Wen-Ying Tsai

»Mit Tsai ist die Grenze der heute verfügbaren kybernetischen Kunst erreicht«, schrieb Frank Popper im letzten Kapitel seines Buches »Die kinetische Kunst« (deutsch 1975), fügte jedoch hinzu, daß sie noch eine vielseitige Zukunft entwickeln kann.

Tatsächlich hat kaum ein Künstler das Prinzip der kybernetischen Skulptur so grundsätzlich und konsequent verfolgt, wie der 1928 in China geborene Tsai, der seit 1962 amerikanischer Staatsbürger ist und vorwiegend in New York arbeitet. Sein technisches Wissen (Tsai studierte in China und in den USA Maschinenbau und war zwischen 1956 und 1963 als Ingenieur und Projektmanager tätig) kam ihm dabei zugute.

Ironischerweise gab Tsai im Jahr 1963 nicht nur die berufliche Doppelbelastung als Ingenieur auf, sondern auch, mit einem Stipendium für Malerei in der Tasche, die Malerei. Er begann dreidimensionale Konstruktionen zu entwickeln, die ihn 1965/66 zu seiner ersten, auch so bezeichneten »Kybernetischen Skulptur« führten.

Im Prinzip sind das Stahlstäbe, die in Vibration versetzt werden und zwar 20–30 Zyklen pro Sekunde. Bläuliche Hochfrequenzblitze, stroboskopische Lichter, werden auf diese vibrierenden Stäbe gerichtet und erschaffen für das Auge des Betrachters einen virtuellen Raum. (Abb. 24).

Das Schema war in einfacher Form 1920 von dem damals noch in

Moskau arbeitenden Naum Gabo angewandt worden. Gabo (1890 bis 1977) nahm den Motor einer elektrischen Türschelle und befestigte daran eine Metallstange, die so in Bewegung gesetzt wurde. Durch die wellenartigen Bewegungen entstand ein entmaterialisierter Raum.

Tsai konnte, mit den technologischen Mitteln seiner Zeit, diese Idee und Konzeption weiter ausbauen. So verband er als erster die Vibration der Metallstäbe mit stroboskopischem Licht und einem über Mikrophone rückgekoppelten System. Dieses letztere verändert die Frequenz der stroboskopischen Blitze, indem es beispielsweise auf menschliche Stimmen, Händeklatschen oder andere Geräusche reagiert.

Trotz der in sie eingebrachten Technologie erscheinen Tsais Skulpturen dem Betrachter als quasi »organische« Einheiten. Sie bewegen sich mit der schwerelosen Leichtigkeit von Schlingpflanzen oder von Meeresorganismen wie dem Röhrenaal, der aus sandigen Gründen sich emporwindet und in den Unterwasserströmungen treibt.

1978 erfand Tsai die »Aufwärts fallende Fontäne«, wobei Wasser über einen Vibrator in Spiralform nach unten fällt, durch die stroboskopischen Lichter aber nach oben fallend erscheint. Das natürliche Element Wasser tritt dadurch in eine ähnliche Vibration, wie er es zuvor mit den Metallstäben erreicht hat. In großem Maßstab realisierte Tsai diese »Kybernetischen Wasserskulpturen« für die Ausstellung »Electra«.

Aus Anlaß dieser Ausstellung forderte Tsai dazu auf, in einem Zeitalter wesentlicher technologischer Erfindungen den Standard der bildenden Kunst neu zu überprüfen. Nicht in Gegensatz, sondern parallel und komplementär zu Wissenschaft und Technologie, habe die Kunst heute ihre Möglichkeiten. Dabei spielt die Aktivierung der Wahrnehmung des Betrachters in dem System seiner kybernetischen Skulpturen sicher eine hervorragende Rolle.

»Seine kybernetischen Skulpturen«, so schrieb Frank Popper in dem oben erwähnten Buch, »die auf perfektem technologischem Niveau stehen, bieten dem Betrachter eine umfassende visuelle Erfahrung, die choreographische, chromatische und rhythmische Effekte umfaßt. Tatsächlich kann der Beschauer ein beinahe mathematisches Beziehungsverhältnis zu diesen Werken eingehen, indem er seine Wahrnehmungsfähigkeiten an den verschiedenen ästhetischen Parametern der Vibration, des Klangs, der Farbe und der Wellenbewegung schärft.« (7)

6. Musikalische Interaktionen: Peter Vogel

Die Themen von Vogels Skulpturen sind das Spiel, der Tanz, die Klangerzeugung, die Interaktion von Betrachter/Teilnehmer und Objekt. Ihre Form ist filigranartig, zeigt die Funktionen, macht den Mechanismus offensichtlich, ist durchsichtig.

Der Weg, der ihn dahin führte, begann Ende der sechziger Jahre, als er die Ölbilder jener Zeit mit allerlei elektronischem Mechanismus versah. Dessen Aufgabe war es, bei Vorübergehen an einem solchen Bild Bewegungen mechanischer Teile auszulösen, Lampen oder farbige Scheiben aufleuchten zu lassen.

Vogel interessierte sich jedoch zunehmend für den zeitlichen Charakter beziehungsweise Ablauf, der durch die Bilder nahegelegt wurde. Schon Mitte der sechziger Jahre hatte er sich mit Tanz und Choreographie beschäftigt. Nachdem er in den siebziger Jahren seine durch Sensoren auf Licht und Schatten reagierenden Skulpturen entworfen hatte, lag es nahe, auch Tänzer in das musikalische Environment einzubeziehen.

Technisch gesprochen löst der Schatten auf einer Fotozelle Töne aus, die je nach der Dauer der Lichtunterbrechung verschiedene Klangfarben besitzen. Der Schnelligkeit der Bewegung entsprechend wird die Skulptur dem Betrachter/Teilnehmer verschieden antworten.

So agiert und reagiert auch der Tänzer zugleich, d.h. er setzt durch seine Bewegungen bestimmte Klänge frei, auf die er wiederum durch tänzerische Figuren antwortet. Im Unterschied zum choreographierten Tanz ist das kein zuvor festgelegter Ablauf, vielmehr entwickelt er sich durch das Reagieren auf die Klangstrukturen immer neu. Zusammen mit der Improvisations-Tanzgruppe »Kasp« wurde auf der Musik-Biennale in Zagreb 1977 ein einwöchiger Workshop durchgeführt, wobei drei Tänzerinnen und ein Tänzer in Gegenwart des Publikums solche improvisierten Bewegungsabläufe übten. (Abb. 26)

Peter Vogel, der im Rahmen der Berliner Ausstellung »Für Augen und Ohren« (1980) auch mit Tänzerinnen und Tänzern der dortigen »Tanzfabrik« arbeitete, beschreibt die verschiedenen Tanzmöglichkeiten so:

»Zunächst mußten die Tänzer die Reaktionen der Objekte, nämlich des ›Musikalisch-kybernetischen Environments‹, kennenlernen, die Lage der lichtempfindlichen Sensoren und den Wirkungsbereich ihrer Körperschatten. Dann wurden Strukturen durchgespielt wie etwa solche:

Eine Tänzerin löst durch ihre Bewegungen die Klangstrukturen aus, die Gruppe reagiert außerhalb des Beeinflussungsbereiches auf die Klangstruktur.

Eine Tänzerin löst Klangstrukturen aus, die Gruppe reagiert darauf, und die Tänzerin reagiert wiederum auf die Bewegungen der Gruppe.

Eine Tänzerin löst Klangstrukturen aus, die Gruppe reagiert auf die Bewegungen dieser Tänzerin und löst ihrerseits wieder andere Klangreaktionen aus.« (8)

Wie James Seawright oder Wen-Ying Tsai hat Peter Vogel seine Objekte »Kybernetische Skulpturen« genannt. Wesentlich ist ihm der Aspekt der Kommunikation, verstanden als Informationsaustausch innerhalb biologischer, technischer oder abstrakter Systeme. Die Kommunikation zwischen dem Menschen und den Objekten erfolgt spielerisch. Die Skulptur ist ein »Spielding«, das sich durch das Spielen erschließt und diesem antwortet.

7. Ton-Räume: Bernhard Leitner

> »Das Ohr bevorzugt keinen besonderen ›Gesichtspunkt‹ Wir werden vom Schall umhüllt. Er umgibt uns mit seinem nahtlosen Gewebe. Wir sagen: ›Musik soll die Luft erfüllen‹. Wir sagen nicht: ›Musik soll einen bestimmten Sektor der Luft erfüllen‹ . . . Wir sind eben nicht mit Ohrlidern versehen. Während der Sehraum ein organisiertes Kontinuum gleichförmiger, zusammenhängender Art ist, stellt die Ohrenwelt eine Welt gleichzeitiger Beziehungen dar.«
> Marshall McLuhan

Dem Thema Raum – Musik – Skulptur wurde von den fünfziger Jahren an viel Interesse geschenkt. Da waren zum einen spielbare Skulpturen, wie sie unter anderem die Brüder François und Bernard Baschet, der Komponist Josef Anton Riedl, die amerikanische Cellistin Charlotte Moorman in Zusammenarbeit mit Nam June Paik (Abb. 30) entwickelten.

Aus den Zuschauern der Bilder und Plastiken wurden Zuhörer und Mitspieler. Klänge wurden integriert. Tinguelys Maschinen bieten ein ganzes »Orchester« an: Da schlagen Metalle aneinander, rattern

Räder, flattern Federn. Die Skulptur wird zum Ton- und Klangwelt-Lieferant. Und das alles vollzieht sich in einem Raum, der vom Gesichtssinn und von den Ohren in Besitz genommen wird. »Für Augen und Ohren« und »Mit den Augen hören« hieß zutreffend eine schon erwähnte Ausstellung, die 1980 nach Berlin auch in Paris vorgeführt wurde.

Eine andere Entwicklung kam aus der elektronischen Musik, wo die Konstruktion von Mehrspur-Tonbandgeräten dazu führte, Stimmen in einer Komposition auf mehrere Spuren verteilt aufzuzeichnen und sie im Konzertraum auch auf mehrere Lautsprecher zu verteilen, wie es zum erstenmal Pierre Schaeffer mit seinem Musikstück »Orphée« 1953 in Donaueschingen ausführte. Ein weiterer bekannter Schritt war der Philips-Pavillon bei der Weltausstellung in Brüssel 1958, gestaltet von den Architekten Le Corbusier und Iannis Xenakis, wobei über 400 Lautsprecher (von 10 bis 20 Watt) das »Elektronische Gedicht« von Edgar Varèse im Raum verteilt übertrugen. Zur automatisch gesteuerten Musik kamen Licht und visuelle Effekte.

Projekte komplexer Raumstrukturen der Musik veröffentlichte Karlheinz Stockhausen seit 1958, weithin berühmt wurde der von dem Architekten Fritz Bornemann entworfene, von Stockhausen mit Raum-Musik gestaltete Kugelbau zur Expo 1970 in Osaka. »Im Klang zu sitzen«, so der Komponist, »vom Klang umgeben zu sein, die Bewegungen der Klänge, ihre Geschwindigkeiten und Bewegunsformen verfolgen und erleben zu können, schafft tatsächlich eine vollkommen neue Situation des musikalischen Erlebnisses. Die ›musikalische Raumfahrt‹ hat mit diesem Auditorium endlich seine dreidimensionale Räumlichkeit bekommen.« (9)

Diese wenigen Verweise auf das musikalisch-künstlerische Umfeld, in dem sich die Ton-Räume von Bernhard Leitner entwickeln, müssen hier genügen. Anders als Stockhausen, der die für seine Musik optimale Raumsituation erforscht, kommt Leitner einige Jahre nach seinem Architekturstudium zu der Idee immaterieller Räume, die über die Klangfolgen im Raum erlebbar sind. Zum einen konzipiert er körpernahe Objekte wie die »Raum-Liege«, wobei ein Lautsprecher jeweils am Ende einer solchen, auf den liegenden Körper zugeschnittenen Liege eingebaut ist. Der Raum soll körperlich-sinnlich, teilweise durch miteinbezogene Vibrationserfahrungen, erlebt werden.

Leitner verwendet dafür gern das Wort vom »bio-akustischen« Wahrnehmen. Das bedeutet, daß akustische Reize nicht nur durch die Ohren eindringen, sondern über die Haut, in bestimmte Körperhohl-

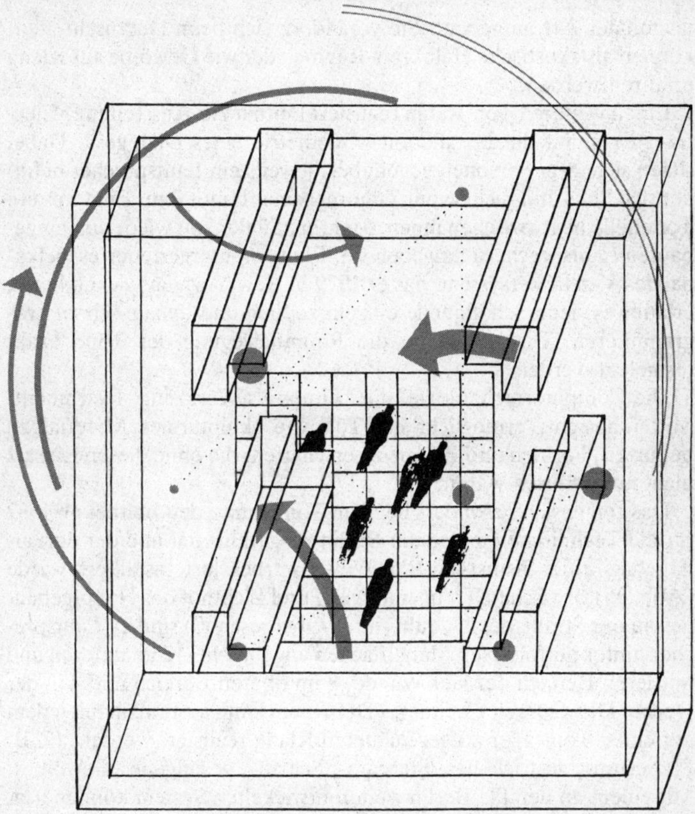

Zeichnung 9: Skizze von Bernhard Leitner zu seinem »Sound Square« in Linz, 1982. Mit seinen Ton-Räumen spricht der Architekt und Klang-Forscher den akustischen Körpersinn sowie den Raum-Sinn des Zuhörers an. (Katalog ars electronica, Linz 1982)

räume, so daß der ganze Körper akustisch erfaßt wird. Eine erste öffentlich gezeigte größere Architektur-Klang-Arbeit stellt Leitner 1982 zur Linzer ars electronica auf. Um eine platzartige Fläche von 35 Quadratmetern für etwa 30 Personen sind Wände gesetzt, die insgesamt 16 Lautsprecher tragen. Mit Unterstützung eines elektronischen Steuergerätes werden zwischen den Tonquellen immaterielle unkörperliche, nicht sichtbare Raumsegmente vertikaler, horizontaler und diagonaler Art aufgebaut. Sie verändern sich beim Durchschreiten, können als akustische Halbkreis-Räume oder wie Gewölbe aus Klang erfahren werden.

Einen weiteren Ton-Raum realisiert Leitner zur Ausstellung »Electra«. Er nennt die Installation »Geometrie eines Dialoges«. Dabei sitzen sich zwei Personen gegenüber, jeweils ein Lautsprecher befindet sich links und rechts vom Zuhörer, einer hinter ihm. Eine weitere Tonquelle liegt zwischen ihnen. Mehrere Säulen mit wiederum eingebauten Lautsprechern umgeben sie. Ein computergesteuertes vielkanaliges Verstärkersystem, das er 1979 in New York entwickelt hatte, erlaubt es, jede Schallquelle einzeln zeitlich und dynamisch zu programmieren. Dadurch kann die Raumbewegung der Töne exakt festgelegt werden.

Die Computertechnologie, die Leitner als Werkzeug, Instrument, Mittel ansieht, ermöglicht es, Ton wie skulpturales Material zu benutzen, Formen und Räume zu erschaffen, die ohne diesen Einsatz nicht auszuführen wären.

Das zeigte sich besonders bei dem Ton-Raum, den Leitner ab 1982 für die Technische Universität Berlin ausgeführt hat und der dort als Ergebnis eines Kunst-am-Bau-Wettbewerbes fest installiert wurde (Abb. 25). Zwischen Treppenaufgang und Lichthof des Hauptgebäudes an der Straße des 17. Juni (im 2. Obergeschoß) sind 24 Lautsprecher hinter perforierten Metallflächen angebracht, 12 im unteren und mittleren Bereich der vier Wände, 8 im oberen Bereich und 4 in der Decke. Dazu schreibt Leitner: »Der Raum kann im Prinzip mit jedem auf einen Tonträger aufgezeichneten Klang realisiert werden. (Z.B. Flatterton-, gestrichenes, Staccato-, Schritt-, gesungenes Gewölbe). Mit einem an der TU Berlin weiterentwickelten System können u.a. bis zu vier Klangspuren gleichzeitig räumlich parallel oder räumlich getrennt in ein Raumprogramm eingegeben werden. (Etwa: Wölben eincs gestaffelten Vierklang-Akkordes. Vier Töne beginnen gleichzeitig die Wölbung, drei wandern nur bis zu vorher festgelegten Punkten des Gewölbes, ein einziger Ton beendet das Wölben.)

Als Ton-Material werden mit klassischen Instrumenten gestrichene und geschlagene Töne verwendet, zum Teil mit Musik-Computer verarbeitet, Geräusche der Umwelt, elektronische Töne, oder Klangformen bzw. Klangmuster nicht abendländischer Musik, die sich, wie beispielsweise bestimmte Tabla-Schlag-Rhythmen, für eine Übersetzung in Bewegung, in Verräumlichung besser eignen. Über Mikrophon ist es möglich, Ton-Räume direkt zu verbalisieren und zu besprechen. Wie auch immer das Klangmaterial aufbereitet wird, Ton wird hier primär als raum-plastisches, raum-formendes Material verstanden.« (10)

Der ganze gebaute Raum wird zum Instrument, mit dem aus linearen und nicht linearen Bewegungsformen einzelne Ton-Räume aufgebaut werden. Neben gespeicherten Programmen ist es auch möglich, das Betreten des Raumes und überdies jede Bewegung des Zuschauers/Teilnehmers/Zuhörers mit einem kurzen Ton-Raum zu beantworten, der durch einen Zufallsgenerator ausgewählt wird. Die computergesteuerten Raumklangsysteme wurden vom Institut für Kommunikationswissenschaft der Berliner Technischen Universität (Leitung: Manfred Krause) geliefert, das auch schon an der elektroakustischen und musikalischen Ausgestaltung des erwähnten Osaka-Pavillons beteiligt war.*

* Gegenüber früheren Verfahren wurde ein Konzept entwickelt, das neue Vorgänge in der Technik der Mikroprozessoren einschließt. Die drei Komponenten der Klangsteuerung im Raum sind: Steuerrechner, 4 × 24 Lautstärkesteller-Matrix und Steuer- wie Entwicklungssoftware. Für den technisch interessierten Leser seien hier die Daten anhand der Beschreibung von Manfred Krause und Werner Schaller vom Fachgebiet Kommunikationswissenschaft der TU Berlin wiedergegeben:

»Der Steuerrechner liefert, entsprechend den in ihm enthaltenen Programmen, Daten für die Einstellung der Lautstärkesteller-Matrix, deren Elemente adressierbar sind und mit digitaler Information versorgt werden. Die Information für jedes Matrix-Element besteht für jeden Zeitpunkt des Programmablaufs aus einem 10-Bit-Wort. Sie gelangt mit einer Rate von etwa 500 Datenworten pro Sekunde in die Matrix.

Die Programme für den dynamischen Ablauf der Klangfiguren im Ton-Raum sind in ROMs gespeichert. (Erg. des Autors: ROM bedeutet ›Read-Only Memory‹, ein Nur-Lese-Speicher, die Daten können – im Unterschied zum EPROM – vom Anwender nicht geändert werden.) Sie können durch externe Signale aufgerufen werden. Eines der externen Signale wird von einem Bewegungsmelder geliefert, der auf Besucher reagiert und Klangablaufprogramme mit einem im Steuerrechner enthaltenen Zufallsgenerator auswählt. Mit einer Tastatur lassen sich die im Steuerrechner gespeicherten Programme für Demonstrationen gezielt auswählen oder es kann die Steuerung an den Hauptrechner übergeben werden.

Der Hauptrechner dient primär der Entwicklung und dem Test der Steuersoftware, also den Programmen für die Steuerung der Klangbewegungen im Raum. Es ist ein Z-8-Rechner mit einem 64-K-Arbeitsspeicher. Seine Peripherie umfaßt ein Bildschirmterminal, einen Drucker und ein Doppellaufwerk für 8-Zoll-Disketten.

Die compilierten Steuerprogramme werden auf Disketten gespeichert und können, in Module von 32 K zerlegt, in EPROMs eingebrannt werden.« (In: B. Leitner, Ton-Raum TU Berlin, 1984.)

8. Kunst im Solarzeitalter: Jürgen Claus

»Wir stehen an der Schwelle eines neuen Zeitalters, das als Sonnenzeitalter bezeichnet werden könnte.« (Wernher von Braun, 1973)

Mit der Sonne zu gestalten, heißt in einem unmittelbaren Sinn, mit der Geschichte des Planeten Erde zu arbeiten. Die Sonnenmythen und Sonnenreligionen geben davon Zeugnis. Geht man von der überlieferten Geschichte des Menschen weiter zurück in die erdgeschichtliche Dimension, die nach Jahrmillionen und Jahrmilliarden rechnet, so stößt man auf jenen großen Sprung, durch den neben der statischen Energie – der Aufnahme von Eisen, Kupfer, Schwefel durch die nichtsauerstoffverbrauchenden Anaeroben – die Strahlungsenergie der Sonne für die Leistungen des Chlorophylls entscheidend wurde.

Spricht man heute von *Sonnenenergie* und deren Einsatz auch in künstlerischen Werken, so sollte man sich bewußt sein, um welche grundsätzlichen und erstaunlichen Dimensionen es sich handelt, wenn man die *biologische Dimension* mit einschließt. Jede Pflanze ist in diesem Sinn ein Sonnenkraftwerk, das durch die Beteiligung des Moleküls Chlorophyll aus Kohlendioxid und Wasser Zucker und Stärke aufbaut. Sonnenenergie kann als solche Substanz gespeichert werden.

Das Studium der Lichtleistung des Plankton, jener Mikroorganismen im Meer, die die größte Population auf unserem Planeten darstellen, führte mich zu kybernetischen »Sonnenskulpturen«. Zusammen mit Skizzen des lichtumsetzenden Plankton schrieb ich Anfang 1983 in mein Bildtagebuch: »Die Kinetik profitiert davon, die Systeme der Photosynthese zu studieren. Kybernetische Objekte, die bei Lichteinstrahlung Veränderungen aufweisen.«

Dann war alles schnell konzipiert: Photoelektrische Zellen, die auf Schwimmkörpern angebracht sind, sammeln auf der Meeresoberfläche den »Strom« der Sonne ein. Er wird in Batterien gespeichert. Der Sonnenstrom erzeugt die Belichtung von drei unterschiedlichen Skulpturengruppen unter Wasser.

Die erste »*Sonnenskulptur*« besteht aus drei untereinander gehängten Glasröhren von maximal 4 Metern Länge, die mittlere ist in der Mitte unterbrochen. Später fand ich heraus, daß diese Struktur dem I-Ging-Trigramm für »Feuer« entspricht. Die »Radiolarien« sind eine zweite Skulpturengruppe, Glaskugeln von maximal 1,5 Meter Durchmesser, die ihre »Tentakeln« an verschiedenen Seiten der Kugel ins Meer strecken (Abb. 27). Die »Sonnenpyramide« besteht wiederum aus Glasröhren, die den äußeren Kanten einer Vierkantpyramide folgen. Eine offene Pyramide aus Licht, das sich – wie auch in den anderen skizzierten Skulpturen – mit der Intensität der Sonneneinstrahlung verändert, das heißt: verstärkt oder schwächer wird.

Ich spreche in diesem Abschnitt über den Entwurf einer kybernetischen Kunst im Solarzeitalter. Das wirft Fragen auf, beispielsweise nach unserem Verständnis von Kunst. Da ist es notwendig, den Prozeßcharakter des künstlerischen Werkes stärker zu betonen. Der Prozeß eröffnet die biologische Dimension. Kunst in diesem Sinne verstanden, Produkt und Prozeß, trägt Modelle zum Weltverständnis bei. Kunst kann beispielsweise Energie sehr direkt sichtbar und für jedermann erlebbar machen. Wenn man die »Sonnenskulpturen« als Energieträger des Sonnenlichtes auffaßt und sie so ausführt, kann man auf diese Weise ein Modell liefern, das aus der Tradition von Kunst, aus Geschichte und umgesetzter Naturwissenschaft, schließlich aus Natur selbst, lebt.

Nachdem im Januar 1984 eine »Sonnenpyramide« als Testmodell im Tauchbecken der Düsseldorfer NOWEA realisiert wurde, wobei es vor allem darauf ankam, die räumlichen Dimensionen der Pyramidenform zu studieren, wie sie sich unter Wasser ergeben, wurde bei der Ausstellung »Kunst und Technologie« im Bundesministerium für Forschung und Technologie im September/Oktober 1984 eine »An-Land-Situation« verwirklicht.

Die »Sonnenpyramide« bestand dabei aus acht gelben Argon-Leuchtstoffröhren mit einer jeweiligen Länge von 1,5 Meter. Die benötigte Stromleistung kam über einen fahrbaren Solargenerator (Fa. Interatom, die seit 1983 Siemens-Solarmodule im Programm hat). Er beinhaltet sechs Solarmodule der Typenreihe SM 144, das heißt, jedes Solarmodul enthält 144 monokristalline Siliziumsolarzellen von je 10 cm Durchmesser. Der Strom gelangt über einen Laderegler in Speicherbatterien und von da aus zu einem Gleichstrom/Wechselstrom-Wandler. Dann kann der Sonnenstrom benutzt werden.

Im Oktober 1984 wurde eine »Sonnenpyramide« im Zusammenhang mit dem Symposion Nordseeküste in Cuxhaven aufgestellt (Abb. 28). Es war eine »Außenversion«, aus stärkeren Leuchtstoffröhren gebaut, die den erheblichen Windstärken, Regengüssen und der Feuchtigkeit widerstehen mußte. Der Gedanke war, Sonne als Ur-

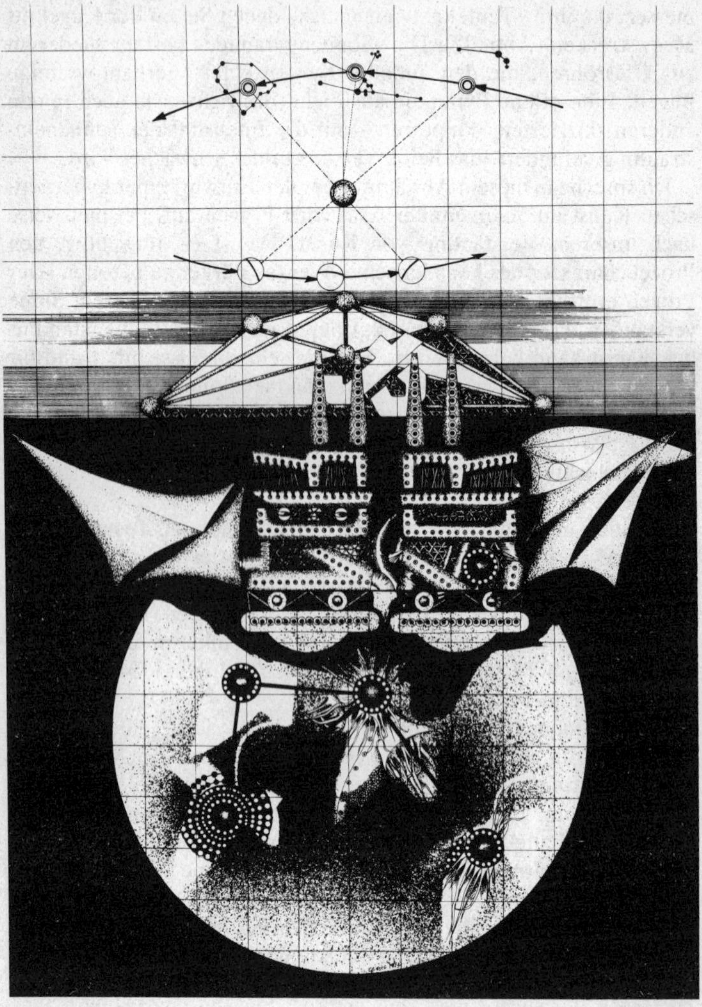

Zeichnung 10: Jürgen Claus, Meeres-Architektur, 1973. (Sammlung Atlantic Richfield, Los Angeles.) Der Autor beschäftigte sich seit Beginn der siebziger Jahre in zahlreichen Arbeiten mit der Einbettung von Architektur in das natürliche Umfeld, mit der Einbeziehung von erneuerbarer Energie wie Wind- und Sonnenenergie. Seine »Sonnenskulpturen« resultieren daraus – kybernetische Skulpturen, die mit Solarenergie betrieben werden.

sprungskraft allen Wetters zu zeigen, streng am Thema des Symposions (von dem Bildhauer Wulf Kirschner organisiert) ausgerichtet, das auf eine künstlerische Sichtbarmachung von Wetter zielte.

Das Licht als schöpferisches Medium zu gebrauchen oder es so zu interpretieren, war älteren Kulturen viel selbstverständlicher als uns. Entkleidet man solche Vorstellungen ihres mythischen und religiösen Inhaltes, dann sind sie absolut zeitgemäß. Sie verweisen auf das kommende, denkbare und vielleicht unumgängliche *Solarzeitalter*, in dem wir die Energien, die durch Sonne bewirkt werden, für uns in einem entscheidenden Maße wirksam werden lassen.

Barry Commoner hat in seinem 1979 erschienenen Buch »The Politics of Energy« (deutsch: »Radikale Energiewirtschaft«) eine detaillierte Hochrechnung für die Vereinigten Staaten erstellt, die innerhalb eines halben Jahrhunderts mit Hilfe regenerativer Energiesysteme eine fast völlige Abkopplung von den auslaufenden, nicht regenerierbaren Energien vorsieht, d.h. bis zu 90 % solare Energie (in einem weiten Sinne verstanden, also nicht nur auf der Photovoltaik basierend) einbezieht.

Die Hindernisse auf diesem Weg sind bekannt. Sie liegen in den vielfältigen politisch motivierten Energie-Monopolen, sie liegen in unserer geistigen Trägheit, sie liegen schließlich in dem fehlenden Mut, die Strukturen des Ökosystems für unsere Energiewirtschaft sinnvoll zu übernehmen.*

* Von der eingangs angesprochenen »biologischen Dimension« macht man sich vielleicht eine Vorstellung, wenn man die Zahlen sieht, die Wissenschaftler aus dem Naturzyklus eruiert haben. Die Umwandlung des einfallenden Lichtes durch die Land- und Meerespflanzen erzeugt jährlich insgesamt 105,5 Milliarden Tonnen Traubenzucker. Es werden, ebenfalls aufs Jahr gerechnet, durch die Pflanzen 467000 Milliarden Kilowattstunden Lichtleistung aufgenommen. »Die Organisationsprinzipien dieser Ökosysteme sind den auf neueren Erfindungen und sehr kurzfristigen linearen Projektionen beruhenden menschlichen Technologien überlegen. Im Gegensatz zu vielen menschlichen Institutionen manifestiert sich diese Intelligenz der Ökosysteme in der alles durchdringenden Tendenz, kooperative Beziehungen zu schaffen, welche die harmonische Integration der Systemkomponenten auf allen Organisationsebenen erleichtern.« (Fritjof Capra, »Wendezeit«, Bern, München, Wien 1983, S. 440. Die genannten Zahlen sind dem Buch »Geniale Ingenieure der Natur« von Felix R. Paturi, Düsseldorf 1974, entnommen.)

Das griechische Wort für Licht und der Name des Pioniers in der Elektrizitätsforschung Alessandro Volta verbinden sich in dem Wort Photovoltaik. Die Solarzelle wurde bereits 1954 erfunden. Bausteine, historisch gesehen, lieferten Forscher wie Heinrich Hertz, Werner von Siemens, Max Planck und Albert Einstein, der 1921 für seine Deutung der Lichtelektrizität mit dem Nobelpreis ausgezeichnet wurde.

Vielen ist die Solartechnik noch immer ein Buch mit sieben Siegeln, auch wird allzu häufig Wärmegewinnung, Warmwasser aus Sonne, Hitzeentwicklung aus Strahlung verwechselt mit der Stromerzeugung via Solartechnik. Ein paar Hinweise auf die Photovoltaik für den technisch nicht unbedingt bewanderten Leser sollen den Abschluß von »Kunst im Solarzeitalter« bilden.

Licht ist ein Fluß winziger Energieteilchen, der Photonen, die bei Auftritt auf bestimmte Materialien Elektronen freisetzen, und damit schließlich elektrischen Strom. Das Material der nur einige Zehntelmillimeter dünnen Solarzellen ist aus Silizium, ein aus Sand gewonnenes Material. Deshalb sagt man bei der Photovoltaik auch: »Strom aus Sonne und Sand.«

Im Silizium, das auch für die Computerchips verwendet wird, werden von Lichtteilchen die Elektronen aus ihren Bindungen gelöst. Dadurch hinterlassen sie sogenannte »Löcher«, leere Plätze im Kristallgitter des Siliziums. Im Halbleiter Silizium ist die obere Schicht »negativ dotiert«, wie es in der Fachsprache heißt, die untere Schicht »positiv dotiert«. Zwischen beiden Schichten baut sich eine elektrische Barriere auf, an der eine Spannung durch die positiven Löcher und die negativen Elektronen entsteht. Über Metallkontakte, die in die Solarzelle eingelegt sind, kann Strom entnommen werden.

Mit der Photovoltaik vollzieht sich, wie schon in anderen Techniken, der Übergang vom mechanischen Prinzip (Dampfturbine als ein Beispiel) zum *elektronischen Prinzip*.

Der Wirkungsgrad, die Ausbeute an elektrischem Strom, ist derzeit am höchsten bei monokristallinen Zellen: 10–13%. Die polykristallinen Dünnschicht-Solarzellen, die auf einen Träger (etwa eine Folie) aufgesprüht oder aufgedampft werden, haben einen Wirkungsgrad von etwa 9%. Viele Fachleute sagen dieser Technik eine Zukunft voraus.

Wieviel Strom man gewinnen kann, hängt von verschiedenen Faktoren ab. Die Einstrahlung pro Jahr wird im amerikanischen

Westen, in Australien oder Südamerika, jedenfalls in Ländern mit hoher Sonneneinstrahlung, mit rund 2200 Kilowattstunden auf einen Quadratmeter angegeben. Als Faustregel gilt für unsere Breiten 1000 kWh pro m^2. Wie erwähnt werden aber nur etwa 10 % der auftreffenden Strahlung in elektrische Energie umgewandelt. Ein weiterer Verlust ergibt sich aus der notwendigen Umwandlung des Gleichstroms, den die Solarzelle liefert, in Wechselstrom (Der Verlust liegt bei 10 bis 20 %.)

Zum Preis der Solarenergie kann man grundsätzlich sagen, daß die Entwicklung billigerer Solarzellen nur eine Frage der Zeit ist, konkret: größerer Abnehmerquoten. War der Preis einer Solarzelle Anfang der achtziger Jahre zwischen 30 und 40 Mark pro Watt, so gingen die Hochrechnungen für das Ende des Jahrzehnts von drei bis fünf Mark pro Watt aus, mit weiter abnehmender Tendenz in den neunziger Jahren.

Für die, die skeptisch bleiben, denen der Mut fehlt, in das von Wernher von Braun 1973 angesagte Solarzeitalter einzutreten, zitiere ich ein paar Sätze des großen alten Mannes der Naturwissenschaft, Konrad Lorenz:

»Kein System, keine Familie, kein Staat, kein Planet kann mehr ausgeben, als er einnimmt. Die einzige legitime Einnahme, die unser Planet hat, ist die Sonneneinstrahlung. Schluß. Wenn wir mit unserem Kapital, das heißt, dem, was sich an fossiler Energie – Kohle und Öl – angesammelt hat, fertig sind, dann müssen wir mit der Sonnenenergie auskommen können.

Die Frage, ob wir mit der Sonnenergie auskommen können, ist eine saudumme Frage. Wir müssen.« (13)

9. Die Ausstellung als kybernetisches System: »Phänomena«

Eine Ausstellung als Glücksfall: Keine Expo mit Milliardenkosten, mit nationalen Ambitionen; keine Superschau im Museum, mit kaum noch zu tragendem Katalog; eine Ausstellung in der Natur statt dessen, für Menschen gemacht, die bereit sind, ihre Verkrustungen abzulegen, die Sinne zu öffnen, die *Phänomene* der Natur auf sich wirken zu lassen.

Das Ausstellungskonzept zur ersten »Phänomena«, die von Mai bis Oktober 1984 an der Seepromenade Zürichhorn bei Zürich stattfand, ist vom Organisator, dem Leiter des Züricher Forum, Georg Müller, bündig so formuliert worden: »Wer sich ein Weltbild aneignen möchte, mußt auch die Gesetzmäßigkeiten, die Zusammenhänge und Prozesse in der Natur kennenlernen und begreifen können. Die ›Phänomena‹ will ein Brückenschlag sein zum besseren Verständnis einer komplizierter gewordenen Welt. Die Phänomene sind die Fenster, die Brennpunkte der Erscheinungswelt; sich ihnen zuzuwenden und sich an ihnen zu freuen, setzt kein Hochschulwissen voraus.« (14)

Das Zürcher Forum, 1968 gegründet, hatte bis zu diesem Zeitpunkt über 800 verschiedenartige Veranstaltungen wie kleinere Ausstellungen, Konzerte, Tagungen, Vorträge veranstaltet, um neue »Kunstfreunde« oder sozial und geographisch benachteiligte Publikumsschichten zu erreichen. 1976 hatte sich das Forum eine große Ausstellung mit Werken von Henry Moore geleistet, übrigens an derselben schönen Zone des Zürchersees, an der dann 1984 die »Phänomena« stattfanden.

Drei Jahre Vorbereitung brauchte diese vielbeachtete Ausstellung, deren Idee erstmalig 1981 der Presse vorgestellt worden war. Dabei wurde, nicht unwichtig zu erwähnen, der organisatorische Stab auf sechs einsatzfreudige Personen beschränkt, wozu von Beginn an der Zürcher Künstler und Architekt Johannes Peter Straub und, ab 1982, der Künstler und Designer Nikolaus Schwabe als Ausstellungsgestalter traten. Die Gesamtkoordination lag bei Georg Müller; mit ihm, sowie mit Nikolaus Schwabe wurde kurz nach Ausstellungsschluß das abgedruckte Gespräch geführt. (Die im Jahr 1985 in Rotterdam veranstaltete gleichnamige Ausstellung konnte also in das Gespräch nicht einbezogen werden. Zu sagen ist noch, daß verschiedene andere Städte Interesse gezeigt haben, die Ausstellung aufzunehmen.)

Der Anspruch von »Phänomena«, das wird im Gespräch deutlich, ist es nicht, naturwissenschaftliche Erscheinungen, Daten, Prozesse, Abläufe in künstlerische Gestalt zu überführen. Es ist schon etwas getan, wenn Zuschauer/Teilnehmer die vielfältigen Phänomene wie Photosynthese, Wasserdruck, Echo, Kristallbildung, räumliche Täuschung, Magnetwirkung und so weiter konkret erleben. Man mag allerdings daran denken, wie Ausstellungen beschaffen sein könnten, die beide Ansprüche, nämlich den naturwissenschaftlichen und künstlerischen, verbinden, und das in einem Feedback-Verfahren mit den Teilnehmern.

Gespräch mit Georg Müller und Nikolaus Schwabe über die Wirkungen der Ausstellung »Phänomena« in Zürich, 1984

Jürgen Claus: Ihre Ausstellung »Phänomena« im Jahre 1984 hatte 1,2 Millionen Besucher. Kann man große Bevölkerungskreise an neue Technologien, wissenschaftliche Erfahrungen heranführen, wenn man diese eher spielerisch präsentiert? Wie sieht Ihre Erfahrung aus?
Nikolaus Schwabe: Es war das erste Mal, daß wir so etwas versucht haben. Die Voraussagen waren alle ganz schlecht. Die Leute hatten uns gewarnt. Niemand, so hatte man uns gesagt, wird durch Brillen mit Prismen schauen. Die Menschen haben das Fernsehen zu Hause, eine auf Technik bezogene Ausstellung wird keinen Erfolg haben. Als die Ausstellung da war, konnte man nicht einmal an die Brillen heran, die Besucher standen Schlange davor. Man kann sagen, wenn die Besucher die Objekte mit einer Tätigkeit verbinden und diese erleben, dann sind sie begeistert.
J.C.: Also muß man das bieten, was man ein interaktives System nennt. Offenbar ist Technologie dann viel besser einzusehen. Hat die Ausstellung das bestätigt?
Nikolaus Schwabe: Wir müßten jetzt einen Rundgang durch die Ausstellung machen, dann könnten wir belegen, wie die Tätigkeit ist, die die Besucher entwickeln können. Auf jeden Fall kann ich die Frage voll bestätigen.
J.C.: Der Ausgangspunkt von »Phänomena« ist ja nicht, Kunst zu zeigen, sondern, wie der Name sagt, Phänomene. Wo spielt aber, die Frage an den Organisator gerichtet, künstlerische Fantasie hinein? Kann jeder Besucher, jeder Akteur in der Ausstellung seine eigene Fantasie entfalten, und sei es an einem Objekt, in einem Prozeß, der von der Anlage her nicht künstlerisch gemeint ist?
Georg Müller: Das Künstlerische setzt schon in der Vorbereitung, in der Umsetzung der Vorstellung, im Handlungsablauf der Inszenierung ein. Es ist nicht einfach eine Inventarisierung, ein Inauftraggeben von Objekten, die gesammelt und präsentiert werden. Es ist ein anderes Konzept: Das Künstlerische liegt am Anfang. Ein zweites ist die Präsentation, das heißt die Gestaltung, Einbindung der Objekte, Farbgebung, Grundriß der Innenausbauten, auch die Gebäude selbst. Wir hatten in Zürich kein Museum zur Verfügung, sondern mußten das auch bauen, und dies wiederum in eine schöne Parklandschaft hinein. Es war kein Gesamtkunstwerk, vielmehr der Versuch, die Phänomene unserer Umwelt künstlerisch zur Geltung zu bringen.

J.C.: Offensichtlich wird in dem Akteur, dem Teilnehmer der Ausstellung etwas in Gang gesetzt – er sieht ein naturwissenschaftliches Phänomen, beispielsweise die Brechung von Licht, das Aufeinandertreffen von Wasser, und wird davon ausgehend in ein Erlebnis einbezogen. Hat man da Erfahrungen gewonnen?
Georg Müller: Der Ausstellungsbesucher wird so miteinbezogen, daß er quasi in die Prozesse verwoben ist. Er kann nicht einfach als Konsument zuschauen, er fällt mitten ins Geschehen hinein, muß mitagieren, um überhaupt Antworten zu bekommen, um eine Belebung des Ausstellungsgutes zu erfahren. Ich will nicht sagen, daß dies ein künstlerischer Prozeß ist, jedenfalls aber öffnet er die Sinnesporen. Der Besucher wird auf jeden Fall wach, vielleicht interessiert, beweglicher; schöpferische Prozesse werden angeregt, zum Beispiel die Kombinatorik.
J.C.: Eine weitere Frage an Herrn Schwabe. Wenn man mit Licht arbeitet, setzt man eine Gedankenfolge im Betrachter in Bewegung, die etwa lautet: Ich kann mit Licht etwas machen, was über die Funktionalität hinausgeht. Das ist doch wohl auch in Ihrer Installation geplant?
Nikolaus Schwabe: Ja, Sie meinen das Sonnenlicht-Experiment, wobei etwa Sonnenlicht über einen Heliostat und weitere Umlenkspiegel in einen Dunkelraum gebracht wird. Nun ist bei der Ausstellung das Hauptproblem die Darstellung. Die Phänomene selbst sind ja uralt. Daß man Licht nicht sieht, es aber Qualitäten hat, die man aufzeigen kann, das weiß man lange schon. Es muß eine Darstellung gefunden werden, bei der die Leute eine Aktivität entfalten können. Wir haben beispielsweise beim Heliostaten die Nord-Süd-Achse rot gemacht, nicht aus ästhetischen Gründen, sondern damit der Betrachter ein Gefühl dafür bekommt, wie unsere Erde im Sonnensystem drinliegt. Die Reaktionen konnten wir bei Ausstellungsbeginn natürlich nicht abschätzen. Dann waren wir überrascht, wie das Publikum den Licht-Phänomenen folgte, die farbigen Qualitäten des Lichtes aufnahm, die wir etwa über Winkelspiegel, die von jedermann verändert werden konnten, sichtbar machten.
J.C.: Wahrscheinlich ist es bei Ihrer Ausstellung leichter, das Publikum an Phänomene heranzuführen, weil nicht im einzelnen die künstlerische Ambition »dazwischentritt«. Denn ganz so einfach ist die oft geforderte Interaktion im künstlerischen Prozeß nicht zu verwirklichen.
Georg Müller: Die ganze Ausstellungsidee ist für uns niemals ein

Gelände, in dem wir uns selbst verwirklichen wollen. Wir haben uns selbst interessiert und alle Entscheidungen so getroffen, daß wir in bezug auf das persönliche Interesse des Verständnisses gegenüber den Phänomenen auf unsere Rechnung kamen. Das hat sich als richtig erwiesen. Unsere Vorleistungen sind dem Ausstellungsbesucher entgegengekommen. Wir waren selbst Besucher, die die Möglichkeiten hatten, eine Ausstellung zu machen. Die Wissenschaftler haben uns dabei geholfen, damit wir nicht den roten Faden verlieren konnten, daß keine Fehler passieren konnten.

IV. Die elektronische Veränderung

1. Künstler und sozialer Wandel: Gespräch mit Frank Popper

1918 in Prag geboren, studierte Frank Popper in Wien, London, Rom und Paris, wo er promovierte und sich habilitierte. 1970–83 stand er dem Kunstbereich an der Universität Paris VIII vor, wo er bis 1985 Professor für Ästhetik und Kunstwissenschaft war.

Als Fachmann für kinetische und technologische Kunst plante er mehrere Ausstellungen oder half bei ihrer Verwirklichung. Dazu zählen »KunstLichtKunst«, Eindhoven 1966; »Lumière et Mouvement«, Paris 1967; »Electra«, Paris 1983/84.

Unter seinen zahlreichen Publikationen zu erwähnen sind »Art, Action and Participation«, 1975 und »Die kinetische Kunst«, Köln 1975.

Das Gespräch fand im Juli 1984 in Paris statt.

Jürgen Claus: Wenn wir heute, Mitte der achtziger Jahre, von technologischer und elektronischer Kunst reden und sie mit der kinetischen Kunst vergleichen, von der wir vor etwa 20 Jahren sprachen – wo liegen die Veränderungen in diesem Zeitraum?

Frank Popper: In Wirklichkeit waren die Künstler wie auch ihre Werke in den sechziger Jahren mit den Fragen *Licht* und *Bewegung* beschäftigt. Sie arbeiteten noch in der Problematik des Konstruktivismus und der System-Kunst. Dagegen standen sie noch nicht im Verhältnis zu dem gesamten sozialen Wandel. Man war sich noch nicht bewußt, wie sehr die Technologie in alle Lebenszusammenhänge eingreifen wird. Man dachte nur an Veränderungen innerhalb der Kunst. Heute stößt man auf Fragen, die aus dem Kunstbereich weit hinausführen.

J.C.: Wie würden Sie in diesem Zusammenhang die Kunst der siebziger Jahre einordnen, wenn man hier einmal vereinfacht an sich komplexe Entwicklungen auf einen Nenner bringen darf? Ging die technologische Kunst in diesem Zeitraum »in den Untergrund«?

Frank Popper: Ich glaube, in den siebziger Jahren ist man sehr von den *Ideen* selbst beeinflußt gewesen. Man ging eher von den Objekten ab. Es dominierte einerseits das Interesse für die Umwelt, das Environment, andererseits die Konzept-Kunst. Das hat sich in den achtziger Jahren geändert. Die Technologie hat entscheidenden Einfluß gewonnen. Wir leben – wie McLuhan vorausgesagt hat – in einem »globalen Dorf«, in dem Aktion und Reaktion fast gleichzeitig erfolgen.

Um auf die Kunst oder die Künstler zu kommen, die schon in den sechziger Jahren bei Ausstellungen wie »KunstLichtKunst« oder »Lumière et Mouvement« dabei waren, wie etwa Takis oder Liliane Lijn, so waren diese schon damals konzeptionell und technologisch so weit fortgeschritten, daß sie auch in der Folge zusammen mit der sich erweiternden Technologie ihr Werk entwickeln konnten.

J.C.: Bei Besuchern von Ausstellungen, die sich im Grenzgebiet zwischen Kunst und Technologie ansiedeln, hört man öfters die Bemerkung: »Das ist doch Technologie, das hat nichts mit Kunst zu tun!« Wie würden Sie auf dieses Problem antworten?

Frank Popper: In Wirklichkeit stellt sich die Frage, ob der Künstler allein weiterarbeiten kann, oder ob er den Techniker braucht; das heißt, kann er sich selbst die Grundlagen technologischen Arbeitens aneignen oder nicht. Dies wurde in vielen Symposien, die wir im Rahmen der Ausstellung »Electra« abhielten, diskutiert. Die großen Technologie-Industrien, so wurde immer wieder gesagt, haben Angst, die Künstler an den schwierigsten und teuersten Apparaten arbeiten zu lassen.

Andererseits sind Wissenschaftler und Techniker bereit, auch experimentell-künstlerisch zu gestalten. Manchmal führt das zu interessanten Ergebnissen, aber eher selten. Ich glaube, daß wir früher oder später durch die Universitäten, durch die Zusammenarbeit von Gruppen und Teams aus Künstlern und Technikern zu nennenswerten Individual- oder Kollektivwerken kommen werden. Solche Beispiele waren in der Ausstellung »Electra« zu sehen.

J.C.: Darf ich nochmals konkret fragen, wo für Sie der Punkt liegt, an dem sich die Anwendung reiner Technologie, wie sie von Industrien zur Verfügung gestellt wird, von der künstlerischen Anwendung unterscheidet, oder andersherum, wo Kunst und Technologie tatsächlich zusammengehen?

Frank Popper: Ich habe ein Vorurteil. Ich glaube an den Künstler, an jemand, der existentiell Künstler ist. Ein Techniker wird nie dieselbe Fantasie entwickeln. Ich glaube, ich kann es an den Werken ablesen, wenn die Imagination funktioniert. Oft machen rein technisch eindrucksvolle Bilder oder Objekte und Kommunikationsformen einen starken Eindruck auf das Publikum. Dahinter steckt oft weniger, als in einem technisch nicht so perfektionierten Werk. Ich glaube überdies, daß man von einem einzelnen Werk überhaupt nichts sagen kann,

sondern nur von einer »*démarche*«, einer längeren Entwicklung, die zu Fortschritten führt.
J.C.: Sie unterrichteten lange Jahre an der Pariser Universität. Hat sich im Verhalten der Studenten dem Thema Kunst und Technologie gegenüber etwas verändert?
Frank Popper: Die Teilnehmer an solchen Themengebieten sind nicht sehr zahlreich. Dafür aber sind die Gruppen solide geworden. Es ist zum ersten Mal möglich, daß sich eine Gruppe von Studenten an einer Bildplatte versuchte – und zwar für die Ausstellung »Les Immatériaux« (1985 im Centre Pompidou).
J.C.: Könnten Sie etwas sagen zur Veränderung im Publikumsverhalten?
Frank Popper: Das Publikum ist vielleicht weniger historisch interessiert. Überall dort, wo die Mitwirkung erfordert wird, um ein Werk, einen Prozeß in Gang zu setzen, funktioniert es hervorragend. Die Besucher haben weniger Vorbehalte als früher gegenüber interaktiven Verhaltensweisen. Was die Computer betrifft, so gehen die Besucher spielerisch und auch experimentell an die Apparate heran, um selbst etwas Neues damit zu schaffen. Man kann auch beobachten, daß sich das Element des Festes seit 1968 eingeführt hat. Ob die Perzeption sich *wesentlich* verändert hat, ist schwer zu beurteilen. Ich glaube jedoch, daß sich das Publikum bei »Electra« anders verhalten hat als im Centre Pompidou, wo man bis auf die Treppen oder das Panorama kaum neue Verhaltensweisen vom Besucher fordert. Das Programm auf dem Platz ist keine Lösung. Die Lösung wäre, daß die Sache durchdacht ist, dem Publikum angeboten wird, das dann intelligent und spielerisch reagieren kann.
J.C.: Eines Ihrer Bücher hieß programmatisch »Art, Action and Participation«. Viele Entwicklungen haben Sie im voraus beschrieben. Gibt es heute etwas, das Sie anders erwartet haben?
Frank Popper: Manchmal habe ich Angst vor der Banalisierung. Ich fürchte, daß das Publikum keine großen Ansprüche stellt. Ich habe, wenn Sie so wollen, direkt Angst vor dem Erfolg. Die Leute könnten, so fürchte ich, anspruchsloser werden. Andererseits habe ich bemerkt, daß sie aber doch, auf eine neue Art, kritisch sind. Auf eine Art, aus der auch wir etwas lernen können.
J.C.: Wie steht es mit den traditionellen Werten, die in der Kunst über Jahrhunderte zum Ausdruck kamen, das Leid, die Freude – kann nach Ihrer Meinung die elektronische Kunst diese grundlegenden menschlichen Erfahrungsweisen ausdrücken?

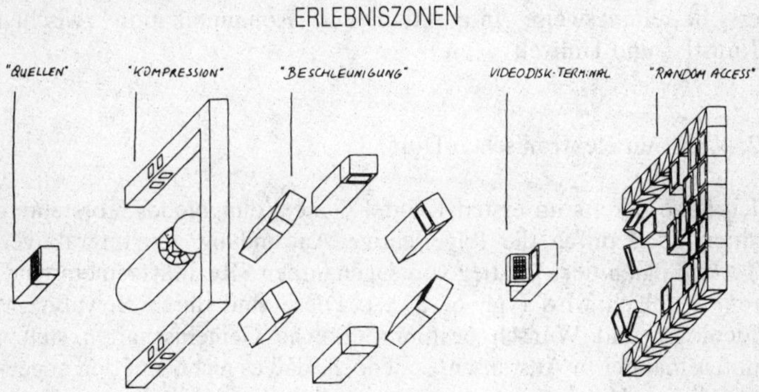

Zeichnung 11: Bernd Kracke, Medienbrunnen, Projekt für die ars electronica 1984, Linz. In den verschiedenen Erlebniszonen mischen sich das zufällige Aufeinandertreffen normaler Fernsehsendungen mit vorprogrammierten audiovisuellen Abläufen und mit Möglichkeiten interaktiven Eingreifens durch das Publikum.

Frank Popper: Ich bin überzeugt, das ist eine große Chance für uns, die Überlebenden und die neue Generation, nämlich die menschlichen Erfahrungen in Verhältnis zu bringen mit den technischen und sozialen Umwälzungen. Das ist eine spezifisch künstlerische Aufgabe. Das Menschliche wird nicht entfallen, sondern in Beziehung gesetzt zu dem, was der Künstler entwickelt. Die verschiedenen Sinne des Menschen werden zur Darstellung gebracht.

J.C.: Auch wenn ich Ihnen zustimme, so bleiben mir mit dem Blick über die letzten beiden Jahrzehnte doch nur wenige ganz starke Eindrücke im Gedächtnis, Vostells technologische Räume etwa, oder der »Polytope von Cluny«, 1972 von dem Komponisten und Künstler Xenakis uraufgeführt, der mit Laser, elektronischer Musik, Raum eine ganz eindringliche Situation schuf.

Frank Popper: Gewiß! Oft fehlt noch, beispielsweise in der Computerkunst, der *Stil*. Denn ich glaube nicht, daß die Idee des Stils zu Ende gekommen ist. Das wird nicht ein technologischer Stil sein, sondern es muß etwas Neues erreicht werden. Man könnte auf den Impressionismus hinweisen, wo sich Fotografie und Kunst gegenseitig beeinflußten. Das wird sich jetzt mit den neuen Mitteln abspielen.

Die Fragen, die mich schon immer beschäftigt haben, werden hier eingebracht: Die Aktion der Künstler, die Teilnahme der Zuschauer, beziehungsweise Interaktion und Kommunikation zwischen Künstler und Umwelt.

2. Kunst im elektronischen Dorf

Ich habe bereits im ersten Kapitel Gene Youngbloods Vorstellung zitiert, daß durch die folgerichtige Anwendung von interaktiven Technologien der Aufstieg von sogenannten »Realitätsgemeinschaften« erfolgen wird (vgl. S. 37 f.). Diese sind durch Bewußtsein, Ideologie und Wunsch bestimmt. Solche Gemeinschaften stehen untereinander in Austausch, so jedoch, daß es nichts mit den augenblicklichen Hierarchien der Kommunikationsindustrien zu tun hat.

Video war und ist ein Beispiel für die Privatisierung, Dezentralisierung der elektronischen Bilder. Darum paßte und paßt es auch so schlecht in hierarchische Sende- und Ausstellungshäuser. Darum paßte es gut zu kooperativem Denken, so entstanden eigene Video-Vertriebsgesellschaften, auf die ich noch zu sprechen komme.

Grundsätzlich geht die Frage dahin: Was geschieht mit der Kunst durch die *elektronische Veränderung,* und wie wirkt Kunst, gestalterisches, künstlerisches, erfindendes Tun, das sich elektronischer Mittel bedient, auf die Gesellschaft? Die Beziehung Kunst und Gesellschaft ist die dem vierten Kapitel zugrundeliegende Frage. Sie tauchte bereits in dem Gespräch mit Frank Popper auf und wird in den nächsten Abschnitten von den Aspekten der Ausbildung im elektronischen Zeitalter zu denen des Medienmuseums führen.

Niemand bestreitet, daß wir in einer vielfältig auf uns einstürmenden Phase der Technologie-Erfindungen stehen. Niemand wird bestreiten, daß diese hochexpansive Phase Veränderungen des gesellschaftlichen Zusammenlebens mit sich bringt. Die Geister scheiden sich entschieden dort, wo es um die Fragen der Auswirkungen auf den sozialen Körper geht. Sollen wir versuchen, sie durch eine offensive oder durch eine defensive Strategie in den Griff zu bekommen? Mit der These von den neuen Technologien als Arbeitsplatzvernichtern ist es so wenig getan, wie mit der strahlenden neuen Technologie-Welt, die uns in den Anzeigen der Computerfirmen entgegenleuchtet. Kann künstlerische Erfahrung, beziehungsweise Erfahrung, die wir im Umgang mit künstlerischen Werken gewinnen, dazu beitragen, ein klareres Verständnis der Technologie zu erreichen?

Jemand, der entschieden daran glaubte, war der Kanadier Marshall

McLuhan, der Leiter des »Center for Culture and Technology« an der Universität in Toronto war. Zieht man einmal alle grobschlächtigen Karikaturen ab, die man ihm und seinem Denken gewidmet hat, so bleibt ein grundsätzliches Vertrauen bei McLuhan, daß der Kunst auch und gerade in dieser technologisch bedingten Umbruchzeit eine wesentliche Aufgabe zukommt. Es lohnt sich, ein paar Gedanken von ihm ins Gedächtnis zurückzurufen.

In den Medien sieht McLuhan Erweiterungen der menschlichen *Sinne*. Die Medien verknüpfen uns, das heißt unsere Erlebnisweise, unsere Entscheidungen mit allem, was auf dieser Welt passiert. Wenn die Medien nun entscheidend unsere Sinneswahrnehmungen verändern, so gibt es einen Fachmann für die Veränderungen in der Sinneswahrnehmung: den *Künstler*.

»In der Geschichte der menschlichen Kultur gibt es kein Beispiel von bewußter Anpassung der verschiedenen Faktoren des individuellen und sozialen Lebens an neue Ausweitungen, außer den zaghaften Bemühungen der Künstler, am Rande sozusagen. Der Künstler greift die Botschaft der kulturellen und technischen Herausforderungen schon Jahrzehnte, bevor ihre umgestaltende Wirkung eintritt, auf. Dann baut er Modelle oder Archen Noah, um sich gegen den bevorstehenden Umbruch zu wappnen.« (1) Es lohnt sich für McLuhan, die Kunst immer wieder heranzuziehen, um der ganzen Bedeutung der Veränderung, die wir mitmachen, bewußt zu werden. Warum sollte es sich für uns alle weniger lohnen?

»Genauso wie höhere Bildung längst nicht mehr eine Marotte oder ein Luxus, sondern eine dringende Notwendigkeit für die Produktions- und Betriebsorganisation im elektrischen Zeitalter ist, wird der Künstler unentbehrlich bei der Gestaltung und Analyse und zum Verständnis der Lebensform und Strukturen, die die Technik der Elektrizität hervorbringt.« Diese wichtigen Erkenntnisse, die in der Kunst bereitliegen, müssen – so sieht es McLuhan – vermittelt und genutzt werden. Aber:

»Wenn es stimmt, daß der Künstler die Mittel in der Hand hat, die Folgen eines technischen Traumas vorwegzunehmen und zu verhindern, was sollen wir dann von der Welt und den Funktionären der ›Kunstkritik‹ halten? Erscheint sie uns nicht plötzlich als eine Verschwörung, um den Künstler zu einem Kauz . . . zu machen? Wenn man die Menschen überzeugen könnte, daß Kunst exaktes Wissen im voraus ist, wie man mit psychischen und sozialen Auswirkungen der kommenden Technik fertigwerden kann, würden dann nicht alle

Künstler werden? Oder würden sie beginnen, neue Kunstformen in Orientierungskarten der Gesellschaft zu übertragen? Ich möchte wissen, was geschehen würde, wenn man die Kunst plötzlich als das sähe, was sie ist, nämlich genaue Information darüber, wie man seine Psyche umgestalten soll, um den Schlag von unseren eigenen erweiterten Fähigkeiten abfangen zu können.« Hinter den zahlreichen Gruppenbildungen, in denen sich ab Ende der fünfziger Jahre gestalttechnologisch arbeitende Künstler zusammenfinden, steht auch der Gedanke, die Forschungs- und Vermittlungstätigkeit der Gesellschaft gegenüber sichtbarer zu machen. Das gilt für die 1959 gegründeten Gruppen »T« in Mailand, »N« in Padua ebenso wie für die ab 1960 in Paris wirkende »Groupe de Recherche d'Art Visuel« oder die im gleichen Jahr gegründete internationale Gruppe »Nouvelle Tendance«. (Vgl. hierzu die Beschreibung der erwähnten Gruppen, die ich in meinem Buch »Kunst heute«, Ullstein Materialien April 1986, gebe.) Schließlich gilt das für »Zero« ab 1958 und die amerikanische Gruppe »Experiments in Art and Technology«, 1966 in New York gegründet. Der Gedanke, »neue Kunstformen in Orientierungskarten der Gesellschaft zu übertragen«, wie ihn Marshall McLuhan formuliert hatte, steht in einem weiteren Sinne auch hinter der Gründung des »Center for Advanced Visual Studies« durch den Künstler Gyorgy Kepes und der Zeitschrift »Leonardo« durch den Künstler Frank J. Malina, beides im Jahr 1967.

Alle diese und andere Gruppierungen schließen auch untereinander ein elektronisches Netzwerk, sind Teil des »Cultural Intercom«, (S. 143) eines weltweiten Kommunikationsverbundes in unserem »globalen Dorf«. Seit McLuhan diesen Terminus prägte, zeigte es sich, zeigt es sich heute noch deutlicher, daß er das *elektronische Dorf* meinte. Was kann man über die Kunst im elektronischen Dorf sagen?

Eine Antwort führt zur *Dezentralisierung* des künstlerischen Objektes und/oder Prozesses. Wir kennen diesen Vorgang ja auch von der Musik. Schallplattenproduktionen höchster Qualität im Akustischen werden aus mehreren Live-Produktionen zusammengeschnitten, sind nicht mehr auf die »reale« Aufführung angewiesen. Das Musik-Hören privatisiert sich. Musik wird besonders gefördert durch die tragbaren Kassetten-Recorder, zu einer völlig mobilen Erlebnisform, eine Musik in Wanderschaft. Statt in den Konzertsaal zu gehen, kommt der Konzertsaal zu uns, begleitet uns auf einem Spaziergang, bei der Lektüre, bei der Arbeit. Dieselbe Entwicklung hat mittlerweile eingesetzt für Kleinst-Fernsehgeräte, die wir wie eine Uhr um die

Hand legen oder in die Westentasche stecken. Woraus die Medien-Kritiker auch gleich den Slogan von der Westentaschen-Kultur ableiten.

Es kommt allerdings darauf an, mit welchen Verweisen auf welche Realitäten wir diesen Begriff belegen. Wir haben auf den Gebieten Musik, Theater, bildende Kunst und anderen, ein doppeltes Erscheinungsbild: das *Original*, die Aufführung, die den Original-Schauplätzen Museum, Galerie, Theater eine möglicherweise auch gesellschaftliche Bedeutung geben. Auf der anderen Seite haben wir das mehr und mehr perfektionierte *Medienwerk*, die Kassette, die Platte, die Diskette und anderes, die mehr und mehr die »Bibliotheken« (= Mediatheken) im elektronischen Dorf bevölkern.

Spricht man statt von der Bibliothek von der »*Haus-Pinakothek*«, so ist man bei einer Formulierung, die Laszlo Moholy-Nagy 1927 in seinem Bauhausbuch »Malerei – Fotografie – Film« benutzte; ein Weg, wie er voraussagte, der den »Originalen« eine weite Verbreitung sichert und der uns freimacht vom Einzelobjekt und dessen Marktwert. Und der, wie er meinte, seine Vorläufer in den asiatischen Formen der »Sammlung« von Rollenbildern oder in den grafischen Sammlungen Europas hat.

Die »Haus-Pinakothek« der zweiten Hälfte der achtziger Jahre, eventuell darüber hinaus, ist die künstlerische Ausgabe des integrierten Netzes, das unter dem Schlagwort *ISDN = »Integrated Services Digital Network«* läuft, also ein Informations- und Kommunikations-Netzwerk, das verschiedene Dienstleistungen wie Datenübertragung, Telex und Teletex, Bildschirmtext, Telefon, Telefax auf digitaler Grundlage vereint. Es macht die Kennzeichnung unseres elektronischen Dorfes aus, daß zwei Entwicklungen gegenwärtig ziemlich parallel stattfinden: Auf der einen Seite *dezentralisiert* und diversiviziert sich sowohl die Herstellung wie auch die Verbreitung der neuen Technologien; auf der anderen Seite kommt es zum *Zusammenschluß*, zur Vernetzung der unterschiedlichen Angebote, so daß Computer- und Telekommunikationssysteme austauschbar, zusammengekoppelt werden.

Ich kann und will hier nicht eingehen auf die vielfältigen Fragen, die in diesem Zusammenhang von der Medien- und Technologie-Kritik gestellt werden. Tatsache ist, daß eine solche, eben skizzierte zweigeteilte Entwicklung stattfinden wird, da die eigenständige Dynamik – wie immer man sie beurteilt – der wirtschaftlichen, gesellschaftlichen, politischen Entscheidungen dahin drängt. Zweite Tatsache ist, daß dies enorme Konsequenzen in unserer Gesellschafts-, Sprach-, Bild-Kultur haben wird. McLuhan hat, obgleich am Anfang der Technologie-Veränderung schreibend, dafür die richtige Analyse gegeben:

»Die neuen Medien und Techniken, durch die wir uns selbst verstärken und ausweiten, stellen gewaltige kollektive Eingriffe dar, die ohne antiseptische Mittel am Körper der Gesellschaft vorgenommen werden. Wenn die Operationen notwendig sind, muß mit der Unvermeidlichkeit einer Infektion während der Operation gerechnet werden. Denn wird die Gesellschaft mit einer neuen Technik operiert, ist nicht die aufgeschnittene Stelle der am meisten betroffene Teil. Die Druck- oder Schnittstelle ist betäubt. Das ganze System aber wird verändert.« (2)

Wo ist der Standort der Künstler, wenn es zu solchen Operationen kommt? Gibt es für die erwähnte Zweigleisigkeit – Dezentralisierung und Zusammenschluß – konstruktive Beispiele aus der Künstlerpraxis der letzten Zeit? Ich möchte zur Beantwortung dieser Frage auf das Beispiel der kanadischen Kunstszene greifen. Dort kam es seit Mitte der sechziger Jahre zum kooperativen Zusammenschluß verschiedener Video-Kommunen, der bis heute funktionstüchtig ist. Video steht dabei als ein weiter Überbegriff für kommunales, gesellschaftliches, politisches, künstlerisches, erzählerisches, experimentelles Produzieren von Videotapes.

Die Anfänge des aufgrund der geographischen Distanz weitverstreuten Videomachens gehen auf Künstler-Organisationen wie »Intermedia« (1966 in Vancouver gegründet) zurück, deren Mitglieder Anfang der siebziger Jahre »Metro Media«, und die heute immer noch aktiven Gruppierungen »Video Inn« und »Western Front« in Vancouver gründeten. »Video Inn« besitzt eine Videothek von etwa 1400 Bändern, wozu nicht nur kanadische, sondern auch europäische, japanische oder USA-Produktionen zählen.

»Als heterogenes, kollektiv verwaltetes Zentrum dient Video Inn einer großen Klientel von Künstlern und Interessentengruppen, die von der Videothek, von den Schriften-Archiven und den Vorführungseinrichtungen lebhaften Gebrauch machen. Western Front kann für seine vielseitigen Aktivitäten ein weiträumiges Gebäude nutzen, das Wohnungen für eine Kerngruppe von Künstlern, sowie große Säle bietet, die für ein lebendiges Programm besonderer Veranstaltungen geeignet sind. Zu diesen Einrichtungen gehören auch eine Galerie, ein Farb-Videostudio, ein Tonstudio, ein Grafik-Atelier sowie internationale Künstler-Archive. Ein einzigartiges

Gastkünstler-Programm bietet hospitierenden Künstlern ein voll eingerichtetes Studio mit Produktions- und Wiedergabegeräten.« (3)

Neben weiteren Video-Produktions- und Vertriebsstätten in Halifax an der kanadischen Ostküste und in Montreal, wo Gruppen wie »Vidéographe«, »Groupe Intervention Vidéo«, »Co-op Vidéo de Montréal« arbeiten, wurden vor allem in Toronto mit »Trinity Square Video« und »Art Metropole« äußerst aktive Beispiele eines dezentralisierten, dennoch vernetzten Systems von künstlerischer Videopraxis geschaffen.

Dem zur Seite stand und steht in Kanada die Form der *parallelen Galerien*, die in fast allen wichtigen Städten Anfang der siebziger Jahre von Künstlern gegründet, sowie geleitet wurden und Programmen aus Tanz, Performance, Lesungen, Video, Bildern, Diskussionen gewidmet sind. Im Februar 1976 wurde in Ottawa die »Association of National Non-Profit Artist Centres« (ANNPAC) gegründet, der unter anderem die Zeitschrift »Parallèlogramme« und der jährliche Katalog »Parallèlogramme Rétrospective« zu verdanken ist.

Ein interessantes Modell, wie aktuelle Technologien sowohl dezentralisiert als auch in einem Netzwerk verbunden eingesetzt werden können, um für die Gesellschaft und den Künstler ergiebig zu sein, wurde im Sommer 1979 vorgestellt: »*The Living Museum*«, also das lebendige Museum. Dieses Modell trägt verschiedene Züge eines sinnvollen Gebrauchs des oben erwähnten ISDN im Rahmen der Kunst. Der zugrundeliegende Gedanke ist, Computer Terminals und Timesharing Computer interaktiv zu benutzen. Diesem Netz sollen die über Kanada verstreuten parallelen Galerien und Video-Stationen angeschlossen werden. Zu den Dienstleistungen innerhalb dieses Netzes gehören sowohl eine bessere, schnellere, übersichtlichere Auswertung der vorhandenen Angebote (Videos, Wanderausstellungen, Zeitschriften, Kataloge, Bücher), wie auch der kreative, experimentelle Umgang mit der Computertechnologie, soweit Künstlerinnen und Künstler daran interessiert sind.

Das »Living Museum« ist nicht als Gebäude konzipiert, obgleich es ein solches werden kann. Es ist systematisiertes Netzwerk, das auch deshalb notwendig ist, weil – in Kanada nicht anders als in sonstigen Ländern – die großen Sendestationen ebenso wie die staatlichen oder städtischen Museen wenig oder nichts dafür tun, dieMedienarbeit von Künstlerinnen und Künstlern zu honorieren. Fragen der Rechte, des Copyrights hängen damit zusammen. (4)

Als Ganzes gesehen ist das Beispiel aus Kanada gut dazu geeignet, den Einsatz von neuen Technologien durch Künstler zu demonstrieren. Gerade in stark dezentralisierten Nationen, wo weite Entfernungen zwischen den einzelnen Städten liegen, kann die sinnvolle Verwendung der Technologie zu einem *neuen Trägersystem* künstlerischer Arbeiten werden. Das geht nicht ohne den Willen zu Kooperation unter den Künstlerinnen und Künstler, das geht auch nicht ohne Finanzierungsmodelle (wie sie in Kanada immer wieder vom »Canada Council« aufgebracht wurden).

In einem weiteren Kontext sind hier auch verschiedene Formen der künstlerischen *Telekommunikation* zu sehen, die in den letzten Jahren in Europa, USA, Kanada, Australien, also praktisch in allen Kontinenten oder zwischen ihnen verwirklicht wurden. »Die Welt in 24 Stunden« hieß ein solches Telekommunikationsereignis, das der Kanadier Robert Adrian X, der seit 1978 auf diesem Gebiet Erfahrungen gesammelt hat, für die »ars electronica« 1982 in Linz organisierte. Das Programm bestand darin, während dieses 24-Stunden-Projektes Künstler oder Künstlergruppen rund um den Planeten Erde zu verbinden und ihnen die Möglichkeit zum visuellen Austausch zu geben.

Technisch funktioniert dieser Austausch wie auch bei ähnlichen Veranstaltungen durch den Einsatz eines Timesharing Computers, was, wie der Name sagt, die Aufteilung eines Datenverarbeitungssystems unter gleichzeitig mehreren Benutzern ermöglicht; dann eines Telefax, wodurch Schrift oder Bild auf Papier in Audiosignale übertragen und per Telefon übermittelt werden, während eine andere Maschine auf der Empfängerseite die Signale wieder in Text und/oder Bild zurückverwandelt; schließlich funktioniert der Austausch durch Slow-Scan-Video, das heißt ebenfalls Umwandlung optischer Daten per Videokamera in Audiosignale, Übertragung per Telefon, Rückverwandlung der empfangenen Signale in Bilder auf einem Monitor.

Zur grundsätzlichen Anwendung der Telekommunikation durch Künstler gehört das Inventar der Technologien und ein spezifischer Inhalt. Nicht jeder »Austausch« macht Sinn. Es kommt darauf an, besondere Formen für die Telekommunikation zu finden, die diesem Medium »auf den Leib geschnitten« sind. Robert Adrian X schrieb dazu aus Anlaß der zitierten »ars electronica« 1982:

»Es wird oft behauptet, daß moderne elektronische Systeme und Netzwerke für Privatpersonen verschlossen bleiben. Tatsächlich aber ist der Zugang zu ihnen relativ einfach, die wirklichen Probleme treten bei der Suche nach sinnvollen Anwendungsmöglichkeiten dieser Systeme auf. Man entdeckt sehr bald, daß die Technologie – mit

Ausnahme von elektronischen Spielen und dem Unterhaltungssektor – für den ›corporate user‹, also für Institutionen und Firmen entwikkelt worden ist.

Individuelle Nutzer sind von der Entwicklung neuer Technologien ausgeschlossen, weil sie keine präzisierbaren Bedürfnisse haben und deshalb ganz einfach angenommen wird, ihren Interessen sei durch Firmen gedient, die wiederum am Marketing von Nebenprodukten komplexer Technologien interessiert sind und daran, lieber bestehende Bedürfnisse zu stillen als bei der Entwicklung möglicher alternativer Richtungen elektronischer Technologien mitzuhelfen. Wenn es überhaupt eine Chance gibt, neue Techniken zu entwickeln, mit deren Hilfe private Nutzer sinnvollen Gebrauch von elektronischen Systemen machen können, um ihr Recht auf eine *echte* Partizipation an der Entwicklung dieser elektronischen Welt anzumelden, dann muß sie sehr bald ergriffen werden.

Und hier liegt traditionellerweise die Stärke der Künstler – im Entdecken neuer Wege Medien und Materialien zu verwenden, im Erfinden neuer und widersprüchlicher Bedeutung für bestehende Organisationen und Systeme und im Untergraben von sich selbst dienenden Machtstrukturen im Interesse fast aller. Künstler, die von elektronischer Telekommunikation Gebrauch machen, in einem elektronischen Raum einen menschlichen Sinn zu finden.« (5)

3. Künstler – Technologie – Ausbildung: Wer bildet wen wofür aus?

Im Unterschied zu anderen Zweigen der Ausbildung, hat das Kunststudium bei uns keinerlei klar definiertes Berufsziel. Das Berufsbild »Künstler« ist wohl in keiner Zeit so wenig verlockend gewesen wie heute. Der Wind wird in der zweiten Hälfte der achtziger Jahre noch kälter dem »freien Künstler« ins Gesicht blasen. Geringe Überlebenschancen hat, wer nicht in den sicheren Hafen einer Planstelle einlaufen kann.

Wer »freie« Kunst studiert, kauft die Katze im Sack. Dem Beruf des Künstlers, das heißt dessen Realität, wird er während des Studiums nicht gegenübergestellt. Es sei denn, er nimmt sogleich das Überlebenstraining als Künstler auf.

Nun sollen vielleicht an unseren Kunstakademien gar keine Künstlerinnen und Künstler ausgebildet werden. Zumindest keine, die einmal diesen Beruf praktizieren wollen. Niemand soll sagen, er/sie sei nicht gewarnt. »Auf Grund der schwierigen Berufssituation des freien Künstlers wird allen Bewerbern eine abgeschlossene Berufsausbildung vor Studienaufnahme empfohlen«, heißt es im Studienführer der Berliner Hochschule der Künste (1983). Aus Düsseldorf hörte man ähnliches: »Das Studium der Bildenden Künste dient im engeren Sinn nicht der Berufsausbildung, sondern der Bildung des künstlerischen Menschen.«

Es erklärt sich aus der überkommenen Klassenstruktur unserer Kunstakademien, daß solche Bildung viel weniger aus einem Lehrangebot objektiver Daten, Kriterien, bildnerischer Fundamente besteht, als aus der engen Anbindung an die Lehrer-Persönlichkeit. Das enthält reichlichen Konfliktstoff für den Künstler-Lehrer und für die Lernenden, speziell in einer Zeit, in der der Informations- und Wissensstoff fast täglich aufgearbeitet werden müßte. Auch in den Kunstakademien, die sowieso durch ihre traditionelle Abkapselung vom Universitätsangebot zur Bildung von »Oasen« neigen.

Der wissenschaftlichen Forschung an den Universitäten, so Dietrich Helms, seit 1965 Professor an der Hamburger Kunsthochschule, müßte dem Rang nach die künstlerische Produktion an den Kunstakademien entsprechen. »Das geschieht nicht! Würde das geschehen, dann hätte das weitreichende Folgen für Berufungspolitik, Lehrbelastung, Organisation, Ausstattung mit Ateliers, Werkstätten, Instrumentarien und Material, Publikationsmöglichkeiten. Ich würde auch die Berufsvorbereitungsphase der Akademieabsolventen in Zusammenhang mit künstlerischer Produktion im Range von Forschung sehen wollen.« (6)

Allein, was hilft's. Tausende jüngerer Menschen strömen auf Grund irgendeines blinden Vertrauens jährlich an die Kunstakademien, möchten zumindest strömen, denn obgleich es hier keinen Numerus clausus gibt, muß man erst einmal durch das Nadelöhr der Aufnahmeprüfung gehen. In der Praxis liegt die Quote der angenommenen Studentinnen und Studenten bei zehn Prozent, und das ohne Absprache bei fast allen deutschen Kunstakademien.

Einen allgemeinen Kriterienkatalog für die künstlerische Eignung zum Studium stellte der Berliner Professor Curt Grützmacher Anfang der siebziger Jahre auf, er wurde in der Folgezeit auch von einigen Bundesländern übernommen. Der Katalog gründet auf folgenden Maßstäben der Beurteilung: Motivation und Intensität; Fantasie; differenzierte Beobachtung; Abstraktionsfähigkeit; technisches Vermögen; die Fähigkeit zur Darstellung eigener künstlerischer Idee.

Reichen solche Kriterien vielleicht aus, eine künstlerische Anlage festzustellen, so sagen sie natürlich noch nichts darüber aus, »wie notwendig gravierende Änderungen in der Ausbildung sind«, wie Grützmacher ergänzt. Hier nähern wir uns dem Innern des Problems Kunstakademie. Selbst der behutsam, keineswegs polemisch vorgehende Volker Rattemeyer vom Wissenschaftlichen Zentrum für Berufs- und Hochschulforschung an der Kasseler Gesamthochschule, der 1982 die erste komplette Übersicht über »Studium und Beruf von Bildenden Künstlern« (7) vorgelegt hat, merkt an: »Soweit in den Kunsthochschulen eine Diskussion über die künstlerische Ausbildung stattfindet, erstaunt zunächst, wie relativ gering die Besorgnis über die mit diesem Studium verbundenen Probleme ist. Größere Veränderungen im Hinblick auf Ausbildungsziele, Qualifizierungsverfahren werden entweder für nicht dringlich oder für nicht durchsetzbar gehalten.«

So kommt die Kritik am System, an der Struktur, an den Inhalten der Ausbildung auch hauptsächlich von den Absolventen, die den »Praxis-Schock« kennengelernt haben. Bereits der Künstler-Report von Karla Fohrbeck und Andreas J. Wiesand (dessen Befragungen 1973 abgeschlossen wurden) zeigte, daß sich 35 Prozent der befragten bildenden Künstler für qualifiziertere Lehrer, 30 Prozent für eine bessere theoretische Ausbildung, 35 Prozent für bessere rechtliche, kaufmännische oder marktspezifische Kenntnisse und 37 Prozent für eine bessere Allgemeinbildung aussprechen. (8)

Daß falsche und fehlende Ausbildung auch zu einer katastrophalen wirtschaftlichen Lage der bildenden Künstler führt, ist unbestritten. Die Umfrage, die Grützmacher unter ehemaligen Meisterschülern der Abschlußjahrgänge 1968 bis 1976 an der Hochschule der Künste Berlin veranstaltete, machte diese Lage drastisch deutlich. Als durchschnittliches Monatseinkommen während der letzten zwei Jahre gaben 58,7 Prozent weniger als DM 1000 an; 17,4 Prozent bis DM 1500; bis DM 2000 hatten 6,5 Prozent verdient, und nur 17,4 Prozent verdienten über DM 2000, das waren allerdings fast ausschließlich beamtete Kunstpädagogen, nur 4,3 Prozent freie Künstler fielen in diese Einkommenskategorie. (9) Grützmacher zieht daraus unter anderem die Folgerung: »Aufgabe der Künstler-Berufsverbände und der Kunst-Hochschulen wäre es, mit ihrem politischen Gewicht dafür zu sogen, daß die künstlerische Gestalt unserer Umwelt, die ›optische Kultur‹, mehr von Künstlern als von Funktionären bestimmt wird. Es ist doch grotesk, daß darüber, was Kunst ist, wie und wo sie öffentlich erscheinen soll, ob sie einen Marktwert hat und welchen, das letzte Wort kaum von Künstlern gesprochen wird, sondern häufig genug von Kulturbürokraten, Museumsleuten, Kritikern und reichen Sammlern.«

Es geht darum, die Künstler-Ausbildung so zu überprüfen, daß auf der einen Seite der Beruf Künstlerin oder Künstler weiter erhalten bleibt; daß andererseits innerhalb unserer Gesellschaft die Positionen aufgezeigt werden, wo dieses Berufsfeld sich als möglich erweist. Es ist gefährlich, auf ein zeitlos ideales Hochschulkonzept Wilhelm von Humboldts zu vertrauen oder auf die Ausstrahlungskraft individueller Maler zu setzen, wobei »künstlerische Denkweise« gegen wissenschaftliche ausgespielt wird. Und das sind nur zwei Beispiele aus dem Selbstverständnis heutiger Kunstakademien.

Die Frage ist, wie weit sich unsere Gesellschaft der mittachtziger Jahre solche Nischen leisten will und kann, die jährlich mit Millionen subventioniert werden und aus denen die auszubildende »künstlerische Persönlichkeit« am Ende in eine Wirklichkeit katapultiert wird, die mit dieser künstlerischen Persönlichkeit nichts anfangen kann. »Praxisschock« ist ja nur ein Weichzeichner für die tatsächliche Situation.

Es gibt eine »Freiheit«, die ins Nichts führt und zu nichts. Eine künstlerische Bohème-Existenz ist allerdings in unserer Gesellschaft nicht mehr möglich. Die Zeiten, da Gastwirt, Zahnarzt und Wohnungsinhaber mit einem Bild bezahlt wurden, sind offenbar vorbei. Was wir dagegen haben, ist eine *Professionalisierung des Künstlerberufes*, der jede einzelne Künstlerin, jeder einzelne Künstler zunächst einmal selbst, in persönlicher Verantwortung und Konsequenz, Rechnung tragen muß. Der aber auch die Ausbildung Rechnung zu tragen hat.

Der Professionalisierung kann man sich nicht dadurch entziehen, daß man Zweitberufe oder Drittberufe, die Geldberufe des Kunsterziehers oder Taxifahrers betreibt oder empfiehlt. Man kann ihr nur gerecht werden, wenn man neben Kunstmarkt, Kunstgalerien, die ganze Bandbreite heutiger visueller Möglichkeiten auffächert, für die »optische Kultur« *Künstlerausbildung konkret* macht.*

* Es war bereits eine ausgesprochene These der 1964 veröffentlichten Untersuchung »Der unversorgte, selbständige Künstler«von René König und Alphons Silbermann, daß sich die Künste und damit auch die Künstler »weltweit ökonomisiert und professionalisiert haben«. Mit der Professionalisierung des Künstlerberufs ist die »fortgesetzte Handlung«,

Es sollen, um das zu illustrieren, drei unterschiedliche Beispiele aus dem Sektor »Künstler – Technologie – Ausbildung« herangezogen und, wenn auch nur kurz, beleuchtet werden. Es sind Beispiele von Kunstschulen, die, zumindest in Teilen, nachhaltig versuchen, die Ausbildung zu konkretisieren.

Für das erste Beispiel gehen wir an die *Hochschule der Künste, Berlin*, die mit ihren elf Fachbereichen, etwa 3500 Studenten, 315 Professoren und zahlreichen wissenschaftlich-künstlerischen Mitarbeitern und Lehrkräften, einen universitären Status aufweist, der in Europa für eine Kunstakademie ziemlich einmalig ist.
Der eine Pfeiler, auf dem die Hochschule heute ruht, entsprang der kurfürstlichen Akademie der Künste von 1696, an der Künstler ausgebildet, aber auch der Staat in Fragen der Kunst beraten wurde. Auf diesen Pfeiler stützte sich auch noch die Neugründung einer Staatlichen Hochschule für bildende Künste in den Trümmern von 1945. Diese Hochschule verleibte sich seit 1970 immer mehr Unterrichtsbereiche ein, so die Akademie für Werkkunst und Mode und für Graphik, Druck und Werbung. 1975 kam ein zweiter Pfeiler, die bis dahin selbständige Hochschule für Musik und Darstellende Kunst hinzu. Heute sind in den Fachbereichen Musik, Musikerziehung und Darstellende Kunst über 1100 Studentinnen und Studenten eingeschrieben. 1980 hat man schließlich auch die Pädagogische Hochschule Berlin aufgelöst; deren Bereiche für Erziehungs- und Gesellschaftswissenschaften und für die künstlerische Lehrerausbildung wurden der »HdK« eingegliedert.

Tatsächlich sind durch diese Struktur Organismen gewachsen, die

wie die Soziologen sagen, verbunden, »die erst aus der Gelegenheitsproduktion des Dilettanten eine berufliche Handlung macht. Zum Beruf gehört immer ein ›Betrieb‹, der im wesentlichen in einer auf mehr oder weniger lange Dauer eingestellten Reihe von Veranstaltungen zur Produktion irgendwelcher Güter besteht. Selbst wenn diese Güter rein geistiger Natur sind, wie Kunstwerke, bleibt doch diese Reihc von Veranstaltungen, die unter Umständen nur in äußerst ›subtilen‹ Beziehungen zu Verlegern oder zur Kritik usf. bestehen, ohne die jedoch das Kunstwerk gar keinen wirtschaftlichen Kurswert erhalten könnte. Und die Logik dieser Veranstaltungen erfordert vor allem eine gewisse ›Auslastung‹, damit das System oder der Betrieb rentabel arbeiten kann. Die Konsequenzen dieser Umstände liegen auf der Hand. Konnte früher der Künstler als Dilettant in schöner Muße auf die Eingebung warten, so wird er jetzt als Berufsmann zu einer kontinuierlichen Produktion gezwungen.« (Die Untersuchung erschien im Deutschen Ärzte-Verlag, Köln, Berlin; sie bereitete den Weg für alle später erschienenen kunstsoziologischen Untersuchungen in der Bundesrepublik.)

im Klima anderer deutscher Akademien nie gediehen sind. Dazu zählen ein Modellversuch *Künstlerweiterbildung* oder das *Karl-Hofer-Symposium* mit seinen grenzüberschreitenden Programmen. Die Berliner Zusammenlegungen hatten für die Bildkünstler auch ökonomische Vorteile. Der Zuschuß des Landes Berlin für die Hochschule, den sich die elf Fachbereiche, darunter die für Bildende Kunst (270 Studenten), für Design (über 220), für Visuelle Kommunikation (über 320) und für Kunsterziehung (etwa 330 Studenten) teilen, betrug gegen Mitte der achtziger Jahre über 70 Millionen Mark.

Künstlerische Ausbildung und wissenschaftliche Fundierung der Ausbildung sollen in Berlin miteinander verbunden werden. So war etwa auch das Symposion »Mikroelektronik« von 1983 angelegt, ein seltenes Thema an den deutschen Kunsthochschulen. 1984 folgte im Rahmen des erwähnten Karl-Hofer-Symposions das Thema »Kunst – neue Technologien – Standortbestimmung«. In Ausstellungen und Vorträgen ging es um die Themen der Expansion von Computerkunst; der digitalen Kunst; der Videonutzung in der Bevölkerung; um Computermusik und ihre Produktion und verwandte Aspekte des Bereiches technologischer Kunst. Bewußt nahm damit eine Kunsthochschule Stellung zur gesellschaftlich-elektronischen Veränderung. Der Präsident der Hochschule, Ulrich Roloff, sagte dazu: »Gerade die Autonomie der Kunsthochschulen, die ich vehement verteidige, darf nicht dazu führen, daß sich die Ausbildung – losgelöst vom Kontext der gesellschaftlichen Entwicklungen – auf ein romantisches Bild des Künstlers zurückzieht. Durch ein Abkoppeln von aktuellen Wissensgebieten, von rationalem und gesellschaftsbezogenem Denken würde sich die Kunst in die Irrealität eines Elfenbeinturmes begeben und damit leicht den Anspruch auf Authentizität einbüßen.«

Bei allen vorhandenen Problemen der Berliner Hochschule ist ihre Struktur, die zwischen Forschung, Wissenschaft, Kunst angesiedelt ist, unvergleichlich praxisbezogener als die anderer Kunsthochschulen. Rainer E. Klemke, der die Presse- und Öffentlichkeitsarbeit leitet, bestätigt, daß die Idee der integrierten Ausbildung zwischen den Künstlern und Wissenschaftlern gut gelöst ist: »Die Erziehungswissenschaftler machen nicht reine Erziehungswissenschaft, sondern stellen sich auf die Gegebenheiten ein. Das hätten wir nie, wenn sie an der Freien und/oder Technischen Universität säßen. Dann machten sie ein Rahmenprogramm ohne Bezug zu Kunst, Musik und Theater.« (10)

Als zweites Beispiel praxisorientierter Unterrichts- und For-

Btx Neuer Standard 104911a OP

Visuelle Experimente

Das neue Medium Bildschirmtext dient der Information und Kommunikation. Es kann aber zugleich - wie auch Fotografie, Film oder Fernsehen - ein Mittel experimenteller und künstlerischer Arbeit sein.

Auf diese Weise kann das Medium seine eigene visuelle Sprache entwickeln und Gegenstand neuer ästhetischer Erfahrungen werden.

Beispiele >1

Btx Neuer Standard 1049111a OP

Alcopley, Summer - © V.A.N. HFG/AGM #

Zeichnung 12: Beispiel eines Schnellausdrucks einer Btx-Grafik von dem in New York lebenden Alcopley als Teil des Programmes an der Hochschule für Gestaltung in Offenbach. Wesentlich differenziertere Farbausdrucke sind ebenfalls möglich.

schungsarbeit, die aktuellen Medien und oder Technologien offen ist, sei auf die *Offenbacher Hochschule für Gestaltung* verwiesen. Mit verschiedenen Kolloquien zum Thema »Ästhetik im Alltag« trat die Hochschule ab 1976 an die Öffentlichkeit. Gegenstand des Kolloquiums von 1978 war der Einfluß neuer technologischer Entwicklungen auf die ästhetische Produktion und Rezeption von Bauten, Produkten, Bildern und alltäglicher Umwelt.

Aus dem in Offenbach behandelten Themenbereich »Ästhetik der Medien« ergaben sich drei konkrete Forderungen für die Hochschule: Praktische Erprobung neuer Formen künstlerischer und gestalterischer Mitarbeit in Rundfunk und Fernsehen, etwa in Form von Experimentalstudios, wie sie beim WDR oder beim ORF erprobt wurden; dann die Beteiligung von Gestaltern an medialen Entwicklungs- und Forschungsprojekten, insbesondere bei neuen Medien; schließlich eine stärkere Berücksichtigung von »Ästhetik und Technologie« in der Forschung sowie in der künstlerischen und gestalterischen Ausbildung.

Eine praktische Folgerung daraus zog die Arbeitsgruppe Medienentwicklung/Medienforschung unter der Leitung von Manfred Eisenbeis, der auch das erwähnte Symposium von 1978 geleitet hatte. Man begann dort, gestützt auf einen Auftrag der Deutschen Bundespost, das neue Medium Bildschirmtext intensiv visuell zu erforschen. Dies geschah zunächst für die Generation der sogenannten »Viewdata«-Systeme mit einem umfassenden, über das System selbst zugänglichen Programm (Programm »Mosaik«, 1980), das durch ein Manual ergänzt wird. (Das in Großbritannien entwickelte und ab 1977 eingeführte Verfahren lief zunächst unter dem Namen »Viewdata«, der dann in »Prestel« umgeändert wurde. Die offizielle internationale Bezeichnung ist »Interactive Videotex.«)

Bereits mit der – aus heutiger Sicht – unvollkommenen ersten Bildschirmtext-Generation wurden in Offenbach auch künstlerische Grafiken erstellt. Zu den ersten Künstlern, die mit diesem Medium arbeiteten, zählt der Bildhauer H. O. Hajek. Nach der Einführung der zweiten Generation von Videotex-Systemen nach dem sogenannten CEPT-Standard* wurden die visuellen Experimente mit bewegten

* CEPT steht für »*C*onférence *E*uropéenne des Administrations des *P*ostes et des *T*élécommunications«, einen Ausschuß der europäischen Post- und Fernmeldeverwaltungen. Die Verbesserungen der Darstellungsleistungen durch die zweite Bildschirmtext-Generation ergeben sich auf den Gebieten der Bildauflösung (die Anzahl der Bildpunkte

und stereoskopischen Bildern weiterentwickelt und im Programm »Mosaik 2« im Jahre 1983 der Öffentlichkeit vorgestellt.

Noch weiter geht das Projekt »*Videotex Art Network*« (V.A.N.), mit dem die Arbeitsgruppe Medienentwicklung/Medienforschung 1984 hervortrat. Es knüpft in manchem an den Gedanken Stan VanDerBeeks aus den sechziger Jahren an, eine »Image Library« weltweit zu gründen. Wichtig ist es für die Offenbacher, das neue Medium dem künstlerischen Ausdruck zu öffnen. »Mit dem Projekt V.A.N. soll ein internationales Forum für kulturelle und spezifisch künstlerische Nutzungen dieses Mediums geschaffen werden, das über Telefonverbindung zwischen Nationen und Kontinenten in Minuten oder Sekunden den Austausch ästhetischer Botschaften, Bilder, Texte, Notationen, die Realisierung von Ausstellungen und internationalen Präsentationen ermöglicht.« (11)

In den verschiedenen Ländern beziehungsweise an den verschiedenen Universitäten und Hochschulen, die sich diesem Projekt anschlössen, könnten dann weitere Beiträge für die nationalen Videotex-Systeme entworfen werden. »Im Rahmen des V.A.N.-Projekts sollten die Bedingungen geschaffen werden, das internationale Videotex-Art-Network technisch-organisatorisch zu verwirklichen, um die künstlerischen Realisationen aus den verschiedenen Ländern und künstlerischen Arbeitsgruppen einem breiten Publikum ›on-Line‹ – an einzelnen Empfangsplätzen und mit Großprojektion – direkt zugänglich zu machen. Insbesondere mit Museen könnten dazu auch Präsentationsabsprachen getroffen werden. Außerdem wären Vereinbarungen mit den Postverwaltungen oder Sponsoren über die kostenlose Aufnahme des V.A.N.-Programmes in die nationalen Systeme zu treffen.«

hat sich verdoppelt) und der Farben (gegenüber 8 Farben am Anfang stehen jetzt 4096 Farben zur Verfügung, wobei pro Seite 32 benutzt werden können). Zu den Folgerungen für die visuelle Arbeit, wie sie in Offenbach an der Hochschule für Gestaltung betrieben wird, schrieben Manfred Eisenbeis und Michael Marschall 1983:

»Bildschirmtext wird nunmehr, unter der Voraussetzung angemessenen gestalterischen Aufwandes, der zum Teil durch technische Entwicklungen im Bereich sogenannter intelligenter Arbeitsplätze erleichtert werden wird, sich gestalterisch stärker an die Darstellungsqualität der Printmedien anschließen und auch den Austausch von Inhalten zwischen den Medien begünstigen. In der Gesamttendenz läßt sich erkennen, daß Bildschirmtext nunmehr eine gestalterische Dimension erhält, die das gesamte Spektrum gesellschaftlicher Nutzungen – von der wissenschaftlichen über die wirtschaftliche und die publizistische bis hin zur künstlerischen Nutzung – zuläßt.« (In: form, Zeitschrift für Gestaltung, Ausgabe 102 II–1983, S. 30–34.)

Als Teil des gesamten Projektes wurden an der Hochschule für Gestaltung in Offenbach bislang Bildgrafiken von Thomas Bayrle, Alcopley, Ben Vautier, Birgit Malsy-Grimm u.a. geschaffen, die seit 1983 über Telefon abgerufen werden können. Ein Drucker gibt in Sekundenschnelle die Grafiken in Schwarzweiß wieder, was allerdings nur eine grobe Reproduktion der Bildschirmgrafik erlaubt (Zeichnung 12). Wesentlich feiner arbeitet ein Farbplotter, der ebenfalls angeschlossen werden kann.

Das dritte Beispiel, mit dem eine mögliche, denkbare, realisierte Zusammenarbeit zwischen technologischer Entwicklung und Kunst aufgewiesen werden soll, ist aus einer nordamerikanischen Universität gegriffen. Es handelt sich um das »*Center for Advanced Visual Studies*«, eines von etwa 20 Zentren der großen Technischen Universität M.I.T. (Massachusetts Institute of Technology.) Bekanntlich hat die Kunstschule, wenn sie nicht privat aufgezogen ist, in den USA universitären Status. So ist das 1967 von Gyorgy Kepes gegründete Center, dessen Leitung 1974 Otto Piene übernommen hat, nicht nur auf dem Campus der Universität gelegen, sondern auch vielfältig mit deren Lehr- und Forschungsbetrieb verbunden.

Die Schwerpunkte am Center liegen in den Bereichen Umweltkunst; Medienwerke; Interaktion von Kunst und Technologie; Erziehung durch und mit Kunst zum besseren Verständnis der Umwelt. Um dieses Programm durchzuführen arbeiten bis zu 20 Fellows (zu deutsch etwa: Forschungsbeauftragte) in oder an dem Center. Zu ihnen zählen beziehungsweise zählten Künstlerinnen und Künstler wie Harriet Casdin-Silver, Aldo Tambellini, Piotr Kowalski, Vin Grabill, Rus Gant, Elizabeth Goldring. Es entspricht dem amerikanischen System, daß nicht nur die Studenten ihr Studium selbst finanzieren müssen (pro akademisches Jahr etwa 10000 Dollar), sondern auch die Fellows ihre eigenen Stipendien oder ähnliches beschaffen müssen. Auch der Direktor des Instituts muß für allgemeinen Unterhalt, für Projekte etc. Geld besorgen, das M.I.T. übernimmt nur einen kleineren Teil der Kosten, je nach Programm ein Viertel bis ein Zehntel. Den Rest muß er von privaten oder Bundesstiftungen besorgen.

Dazu sagt Otto Piene: »Von der europäischen Perspektive her ist es besonders ein Faktor, dem ich mich ständig zu stellen habe, nämlich der Fortschrittszwang, der in Amerika so stark ist. Dies gilt auch für das M.I.T., eine Forschungsuniversität, die ja gerade durch ihre Forschungen berühmt wurde. Es steht nichts still, immer neue Künstler sind am Center mit neuen Medien, und das ist stärker geworden, seitdem wir das Erziehungsprogramm haben. Die Studenten kommen mit großer Vitalität dorthin, und jeder neue Student kommt mit neuen Anliegen, die auf eine gute Weise erfüllt sein wollen.« (12)

Neben verschiedenen anderen Studienabschlüssen wie dem »Bachelor of Science in Art and Design«, dem »Master of Architecture« kann am M.I.T. auch der »Master of Science in Visual Studies« als Prüfung abgelegt werden. Dafür bietet das Center die Umweltkunst (Environmental Art) an. Die Studenten haben die Möglichkeit, Workshops oder/und Vorlesungen zu belegen, die sich etwa mit dem Einsatz von Farbe und Licht in der Umwelt, mit Formen der Multimedia-Kunst, mit Holographie als künstlerischem Medium beschäftigen. Daß es am Center auch zu gemeinsamer künstlerischer Produktion kommt, wurde bereits im ersten Kapitel des vorliegenden Buches gesagt; dort wurde die Bildplatte in ihren vielfältigen Möglichkeiten vorgestellt.

Schließlich sei abschließend erwähnt, daß die drei hier vorgestellten positiven Beispiele einer Interaktion von Kunst und Technologie im Erziehungsbereich *stellvertretend* stehen und durch einige andere Beispiele ergänzt werden könnten.

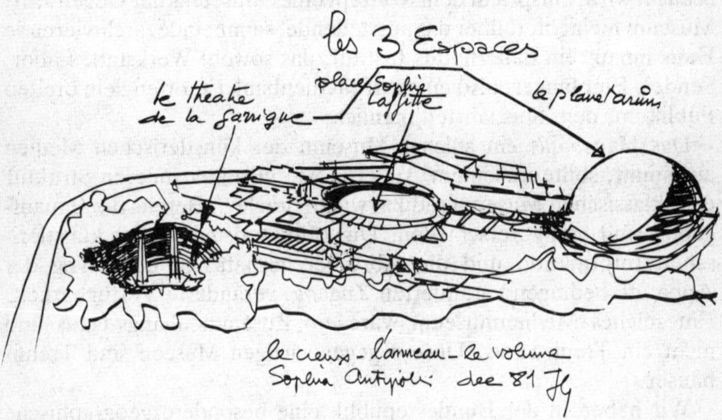

Zeichnung 13: Skizze der Wissenschafts- und Technologie-Stadt »Sophia Antipolis«, die zwischen Nizza und Valbonne im Süden Frankreichs entsteht. Der Architekt Jacques Goldstein zeichnete 1981 die drei zentralen Räume: links das Theater, in der Mitte der Platz Sophie Laffitte und rechts das Planetarium.

4. Das Medienmuseum – Was bleibt?

> »Dieser neue Typ des Kunstinstituts würde aber nicht nur kein ›Kunst‹-Museum im bisherigen statischen Sinne sein, sondern auch kein ›Museum‹. Der neue Typ würde eher einem Kraftwerk gleichen, einem Erzeuger von neuen Kräften.«
> Alexander Dorner

Neue Medien und neue Prozesse der Kommunikation haben nicht nur die bildende Kunst beeinflußt, sondern bildende Künstler haben auf die schöpferische Entwicklung, den interaktiven Gebrauch dieser Medien Einfluß ausgeübt.

Zur Situation der achtziger Jahre gehört einerseits die Medien-Explosion, die ständige, fast könnte man sagen tägliche Neueröffnung von elektronischen Medien, Geräten, Kanälen; auf der Seite der mit aktueller Technologie und elektronischen Medien arbeitenden Künstlerinnen und Künstler eine immer reicher werdende Skala von Medienkunst – als *Vermittlung* dazwischen aber recht wenig.

Der Gedanke liegt nahe, der Medienkunst ein eigenes Museum, ein *Medienmuseum* einzuräumen. Der Museumsbegriff, der hier gebraucht wird, entspricht dem Konzept eines Museums der Gegenwart. Museum meint hier, über das ausstellende, sammelnde, archivierende Haus hinaus ein dauerhaftes Institut, das sowohl Werkstatt, Labor, Sender, Empfänger, also eine Art Medienbank ist, offen dem breiten Publikum, dem Spezialisten dienlich.

Das Haus, das ein solches Museum der künstlerischen Medien aufnimmt, sollte in seinem Äußeren wie in seiner inneren Struktur dem klassischen Museum radikal widersprechen. Bereits die Bauaufgaben sind völlig verschieden. Die Miniaturisierung der künstlerischen Information und die Abrufbereitschaft auf dem Weg der Apparate bedingen veränderten Zugang, veränderte Verfügbarkeit. Ein solches Medienmuseum wäre ein Zusammenhangs-Haus und nicht ein Trenn-Haus. Unsere gegenwärtigen Museen sind Trennhäuser.

Wir haben in der Bundesrepublik eine besondere geographische Dichte der Museen und, besonders in den siebziger Jahren, eine Intensität des Museumsneubaus gehabt: Die grundsätzliche Frage nach dem aktuellen Museum wurde aber darüber oft vernachlässigt. Auf der Seite der Museen beruft man sich seit Jahren gern auf die

»große Zahl«. Daß Museen in der – teilweise – postindustriellen Freizeitgesellschaft einen großen Zulauf haben, ist aber nicht verwunderlich. Im übrigen argumentiert man bei der Angabe der jährlichen Besucherzahlen mit einem globalen Besucher- und Museumsbegriff, der zunächst einmal kaum Rückschlüsse zuläßt. Und über der Diskussion um Museums- und Neubauarchitektur vergißt man, nach der gesellschaftlichen Aufgabe des Museums, nach einer zeitgemäßen Museumsstruktur, nach der Öffnung der Museen zu neuen Medien zu fragen.

Ich möchte an dieser Stelle einen Blick werfen auf eine *andere Tradition* der Museumsbauten, die von dem Deutschen Alexander Dorner repräsentiert wird, der 1922 die Leitung des Provinzial-Museums in Hannover übernahm und dessen nachhaltigste Ausstellungsinitiative bis zu seiner Emigration in die USA das inzwischen weltbekannte Kabinett der Abstrakten war. Dorner holte sich dafür 1927 den russischen Künstler El Lissitzky nach Hannover, dem es gelang, die neue Raumvorstellung der abstrakten Bilder in den realen Raum fortzusetzen.

Man hatte einen Kern gesetzt, der aber nicht mehr aufgehen konnte, denn zusammen mit der Sammlung moderner Kunst (etwa 240 Werke) fiel das abstrakte Kabinett 1937 der Ideologie beziehungsweise dem Bildersturm der Nationalsozialisten zum Opfer.

Dieser Kern war als solcher gemeint. Er sollte aufgehen. Weitere Kerne sollten »gepflanzt« werden und den Museumsbegriff verändern. Dorner hatte sein Museum als ein »Laboratorium für eine neue Philosophie der Kunstgeschichte« angelegt. Ein zweiter Raum neben dem Kabinett der Abstrakten wurde um 1931 von Moholy-Nagy skizziert. Das neue Sehen, wie es Moholy und Dorner verstanden, sollte hier in seinen Auswirkungen auf die technische Produktion dargestellt werden, dazu sollten abstrakte und dokumentarische Filme von Moholy laufen. Es kam nicht dazu.

Allerdings gelang Dorner, vor allem nach seiner Auswanderung – er unterrichtete an der Brown-Universität in Rhode Island –, eine *radikale Neudefinition des Museums*, schlüssiger, klarer, als sie von seinen Kollegen geleistet wurde. Was Dorner unternahm, gleicht in der Tat, wie es Charles Kuhn vom Busch-Reisinger-Museum in Cambridge, Massachusetts, ausdrückte, eher dem Gesichtspunkt eines schöpferischen Künstlers als dem eines Kunsthistorikers.

Faßt man die in seinem Buch »Überwindung der ›Kunst‹« (überarbeitete Ausgabe von 1959) (13) entwickelten Gedanken zusammen, so sieht Dorner in der abstrakten Kunst ein Kraftwerk ohne bislang praktizierte Verwendung. Die in ihr gebündelten Energien müßten aber gerade in die Praxis übersetzt werden. Dann würden sie, parallel zu den dynamischen anderen Lebensbereichen, in die konkreten Inhalte des Lebensprozesses einwirken.

Um das zu erreichen, müssen wir die Fixierung auf eine dreidimensionale, vorwiegend formale Welt zugunsten einer der reinen Energetik aufgeben. Das Museum würde so zu einem *Energiezentrum.** Wie es darauf ankommt, die im Kunstwerk gespeicherten Energien aus dem formalen, kunsthistorischen, stilgeschichtlichen Zusammenhang loszulösen und sie in den Lebensalltag einzubringen, so muß das Museum sich zur Gegenwart öffnen: »Die Gegenwart und ihre Bedürfnisse sind das einzige, was dem Kunstmuseum und der hinter ihm stehenden Ästhetik und Kunstgeschichte Daseinsberechtigung gibt.« (14)

Blickt man sich unter den Museumsneubauten der siebziger und achtziger Jahre um, so kann man wohl nur im Pariser Centre Pompidou die Einlösung der Forderungen Alexander Dorners erkennen. Das »zelebrierende«, isolierende Museum herrscht vor. Die Erklärungen dafür sind vielfältiger Art. Noch immer dominiert auf Seiten der Museumsleiter das kunstgeschichtliche Denken. Die »andere Tradition«, wie sie Dorner vertrat, mit dem Versuch, das Denken der modernen Naturwissenschaften in die geisteswissenschaftlich ausgerichtete Kunstgeschichte einzuführen, ist nicht gestärkt worden.

Bedenkt man, was heute, angesichts der Entwicklungen von Mikroelektronik, von Medien-Technologien und anderem, unter »Naturwissenschaften« zu verstehen wäre, so sieht man, daß die Führer der Museen allzuoft davor kapituliert haben. Sie haben, genau gesagt, in ihrer Ausstellungspraxis die Schotten dicht gemacht. Um sich nicht im komplexen Gefüge der Gegenwart zu verlieren, folgen sie meist einem »Trend« aus »veröffentlichter Kunstmeinung«, Kunstmarkt-Interessen und verschiedenen anderen Parametern, die überdies allzuoft rückwärts orientiert sind.

* Die schöpferische Tätigkeit wird so zu einem Produzenten moderner Wirklichkeit, die nur dann – nach Dorner – *Frieden* herstellen und realisieren kann, wenn sich der einzelne als energetischer Prozeß sieht, der sich positiv, konstruktiv weiterzuentwickeln bereit ist. Insofern kommt der Kunst, die als Energiepotential ins Leben übersetzt wird, die Aufgabe und Möglichkeit zu, Frieden durchzusetzen. »Frieden ist kein Zustand«, sagt Dorner, »sondern besteht aus dem Akt der Selbstveränderung. Erst wenn wir den Frieden dynamisch machen, öffnen wir das Ventil, das sich sonst in Kriegsexplosionen vom Überdruck statischen Drucks befreit.«

Da ist es denn auch leicht, die grundsätzlichen »Verdachtsmomente für das Museum der Zukunft«, wie es der verstorbene Kölner Kulturdezernent Kurt Hackenberg seinerzeit nannte, als gescheitert zu erklären. Heute zementiert sich in allzuvielen Museumsneubauten eine vorgetäuschte Machtstruktur, die dem Energieträger Kunstwerk nicht zugute kommt und verhindert, daß der Energiefluß in die Gesellschaft stattfindet.

Der neue Typus des Kunstmuseums, um nochmals Alexander Dorner zu zitieren, »müßte aufhören, ein Tempel humanistischer Reliquien zu sein. Es könnte ›Kunst‹ nur noch als das zeigen, was sie ist, nämlich das Produkt einer relativ kurzen Entwicklungsphase und als Teil einer bestimmten und begrenzten Wirklichkeit. Es würde also von selbst dazu übergehen, das Wachstum der Wirklichkeit darzustellen und die visuelle Produktion in diese einzubetten.« (15)

Erweitert man den Blick, indem man über die Kunstmuseen der Gegenwart zu den technischen Museen schaut, so gibt es eine ambitionierte Leistung, die Elemente des Medienmuseums aufgenommen hat. Ich meine das Pariser »*Museé des sciences, des techniques et de l'industrie*«, das Museum der Wissenschaften, Techniken und Industrie, das mit vier thematischen Schwerpunkten arbeitet: Erforschen; Verwenden und Produzieren; Leben und Wohnen; Verstehen und Mitteilen.

Das Museum im 19. Pariser Arrondissement liegt, zusammen mit dem im Bau befindlichen großen Park, auf dem Gelände des 1867 eröffneten Tiermarktes und Pariser Schlachthofes. 1970 erwarb der französische Staat das Gelände, 1974 wurde der Schlachthof verlegt, zwei Jahre später schrieben der Staat und die Stadt Paris einen Wettbewerb aus, um zu neuen Ideen für das Gelände von La Villette zu gelangen. 1979 wurde die Idee angekündigt, dort das erwähnte Museum, den Park und eine »Musikstadt« zu errichten. Die architektonische Leitung für das Museum wurde im folgenden Jahr an Adrien Fainsilber übergeben; 1982 folgte der bekannte internationale Wettbewerb für den Park. Das Interesse war äußerst lebhaft, insgesamt reichten 805 Kandidaten aus 41 Ländern ihre Pläne ein.

Der städtische Park des 21. Jahrhunderts, wie man in Paris sagte, wurde 1983 dem in New York arbeitenden Architekten Bernard Tschumi übertragen. Immerhin nimmt der Park 30 Hektar von den insgesamt 55 Hektar des Gesamtgeländes in Anspruch. In den Park eingebettet ist die erhaltene Metallkonstruktion aus dem 19. Jahrhundert mit 250 m Länge, die drei Aufgaben dienen soll: Ausstellungen,

Ereignissen, Kolloquien, wo Wissenschaft, Technik und Kunst sich treffen; dann Veranstaltungen, die thematisch den neuen Energien, aber auch neuen Medien wie Video, Holographie, Laser gewidmet sind; schließlich große Konzerte, Populärkultur und Begegnung der Kulturen. (Die dorthin verlegte Biennale von 1985 zeigte davon noch nichts.)

Überschreitet man, von dieser rekonstruierten Eisen- und Stahlkonstruktion kommend, den Canal de l'Ourco, so gelangt man zum eigentlichen Museum, dem »Beaubourg der Wissenschaften«, wie es genannt wurde. Die Ausstellungsfläche für Dauerinstallationen beträgt etwa 30000m^2, wozu 10000 m^2 für Wechselausstellungen kommen. Um die erwähnten vier thematischen Sektoren gliedern sich insgesamt 20 Themen, wobei auch das Thema »Technik, Kunst, Wissenschaft« eingeschlossen ist. Die technologischen Arbeitsweisen der Künstler, etwa der Gebrauch von Elektronik, beziehungsweise computergenerierte Kunst, werden vorgeführt. Aber auch in anderen Themenbereichen werden künstlerische Objekte und Prozesse einbezogen. So kann eine Installation von Piotr Kowalski (vgl. S. 95) oder Takis mit dem Thema »Struktur der Materie« oder mit dem Thema »Energie« ausgestellt werden. Darüber hinaus gibt es in dem Bereich der Wechselausstellungen die Möglichkeit, Kunst in Verbindung mit Technologie zu zeigen. (16)

Ein solches Prestigeobjekt wie das Museum La Villette, das immerhin viereinhalb Milliarden französische Francs erfordert, kann auf jeden Fall Anlaß geben, über die Möglichkeit, die Struktur, das Funktionieren eines Kunstmedien-Museums nachzudenken. Wie kleinere Satelliten sind in den letzten Jahren und Jahrzehnten spezialisierte Museen etwa für Holographie entstanden. Ich meine aber, ein Museum der Medienkunst muß neben der Holographie, der Computerkunst, den kybernetischen Skulpturen und/oder Installationen, den künstlerischen Ergebnissen von Bildplatte und Bildschirmtext, die es ausstellt und vorführt, Teil eines *Netzwerkes* sein, zu dem mehrere Museen dieser Art zusammengeschlossen werden.

Bereits Mitte der sechziger Jahre hatte der 1984 früh verstorbene amerikanische Medienkünstler Stan VanDerBeek, ein Pionier des »Expanded Cinema« und des Computerfilms, ein solches Kommunikationsnetz für künstlerische Filme vorgeschlagen. Darüber hinaus hatte er die Idee mit dem »Movie Drome« (ab 1963) zum Teil realisiert. (17) Sein Konzept basierte darauf, solche Zentren der Medienkünste weltweit aufzubauen und sie via Satellit zu verbinden.

Das System, das er auch »Culture Intercom« nannte, sollte nicht einfach eine Distributionsstelle, sondern vielmehr auch eine Produktionsstätte sein. Künstler sollten hier arbeiten, ihre Medienwerke die Aufgabe verfolgen, angesichts einer überentwickelten Technologie die unterentwickelte Seite der Emotion, der Fantasie, des elektronischen Kunstimpulses zu stärken. Stan VanDerBeek hat dieses Versprechen sowohl in seinem »Movie-Drome«, mit den audiovisuellen Mitteln der sechziger Jahre, wie auch in seinen späteren Arbeiten – vorwiegend computeranimierten Filmen – ausgeführt.

Die Tradition der *Verräumlichung* aktueller Techniken wurde bereits früh in unserem Jahrhundert gelegt. So dachten die Futuristen bei ihren Filmen an eine Vereinigung verschiedenster Elemente des Raumes und der Zeit. (Malerei + Plastik + bildnerischer Dynamismus + freigesetzte Worte + Geräuschkunst + Architektur + synthetisches Theater = der futuristische Film.)

Oder um ein anderes Beispiel dieser Tradition zu erwähnen: Als Moholy-Nagy in den zwanziger Jahren Filme machte, dachte er gleichzeitig auch an die räumliche Erweiterung der Vorführung. Er nannte sie das simultane oder Poly-Kino. Der Film, so beschreibt er es in seinem Bauhaus-Buch »Malerei, Fotografie, Film« (1927, Neuausgabe 1967), ist nicht an die eindimensionale Projektionsfläche gebunden. Diese kann vielmehr in verschieden gelagerte Flächen und Wölbungen aufgeteilt werden.

Die Tradition einer Kunst, die den aktuellen Entwicklungen und Erfindungen der Technik/Technologie gegenüber offen, aufgeschlossen, ja neugierig ist, ging zwar nie ganz unter, war jedoch immer dem Primat des Bildes untergeordnet. Eine seltsame »Zuweisung«: Der Künstler wird vorwiegend da ernst genommen, wo er die Fläche behauptet, eine Fläche, die doch oft für ihn zur Startrampe wurde für wesentlich weiterführende Entdeckungen oder zumindest Erkundungen.

Die »Haftpflicht« am Bild, dem an die Wand »gehängten« Produkt, hat gewiß zahlreiche Ursachen. Tatsache ist, daß dadurch die von Dorner so anschaulich geforderte Übersetzung der im Kunstwerk gebündelten Energien in die Praxis des Lebens hinein stets verzögert, wenn nicht gar unmöglich gemacht wurde.

Kurz nach der intensiv betriebenen »Auflösung der Bilder«, wie sie sich von den vierziger Jahren bis Anfang der sechziger Jahre hinzog (»Informel«, »Tachismus«, »Action Painting«), kamen aber durch die elektronischen Medien, ähnlich wie in der Musik, Bausteine einer ganz anderen Kunst zum Vorschein, von denen die bildenden Künstler und Künstlerinnen, ähnlich wie ihre Komponisten-Kollegen, ab den fünfziger Jahren Gebrauch machten.

Diese Medien-Arbeiten waren nun nicht mehr gefilmte, aufgezeichnete, inszenierte bewegte Bilder, sondern verdankten ihre Existenz einem veränderten Angebot der elektronischen Medien, Fernsehen zunächst, dann Video und zunehmend der Computeranimation. Das Angebot der Elektronik ermöglichte neue, bislang nicht zu realisierende Strukturen, die den Inhalt des vorliegenden Buches bildeten.

Der Optimismus, den manche Medien-Künstlerin und mancher Künstler dabei vorbringt, könnte lächerlich, naiv oder unkritisch scheinen, wenn er nicht genau im Medium und dessen möglicher Verfügbarkeit für schöpferische Gestaltung ansetzte. Die Künstler haben mit Nachdruck durch ihre Arbeit die Verfügbarkeit, die Offenheit, die Dialogfähigkeit der neuen Medien betont. Das muß in einem Museum der künstlerischen Medien zum Ausdruck kommen. Ein solches Museum zeigt geballt die konstruktive Verfügbarkeit, die durch neue Medien ermöglichte Art der Interaktion. Statt Kulturverfall durch Medien, statt der Sackgasse vom »Medienmenschen zum Massenmenschen«, zeigt der künstlerische Mensch das Potential auf, das diese Medien eröffnen. Er tut das nicht, wie die Kritiker dieser Kunst argwöhnen, mit verschlossenen Augen, sondern im Gegenteil, mit hellwachen Augen.

Herstellung, Sammlung, Speicherung, Abruf- oder Abspielmöglichkeit der in diesem Buch vorgestellten Medien haben gegenüber den bislang im Museum verwalteten Bildern, Grafiken und Skulpturen völlig neue Probleme gestellt. Das gilt für die Instrumentarien, die Aufgliederung der Räume, die Einbeziehung der Zuschauer als Teilnehmer und anderes.

Man muß darüber hinaus stets darauf hinweisen, daß derzeit kaum oder keinerlei Ankaufetats für Werke der Medienkunst vorhanden sind. Das bringt die Produzenten in schwierigste Probleme – in der Wirtschaft würde man von extremer »Wettbewerbsverzerrung« sprechen. Und es desinformiert die Besucher der Museen.

Einem Medienmuseum neuer Konzeption, dessen immerhin vorhandene Tradition hier an wenigen Beispielen geschildert wurde, könnte auch eine *Produktionsstätte* angeschlossen sein. Mit den zur Verfügung stehenden Apparaten könnten Künstlerinnen und Künstler arbeiten, denen gegenwärtig solche Produktionsanlagen fehlen oder einfach zu teuer sind.

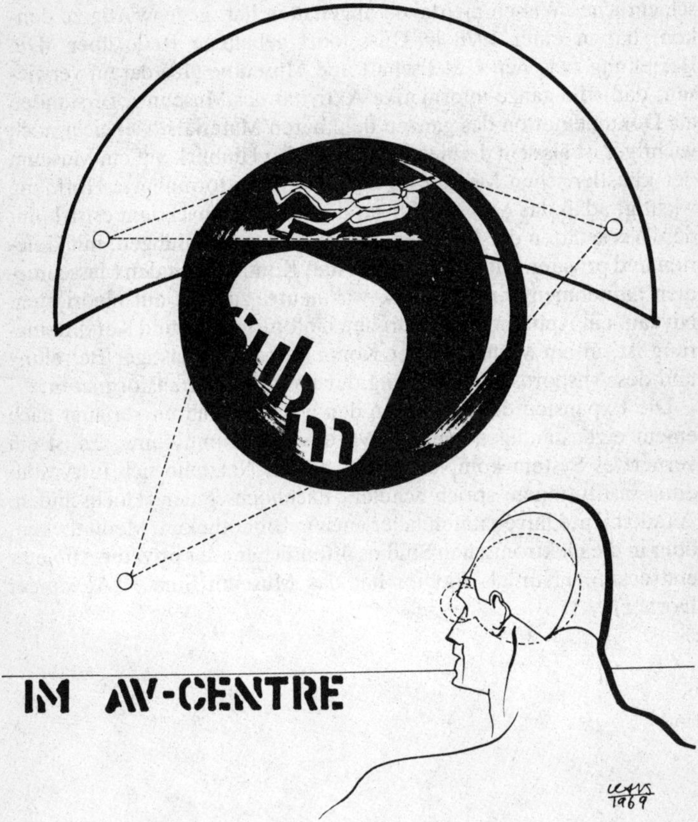

Zeichnung 14: Jürgen Claus, Skizze einer Kugelprojektion im audiovisuellen Zentrum, 1969. Der Autor hat besonders in der zweiten Hälfte der sechziger Jahre vielfältige audiovisuelle Räume realisiert, unter anderem in Oslo, Rio de Janeiro, New York, Vorläufer seines Vorschlages eines Medienmuseums.

Überdies könnte das neue Medienmuseum auch ein *Terminal* sein, in dem unterschiedliche informative Dienste, Funktionen, Leistungen zusammenlaufen. (Vgl. »The Living Museum«, S. 125 f.) Die technologische Entwicklung wird uns über kurz oder lang dazu führen, unseren eigenen Bildschirm an ein solches Museum anzuschließen. Der italienische Kunsthistoriker Giulio Carlo Argan, den sein geschichtliches Wissen nie davon abgehalten hat, gegenwärtig zu denken, hat in einer 1978 in Düsseldorf gehaltene Rede über »Die Beziehung zwischen Gesellschaft und Museum« (18) darauf verwiesen, daß »die ganze informative Aktivität des Museums, verstanden als Dokumentation des ganzen denkbaren Materials, vielleicht noch wichtiger ist als sein darbietender Teil.« Im Hinblick auf ein Museum der künstlerischen Medien ist die von Argan formulierte Hoffnung wichtig, »daß das Museum für moderne Kunst, nachdem es sich mit den Werkstätten der Künstler, den großen Ausstellungen, mit Galerien und privaten Sammlern befaßt hat, Kontakte mit den Massenmedien aufnehmen wird, um das, was heute, zumeist auf niedrigstem Niveau, ein Apparat der kulturellen Unterdrückung und Konditionierung ist, in ein Mittel sozialer Kommunikation, geistiger Befreiung und des Ansporns zur Belebung der Fantasie zu transformieren.«

Die Expansion der Medien in den achtziger Jahren verlangt nach einem eigenständigen, neuen Typ des Medienmuseums. Es ist ein vernetztes System komplexer Art, dessen Netzteile sich in Ausbildungsinstitutionen, sprich Schulen, Fachhochschulen, Hochschulen, Akademien, Universitäten, aber auch in Bibliotheken, Mediatheken, oder in die elektronischen Studios öffentlicher oder privater Anbieter erstrecken. »Nur als Pionier hat das Museum Sinn.« (Alexander Dorner).

Literaturnachweise

I. Digitale Kunst

(1) Oswald Wiener, Turings Test. Vom dialektischen zum binären Denken, in: Kursbuch 75, 1984 (Thema: Computerkultur), S. 12
(2) Peter Weibel, Der künstliche Wille, in: Ausst.kat. ars electronica, Linz 1984, S. 242
(3) Walter Gropius, Meine Konzeption des Bauhaus-Gedankens, in: W.G., Architektur. Fischer Bücherei 127, Frankfurt/Hamburg 1956, S. 17
(4) Laszlo Moholy-Nagy in einem Rundbrief, 1939, in: Sibyl Moholy-Nagy, L. Moholy-Nagy, ein Totalexperiment. Kupferberg Verl., Mainz 1972, S. 139
(5) ders., in: J. Claus, Kunst heute, rde 238/239, Reinbek 1965, S. 134 (Neuauflage: Ullstein Materialien, April 1986)
(6) Hans M. Wingler, Vom Bauhaus zum Institute of Design, in: L. Moholy-Nagy, Von Material zu Architektur. Neue Bauhausbücher, Kupferberg Verlag, Mainz 1968, S. 251
(7) Oto Bihalji-Merin, Einführung zu: Willi Baumeister, Das Unbekannte in der Kunst. Verlag DuMont Schauberg, Köln 1960, S. 8
(8) Max Bense, Ästhetik und Zivilisation (aesthetica III). Agis-Verlag, Baden-Baden 1958, S. 11
(9) Sigmund Freud, Der Mann Moses und die monotheistische Religion. Fischer TB 6300, Frankfurt/M. 1975, S. 36
(10) Computer Art. Ergebnis einer Umfrage, in: Magazin Kunst, 39, 1970, S. 1902
(11) Bernd Kracke, Himmelsbrücke, in: Ausst.kat. Sky Art Conference '83. München 1983, S. 40
(12) Frederic Vester, Die Natur steckt voller Technologien, in: zeitgemäße technik + form, Süddeutsche Zeitung, 17. 4. 1985, S. 47
(13) Roy Ascott, in: Ausst.kat. Electra, Musée d'Art Moderne de La Ville de Paris, 1983/84, S. 398
(14) Peter Weibel, Zur Geschichte und Ästhetik der digitalen Kunst. Supplementband zur ars electronica, Linz 1984, S. 25
(15) Gene Youngblood, Ein Medium reift heran – Video und das Unternehmen Kinematographie, in: Ausst.kat. ars electronica, Linz 1984, S. 119 ff. (nach dem englischen Original, leicht gegenüber d. deutschen Fassung verändert)
(16) Charles A. Csuri, in: Das Bild, das aus dem Rechner kam. Computer schaffen neue Sehgewohnheiten. NDR-Fernsehfilm von Ula Eith und Robert Müller, 1984
(17) Peter Weibel, a.a.O., S. 32
(18) Gene Youngblood, a.a.O.
(19) Otto Piene, Sky Art, in: Ausst.kat. Sky Art – Interactive Video Disc. (Wanderausstellung in New England, USA 1984.) S. 1

II. Licht – Laser – Holographie

(1) Hermann Goepfert, Rationales Wissen und geistige Gestalt, in: Ästhetik und Technologie, Kolloquium 4, Hochschule für Gestaltung, Offenbach/Main 1978, veröffentlicht 1980, S. 35

(2) Felix Philipp Ingold, Literatur und Aviatik. Suhrkamp TB 576, 1980, S. 15

(3) Paul Klee, Beiträge zur bildnerischen Formlehre (1921/22). Schwabe & Co. AG Verlag, Basel/Stuttgart 1979, S. 64

(4) Le Corbusier, 1929 – Feststellungen zu Architektur und Städtebau. Verlag Ullstein, Frankfurt/Berlin 1964. S. 17 ff.

(5) a.a.O., S. 7

(6) Mack – Expedition in künstliche Gärten. Fotografiert von Thomas Höpker. Gruner + Jahr AG & Co, Hamburg o. J.

(7) Paul Konrad Hoenich, Manuskript eines Referates: Gestaltung mit Licht und Kunst-Robots, Haifa 1983

(8) Adolf Luther, Manifest zur Ausst. Galerie Ferrari, Verona 1964

(9) Leo Frobenius, Vom Kulturreich des Festlandes. Wegweiser-Verlag, Berlin 1923, S. 8

(10) Tom Van Sant, Ryan's Eye, in: Ausst.kat. Sky Art Conference '83, München 1983, S. 7

(11) Iannis Xenakis, Le Diatope, in: Informationsheft zu Neue Musik aus Frankreich, Kultur Forum Bonn 1979

(12) Ben Vautier, in: Ausst.kat. Expansion, Biennale Wien 1979

(13) Otto Piene, Ikarus, in: Ausst.kat. ars electronica Linz 1982, S. 50

(14) a.a.O.

(15) Maurice Tuchman, Art and Technology, Los Angeles County Museum of Art. The Viking Press, New York 1971

(16) Yves Klein, Werner Ruhnau, Dokumentation der Zusammenarbeit. Hg. Heiner Stachelhaus. Verlag Aurel Bongers, Recklinghausen 1976, S. 41

(17) Amnon Barzel, in: Ausst.kat. documenta 6, Kassel 1977, S. 200

(18) Interview mit Sam Moree, in: Ausst.kat. Licht-Blicke – Holographie: die 3. Dimension für Technik und Kunst. Deutsches Filmmuseum Frankfurt/Main 1984, S. 300

(19) Udo Reinert, Holographie – Stiefkind der Technologie-Forschung, a.a.O., S. 274

(20) Bodo Dorra, Holographie – ein neues künstlerisches Medium, in: Das Kunstwerk Nr. 1, 1984, S. 9 ff.

(21) H. M. Mielke, Künstlerische Holographie in: Ausst.kat. Kunst und Technologie. Hg. Jürgen Claus. Bundesministerium für Forschung und Technologie Bonn 1984, S. 17

(22) Margaret Benyon, in: Ausst.kat. Licht-Blicke, S. 175

(23) Dan Schweitzer, a.a.O., S. 302

(24) Robert Arn, Holographie, a.a.O., S. 227

III. Kybernetische Skulpturen

(1) Stoppt den Künstler!, in: J. Claus, Expansion der Kunst. UllsteinKunst-Buch 36069, Berlin 1982, S. 68 f.
(2) Douglas Davis, Vom Experiment zur Idee. Verlag DuMont Schauberg, Köln 1975, S. 145
(3) Scénographie Nouvelle par Jacques Polieri, aujourd' hui (Paris), Nr. 42/43, 1963. Die beiden Bücher erschienen bei Editions Denoel, bzw. Ed. Denoel-Gonthier, Paris
(4) Frederic Vester, Start, in: omni (Zürich), Mai 1984, S. 3
(5) Bis zum Zeitpunkt unseres Gespräches waren in der Reihe IL Publikationen 35 Veröffentlichungen in Zeitschriften- bzw. Buchform erschienen, u.a. über Biologie und Bauen (IL 3,4,6), Pneus in Natur und Technik (IL 9), Prinzip Leichtbau (IL 24).
(6) Douglas Davis, a.a.O., S. 191 ff.
(7) Frank Popper, Die kinetische Kunst. Verlag DuMont Schauberg, Köln 1975, S. 149
(8) Peter Vogel, Text an den Verfasser, 1979; abgedruckt in kunstreport (Berlin), 1, 1980, S. 20 f.
(9) Karlheinz Stockhausen, Texte zur Musik 1963–1970. Verlag DuMont Schauberg, Köln 1971, S. 154 f.
(10) Bernhard Leitner, Ton – Raum, TU Berlin 1984
(11) Paul Klee, Beiträge zur bildnerischen Formlehre (1921/22). Schwabe & Co. AG Verlag, Basel/Stuttgart 1979
(12) Sibyl Moholy-Nagy, Laszlo Moholy-Nagy, ein Totalexperiment. Verlag Florian Kupferberg, Mainz/Berlin 1972, S. 14 f.
(13) Konrad Lorenz, Interview im Stern, Nr. 45, 1983, S. 284
(14) Phänomena. Hg. Georg Müller. Verlag Zürcher Forum, Zürich 1984, S. 5

IV. Die elektronische Veränderung

(1) Marshall McLuhan, Die magischen Kanäle. Econ-Verlag, Düsseldorf 1968, S. 75 f.
(2) M. McLuhan, a.a.O.
(3) Renee Baert, Video in Kanada: Ein Überblick über die Produktion, in: Ausst.kat. OKanada, Akademie der Künste, Berlin 1983, S. 293 ff.
(4) Vgl. The Living Museum, in: Spaces by Artists, 3. Rétrospective Parallèlogramme 3, 1978–79, ANNPAC Toronto 1979, S. 110 ff.
(5) Robert Adrian X, Die Welt in 24 Stunden, in: Ausst.kat. ars electronica, Linz 1982, S. 145
(6) Dietrich Helms in einem Gespräch mit dem Autor, 1983. Vgl. auch: J. Claus, Skandal Kunstakademie, Zeit-Dossier, 26. 8. 1983
(7) Volker Rattemeyer, Studium und Beruf von Bildenden Künstlern. Bundesministerium für Bildung und Wissenschaft (Hg.), Schriftenreihe

Hochschule, 40, Bad Honnef 1982, S. 64. Vgl. den Band Kunststudium und künstlerische Praxis, 1984, ebenfalls vom Bundesministerium für Bildung und Wissenschaft herausgegeben.

(8) Karla Fohrbeck, Andreas J. Wiesand, Der Künstler-Report. Carl Hanser Verlag, München 1975, S. 534

(9) Curt Grützmacher, Mehr Kunst – oder die Republik verödet, in: art (Hamburg), 12, 1980, S. 24 f.

(10) Rainer E. Klemke, in: J. Claus, Skandal Kunstakademie, vgl. Anmerkung 6

(11) Manfred Eisenbeis, Videotex Art Network, in: Ausst.kat. Kunst und Technologie, Bundesministerium für Forschung und Technologie, Bonn 1984, S. 41 f.

(12) Otto Piene, Das Center for Advanced Visual Studies, in: kunstreport, (Berlin) 1, 1980, S. 14 f.

(13) Alexander Dorner, Überwindung der ›Kunst‹. Fackelträger-Verlag, Hannover 1959

(14) a.a.O., S. 181

(15) a.a.O., S. 179

(16) Vgl. La Villette: autour du musée des sciences, des techniques et de l'industrie, qui ouvrira, in: Le Monde, 8./9. 4. 1984, und Les projets du futur musée de La Villette, Gespräch mit Claude F. Faure, in: art press (Paris), 76, Dez. 1984. Über den Park informiert das Buch La Villette. Editions de l'Equerre, Paris 1983. Vgl. auch Bernard Tschumi, Le Parc de La Villette, in: AMC, revue d'architecture (Paris), Dez. 1984

(17) J. Claus, Expansion der Kunst. UllsteinKunstBuch 36069, Berlin 1982, S. 120 f.

(18) Giulio Carlo Argan, Die Beziehung zwischen Gesellschaft und Museum, in: Horst Kurnitzky (Hg.), Notizbuch 3 – Kunst, Gesellschaft, Museum. Medusa Verlag, Berlin 1980, S. 181 ff.

Elemente zu Biographien und Bibliographien

(Es werden hier nur einige gezielte Hinweise gegeben; soweit andere Künstler aus dem Umkreis von Kunst und Technologie bereits in meinen Büchern »Kunst heute«, Ullstein Materialien 1986 und »Expansion der Kunst«, UllsteinKunst-Buch 36069, 1982 erwähnt sind, sei darauf verwiesen. Die Zusammenstellung wurde Mitte 1985 abgeschlossen.)

Jürgen Claus

1935 in Berlin geboren, 1954–60 Studium der Theaterwissenschaft, Philosophie, Kunstgeschichte in Marburg und München. Erste Einzelausstellung 1958, seither etwa 30 weitere, u.a. in der Kunsthalle Nürnberg (1975), Naturmuseum Luzern (1979). Seit den sechziger Jahren an internationalen Ausstellungen beteiligt, u.a. 1. Biennale für Umweltstrukturen, San Marino 1970; Media Nova, Graz 1972; Electra, Paris 1983/84; Sky Art, Boston/Linz/München/Kalifornien 1981–86. Ab 1967 Meereskunst. 1974: La-Parra-Blume, Almeria; 1978: Gärten von Sharm; 1979: Planet Meer. 1983 Fellow am Center for Advanced Visual Studies, M.I.T., Cambridge, MA und Entwicklung der Sonnenskulpturen.

Literatur:

Oto Bihalji-Merin, J.C., D'Ars (Mailand), Nr. 65/66 1972 und in Coloquio (Lissabon), Nr. 13, 1972 / J.C., Planet Meer. DuMont Schauberg, Köln 1972 J.C., Das Meer, Ausst.kat. Kunsthalle Nürnberg 1975 / J.C., Treffpunkt Kunst, Keil Verlag, Bonn 1982 / J.C., Umweltkunst. Edition Interfrom, Zürich, Osnabrück 1982 / J.C., Expansion der Kunst. Ullstein Taschenbuch 36069, 1982 (aktualisierte Neuausgabe des Buches von 1970) / J.C. Kunst und Technologie. Ausst.kat. Bundesministerium für Forschung und Technologie, Bonn 1984.

Film/Video/AV:

»Planet Meer«, Fernsehfilm WDR, 1. Programm 1980 / »Planet Ocean«, Videotape 1983 / »Künstler '84«, 1. Künstlersendung im Kabel-TV (Ludwigshafen 1984).

Paul Konrad Hoenich

1907 in Österreich geboren, studierte Malerei und Grafik in Wien, Florenz, Paris. Seit 1935 in Palästina/Israel, lebt in Haifa, wo er ab 1950 am Technion-Institut für Technologie, Fakultät der Architektur, unterrichtet. Jetzt Professor Emeritus. Die Forschung, mit Sonnenstrahlen direkt zu arbeiten, begann er 1959. Das Werk »Invocazione«, Oratorium mit Musik von Cesar Bresgen, Sonnenbilder P.K. Hoenich, wurde am Mozarteum in Salzburg und in der

Johanniskirche, Würzburg (1985) aufgeführt. Vortragstätigkeit zum Thema »Sonnenmalerei« in verschiedenen Erdteilen.

Literatur:
P.K.H., Sonnenmalerei, Bauhaus-Archiv 1971 / P.K.H., Sonnenmalerei, Verlag DuMont Schauberg, Köln 1974 / P.K.H., Kinetic Art with Sunlight, in: Frank J. Malina (Hg.), Kinetic Art Theory and Practice. Dover Publications, New York 1974 / P.K.H., Lichtkunst und Robots, in: Ausst.kat. ars electronica, Linz 1980.

Film/Video/AV:
Verschiedene Filme und TV-Programme in USA und Israel, dazu NDR- und ZDF-Fernsehprogramme.

Piotr Kowalski
1927 in Lemberg (Polen) geboren, dem heutigen russischen Lwow. 1946 wandert er nach Brasilien aus, wo er bei dem Architekten Burle-Marx arbeitet. 1947–52 Architekturstudium am M.I.T., Cambridge, Massachusetts. Daneben malt er, bildhauert, fotografiert. 1953 nach Paris, wo er am UNESCO-Gebäude mitwirkt. 1961 erste Einzelausstellung in Paris. Arbeitet in den sechziger Jahren viel mit Neon, mit Kunststoffen, Explosivformgebung (Dynamit-Skulpturen). Mehrere öffentliche Aufträge. 1978–83 als Fellow am Center for Advanced Visual Studies, M.I.T. Ab 1980 Berater des neuen Pariser Musée du Parc de la Villette. Lebt in USA und Paris.

Literatur:
Ausst.kat. Musée d'Art Moderne de la Ville de Paris, 1969 (Einzelausst.) / Ausst. kat. Stedelijk Museum, Amsterdam 1970 (Einzelausst.) / Frank Popper, Die Kinetische Kunst. Verlag DuMont Schauberg, Köln 1975 / Centervideo. M.I.T. Cambridge, Massachusetts 1981 / Ausst.kat. Electra, Musée d'Art Moderne de la Ville de Paris 1983.

Film/Video/AV:
»P.K., Sculpture«, 16-mm-Film, North American Aviation, Los Angeles 1966 / »Pour le Plaisir: P.K.«, 16-mm-Film, Télévision Française 1967 / »Time Machine II«, Videotape, 1980 / »Centerdisk«, Bildplatte, Center for Advanced Visual Studies, M.I.T., 1983.

Bernhard Leitner
1938 in Österreich geboren, 1956–63 Architekturstudium an der TH Wien. 1968 Übersiedlung nach New York, Beginn an der Ton-Raum-Forschung. 1969–71 Mitarbeit am Stadtplanungsamt der Stadt New York, seit 1972

außerordentlicher Professor an der New York University – Leiter des Studienprogrammes Urban Design Studies: Humanistic Perspectives. Nimmt mit seinen Klang-Skulpturen und Klang-Räumen an wichtigen Ausstellungen teil: Für Augen und Ohren, Berlin 1980; documenta 7, Kassel 1982; ars electronica Linz, 1982; Electra, Paris 1983/84.

Literatur:
B.L., Die Architektur von Ludwig Wittgenstein (deutsch-englische Ausgabe). Halifax, Canada 1974 (2. Auflage New York University Press, New York 1975) / B.L., TON:RAUM (ebenfalls deutsch-englisch). DuMont Schauberg Verlag, Köln 1978 / B.L., TON:RAUM, Arbeiten 1971–1981. Schriftenreihe des Museums moderner Kunst, Wien, Nr. 15 / Hermann Kern, Zeit-Räume, in: B.L. Ton-Raum TU Berlin, Berlin 1984.

Adolf Luther
1912 in Krefeld geboren, wo er auch heute lebt. 1939 Aufnahme des Jurastudiums, Promotion; gibt den Beruf 1957 auf, um sich ganz der Kunst zu widmen, mit der er 1942 begann. Über die Malerei kommt er zu Beginn der sechziger Jahre zu Entmaterialisierungen, 1962 beginnt er mit Glasobjekten, Lichtschleusen (Zwischenglastechniken) zu arbeiten. 1963 Rauchobjekte, 1970 Laserobjekte, 1976 Mondprojekt, 1983 Wernher-von-Braun-Memorial, zunächst als Projekt. Zahlreiche große Ausstellungen und Skulpturen im öffentlichen Raum.

Literatur:
Dieter Honisch (Hg.), Adolf Luther – Licht und Materie. Verlag Aurel Bongers, Recklinghausen 1978 / Heiner Stachelhaus, Luther. Verlag Gerd Hatje, Stuttgart 1979 / Adolf Luther, Transoptische Realität. Kunstverlag Weingarten 1980 / Adolf Luther. Das Bild und das Projekt. Stadtsparkasse Düsseldorf (Hg.) 1984 / ders., Das Licht kann kein Bild sein. Notizen aus 40 Jahren. Artemedia Köln 1984.

Film/Video/AV:
Fernsehfilm »Der Raum ist voller Bilder«, WDR, 3. Programm 1977.

Otto Piene
1928 in Laasphe geboren, 1949–52 Studien an den Kunstakademien München, Düsseldorf; 1953–57 Universität Köln. 1957–60 Abendausstellungen in seinem Düsseldorfer Atelier, aus denen die Gruppe »Zero« hervorgeht. Ab 1960 Lichtmaschinen, mechanisches Lichtballett, Rauch- und Feuerbilder. 1964 USA-Gastprofessur in Philadelphia, im Jahr darauf Übersiedlung nach New York. Mehrere Multimedia-Stücke ab 1964. 1968–71 Resident Fellow am

Center for Advanced Visual Studies, M.I.T., Cambridge, MA, dessen Leitung er 1974 übernimmt. Seit 1972 Professor für Umweltkunst in der Architektur-Abteilung des M.I.T. Ab 1981 organisiert und leitet Piene die Sky Art Konferenzen (1981: Cambridge, MA; 1982: Linz; 1983: München.) Lebt und arbeitet in Groton (Boston) und in Düsseldorf.

Literatur:
Zero 1–3, herausgegeben von O.P. und Heinz Mack, Düsseldorf 1958–61 / O.P., More Sky, Migrant Apparition Inc., Cambridge, MA 1970 / O.P., Rainbows, im selben Verlag, 1971 / Jürgen Claus., Ausst.kat. O.P. – Sky Art, Ingolstadt 1974 / Jürgen Wißmann, O.P., Bongers Verlag, Recklinghausen 1976 / Ausst.kat. ars electronica Linz 1980, 1982 / Ausst.kat. Sky Art Conference, München (BMW/Digital Equipment) 1983 / J. Claus, Heiner Stachelhaus, Ausst.kat. Galerie Heimeshoff, Essen 1983.

Film/Video/AV:
»Black Gate Cologne« WDR, 3. Programm, 1968 (mit Aldo Tambellini) / »Von Zero zum Regenbogen« und »Lichtspur im Haus der Sonne«, Saarländischer Rundfunk und WDR 3, 1974 / »Centerdisk« und »Skydisk«, M.I.T., Cambridge, MA., 1983/84.

James Seawright
Wächst in Mississippi auf, wo er 1957 das College abschließt. Entscheidende Impulse durch die Zusammenarbeit mit dem Choreographen Alwin Nikolais und dem Komponisten Milton Babbitt. 1963 beginnt er, mit elektronischen Skulpturen zu experimentieren, die er ab 1966 (Stable Gallery, New York) ausstellt. Lebt und arbeitet in New York.

Literatur:
J. S.: Der elektronische Stil. In: Douglas Davis. Vom Experiment zur Idee. DuMont Schauberg Verlag, 1975.

Film/Video/AV:
»Capriccio for TV«, Video, 1969.

Wen-Ying Tsai
1928 in Amoy, China, geboren, geht 1939 nach Shanghai, studiert dort und, ab 1950 in den USA, Maschinenbau. Gleichzeitig künstlerisches Studium. Ab 1953 als beratender Ingenieur in New York, u.a. arbeitet er für elektronische Datenverarbeitungszentren. 1963 gibt er die Ingenieurstätigkeit auf, widmet sich ganz der Kunst. 1966 erste kybernetische Skulptur. 1969–71 am Center for Advanced Visual Studies. M.I.T. Wohnsitze in Paris und New York.

Literatur:
Tsai. Ausst.kat. Galerie Hans Mayer, Düsseldorf 1973 / Jonathan Benthall, Cybernetic Sculptures of Tsai, in: Cimaise, Nr. 162 / 163, Spezialnummer über Kinetische Kunst / Ausst. kat. Electra, Paris 1983/84.

Stan VanDerBeek
1927 in New York geboren, war bis zu seinem Tod (1984) Professor an der Universität Maryland, USA. Multimedia-Aufführungen ab 1963, für die er eigene Filme einsetzte. Mitte der sechziger Jahre Bau des halbkugelförmigen »Movie-Dromes« in Stony Point bei New York. In dieser Zeit begann er mit Forschungsarbeiten auf den Gebieten Computergrafik und -film. Seit 1973 studierte er die Möglichkeiten, Filmprojektionswände aus Wasser und Dampf zu benutzen. 1974 Vorschlag, ein internationales Forschungszentrum für Kunst und Technologie durch die Vereinten Nationen zu schaffen. 1979–80 artist-in-residence bei der NASA, Houston, Texas, wo computeranimierte Filme entstanden. Teilnahme an den Sky Art Konferenzen 1981 bis 1983.

Literatur:
St. V., Culture: Intercom and Expanded Cinema, in: Film Culture, 40, 1966 / St. V., New Talent – The Computer, in: Art in America, 1–2, 1970 / J. Claus, Expansion der Kunst, UllsteinKunstBuch 36069, 1982 / Ausst.kat. ars electronica, Linz 1982 / Ausst.kat. Sky Art Conference, München 1983.

Film/Video/AV:
»Breathdeath«, 35-mm-Film, sw, Ton, 1964 / »Collideoscope«, Computerfilm 1966 /»When in the Course of«, Computerfilm, 1967 / »Man and his world«, Computerfilm, 1967 (mit K.C. Knowlton) / »Centerdisk«, »Skydisk«, Center for Advanced Visual Studies, M.I.T.

Peter Vogel
1937 in Freiburg, Breisgau geboren, wo er auch lebt. 1957–64 Studium der Physik. 1965–75 in der Industrieforschung tätig. 1963–65 Bewegungs- und Partiturbilder, dann Beschäftigung mit Tanz und Choreographie. 1966–70 Kompositionen elektronischer Musik. Vogel beginnt, sich mit kybernetischen Modellen der Psychologie und Neurophysiologie seit dem Jahre 1968 auseinanderzusetzen. Seine ersten kybernetischen Objekte baut er 1969.

Literatur:
Tom Johnson. The Arts, in: omni, Oktober 1979 / P.V., Spiel und kybernetische Objekte, in: Ausst.kat. Galerie Regio, Hugstetten bei Freiburg 1980 / Suzanne Bowles, P.V. – Cybernetic Objects, in: Ausst.kat. Galerie Arras,

New York 1980 / P. V., Die musikalischen Environments, in: Ausst.kat. Kunst und Technologie, BMFT Bonn 1984.

Peter Weibel

1945 in Odessa geboren, lebt in Wien. Studien der Literatur, Medizin, Logik, Philosophie in Paris und Wien. Beschäftigt sich seit den frühen sechziger Jahren mit Medienkunst, Film, Video, Theorie einer erweiterten technologischen Kunst. 1976–81 Lektor für Theorie der Form, seit 1981 Professor für Gestaltungslehre an der Wiener Hochschule für angewandte Kunst. Mit Peter Pakesch organisierte er die Veranstaltung »Künstlerschaufenster«, Graz 1979. Zur ars electronica, Linz 1984, wurde seine elektronische Medienoper »Der künstliche Wille« uraufgeführt.

Literatur:

P.W., Kritik der Kunst – Kunst der Kritik. Jugend & Volk Verlag, Wien 1973 / P.W. und F. Kaltenbeck, Studien zur Theorie der Automaten. Rogner & Bernhard, München 1974 / P.W. und Peter Pakesch, Künstlerschaufenster. Steirischer Herbst, Graz 1980 / P.W., Mediendichtung. Protokolle (Wien), Bd. 2, 1982 / P.W., Zur Geschichte und Ästhetik der digitalen Kunst. Supplementband zur ars electronica, Linz 1984.

Film/Video/AV:

Seit 1965 zahlreiche Filme, Drehbücher zu den Spielfilmen »Unsichtbare Gegner«, »Menschenfrauen« (Regie: Valie Export) / Seit 1969 viele Videotapes / 1978 Gründung des Hotel Morphila Orchesters (mit Loys Egg) / LP Schwarze Energie 1982 / Single »Sex in der Stadt«, 1983.

Register*

Personenregister

* Kursive Ziffern beziehen sich auf die Abbildungen.

Sachregister*

* Ausstellungstitel sind mit den Orten und Jahreszahlen der Ausstellung versehen; Bücher mit Jahreszahl.